一　切　从　未　分　离

梵澄译丛·主编闻中

一切从未分离

帕帕吉传（中）

[英]大卫·高德曼 著

顾象 智原 译

广西师范大学出版社
·桂林·

总顾问

高世名

顾 问

（以姓氏笔画为序）

王志成

毛世昌

卢勇

乐黛云

孙波

孙向晨

杜伽南达

吴学国

余旭红

张颂仁

高世名

雷子人

主 编

闻中

中译者说明

《帕帕吉传》原书为英语，分为三卷，书名为 Nothing Ever Happened。中文译本将分为上、中、下三卷出版，各自取名为《一切从未发生》《一切从未分离》《一切从未结束》。顾象、智原所译的中译本获得了 Avadhuta Foundation 的独家中文翻译授权。

正文中的人名、地名和书名在书中首次出现时会在圆括号中标注英文原文，或在脚注中标注原文。有些专业词汇本来就以梵文形式出现，也会在圆括号中标注出来。

正文中出现的术语后圆括号或方括号中的解释性文字是原编撰者大卫·高德曼（David Godman）所作。全书脚注为中译者编撰。

书中出现的印度灵修术语、神祇名号、著名宗教人物名字，大多遵照目前约定俗成的方法翻译，比如 Krishna 译为"黑天"，kundalini 译为"拙火"，gunas 译为"三德"等。有一些艰深的印度灵修术语，如智（buddhi）、毗梨耶（Vritti）等，我们大多遵从研究印度教的华人学者们的译法，并且编写了脚注，期望尽量能让学有余力的读者进一步领略印度灵修传统的博大精深。

一些在西方的灵修语境中已经约定俗成的英语词汇，比如 mind、Self、vision、experience、meditate、consciousness、awareness、 bliss、trance 等，若固定翻译为某一个中文词会显得机械而僵硬，且无法尽显其中多种的含义，于是我们根据上下语境，采取了较为灵活的译法，并没有拘泥于一个特定用词。

书中摘录了许多当事人的回忆、书信等资料，因为出自不同人之口，用词习惯也有不同，甚至有些讲述、文字语意不明，或者语法有误，都在中译本中尽量予以保留和展现。

英文原本每一卷卷末有"资料出处"、"索引"和"词汇表"三部分附录内容，这些资料所针对的是英语读者，语境与中文读者相差颇大，所以在此中译本中并未收录。简体中译本中有些地图、图片资料，也做了相应的删减。此中译本的中文繁体版本由台湾红桌文化出版社出版。

翻译出版本书的目的是使读者了解印度文化，仅供学术研究之用，而非认同原作观点。

原编撰者序

许多年前，我曾着手搜集资料，希望能为室利·拉玛那·马哈希这位南印度无可比拟的智圣重编一本传记，他的生平和教法对身处世界各个角落的人们产生了很大影响，受到启发并被转变的不计其数。但这项计划一直没有真正启动，因为我意识到这样一位圣者，本质上就注定了不可能对他有确定性的、客观准确的描述。真正的智者就是一切众生的真心，没有名字，没有形象。虽然他看上去好像具有一种人格和气质，似乎拥有一段人生故事，但他的言谈及行为，也就是编写传记所依据的原始材料，基本上都只是对接触者们头脑的回应而已。接触到一位真正的上师时，人们的所见所感各不相同，但反映出来的永远都只是那个人自己的需求、渴望和内在成熟程度。那些通过他的恩典，对他的无形之体有了直接体会的人，才能真正清楚地见到他。如同室利·拉玛那自己在一首泰米尔语诗歌中所写的："唯有他知道我，知道我的真面目。"

明白这点后，我开始将自己的研究工作转向那些在他身边有过非凡觉醒体验的弟子，关注起了他们的生活和经历。经过数年的时间，我搜集到了许多详尽的第一手叙述，讲述了和他共同生活、和他交谈，以及受他感染而契入他内在的寂静会是什么样子。我本想为每位弟子各立一章，但有两人的材料太过丰富，非常引人入胜，于是就从章节扩展成了两本完整的书。第一本是《信受奉行》(Living by the Words of Bhagavan)，由安纳玛莱·斯瓦米①记述在室利·拉玛那身边的多年经历，此书于1994年出版。自那时起到现在的这三年，我大部分时间都在搜集、编写哈利万什·拉尔·彭嘉（Hariwansh Lal Poonja）的生平和教法，他如今以"帕帕吉"之名广为人知。他是旁遮普人，20世纪40年代被引领至室利·拉玛那身边。我试图在《帕帕吉传》这三卷中介绍他的生平和教导，时间跨度从他最早的儿童时期到20世纪80年代开始吸引大批西方访客为止。而此后的故事，我希望能在未来出版续卷加以记载。任何在20世纪80年代至90年代间遇见过帕帕吉的人，我会很乐意能收到你们的讯息和邮件，以将他的人生故事尽可能完整地记录下来。

《帕帕吉传》以帕帕吉本人的第一人称叙述为主，经过了我的编辑，并加上我从他的家人和弟子处收集到的故事和访谈作为补充。我的插叙、评论和解释以楷体标示。为了行文方便简洁起见，在全书中我都称他为"帕帕吉"（Papaji，意为"敬爱的爸爸"），尽管这个名字是最近几年才开始流行的。早些年间，人们以许多名字和称号称呼他："罗摩"（Ram）、"哈尔班斯"（Harbans）、"哈利拉

---

① 安纳玛莱·斯瓦米（Swami Annamalai, 1906—1995），拉玛那的弟子、侍者。年幼时，父亲为防其出家，不让他上学读书。他十七岁时离家出走，二十二岁跟随拉玛那修行，并成为侍者和之后道场工程的负责人。十年后，遵师嘱离开道场自行闭关参问，数十年后终达证悟。20世纪80年代开始，许多西方求道者慕名前往他的住处参访，其中的问答被集结成书，由大卫·高德曼编辑出版，名为《安纳玛莱·斯瓦米：最后的谈话》(Swami Annamalai: Final Talks)。——译者注
以下皆为译者注，不再一一标注。

尔"（Harilal）、"彭嘉吉"（Poonjaji）、"斯瓦米吉"（Swamiji）、"马哈拉吉"（Maharaj）、"上师"（the Master），甚至还有"蝎子巴巴"（Scorpion Baba）。

由于帕帕吉在英治印度下长大并接受教育，他的书面英语更偏英式而非美式。因此我也保留了这一风格，尤其是几年前帕帕吉告诉我，他不喜欢早些年一本关于他的书，因为书里让他显得"太美国人"了。

能和帕帕吉共同生活，并和他一同参与编写此书是我的莫大殊荣。现在我将此书供养给室利·拉玛那·马哈希以及所有曾接触过他并知晓了他的真正面容之人——其中也包括帕帕吉。过去的十五年中，我大部分时间都和这些人在一起生活、工作。将他们的事迹记录下来，这对于我而言就是一种致敬，是表达最高敬意的方式。叙述他们的生平和教法编年时，我尽力做到事实上的准确和学术上的规范，让本书不落入单纯吹捧性的圣徒行传之流。但同时，我也不掩饰自己确实视这些人为神在人间的化现。我景仰他们的成就，崇敬他们的高超境界，因而尽我所能收集一切信息并展现给普通大众，希望至少有些许读者会受激励去追求证得实相——这些圣者毫不造作地就彰显出的实相。这些书可以说是我个人的示敬之举。

我要以一首17世纪马拉地圣者图卡拉姆①的诗歌作为前言的结尾，对于自己写下的文字，他与我有着相同的感受：

言辞乃是吾

---

① 图卡拉姆（Tukram，1598—1650），简称图卡（Tuka），印度伟大的马拉地语诗人，虔爱道的圣者。

所具唯一珍。

言辞乃是吾

所穿唯一衣。

言辞乃是吾

唯一系命食。

言辞乃是吾

散众唯一财。

图卡如是言:

"见证真言者为神。

吾以言辞顶礼彼。"

大卫·高德曼
1997 年 3 月于勒克瑙[①]

[①] 勒克瑙(Lucknow),印度北方邦(Uttar Pradesh)的首府。帕帕吉晚年大多住于勒克瑙,直至 1997 年 9 月 6 日过世。

目 录

第五章 哈德瓦、瑞诗凯诗 \ 001

第六章 海外旅行（1971—1974）\ 145

第七章 印度萨特桑 \ 266

中译者后记 \ 392

第五章
哈德瓦、瑞诗凯诗

1966年退休后,帕帕吉开始游历全印度,但很少在一个地方停留超过数周。不过在1967年1月安排好孩子的亲事、参加完婚礼后,他强烈渴望能在瑞诗凯诗和哈德瓦长居久住。这是北方邦北部的两处朝圣地,从喜马拉雅山流出的恒河在这里由山脚进入平原。两镇距离很近,瑞诗凯诗在距哈德瓦二十四公里的上游处。

在我这一生中,时不时就会去瑞诗凯诗和哈德瓦小住上一段日子。童年时,父母会带着全家去哈德瓦过暑假。大部分岁月中,几乎每年我都会调整行程,为的就是能在那里住上一两个月。如果没什么别的事,我就在那里逗留得更久,有时会住上几年。

这两处都是圣地。数千年来,人们一直在瑞诗凯诗和哈德瓦的恒河边禅坐,也有好些人在那里开悟。在长途跋涉或者密集的旅行去会见弟子后,我总喜欢回到这两个地方。

在阿格拉(Agra)和德里办完儿女的婚礼后,我决定彻底地离开家庭和亲眷。我很明白自己已经尽到了家庭责任,不再打算继续担当一家之主了。

我决定去瑞诗凯诗做个苦行僧，希望能独自一人在恒河边生活。我搬进了一个毗邻瑞诗凯诗各大道场的山洞，它离水源很近，好几次涨潮时水都会灌进山洞，但我不在乎。洞里太潮湿无法居住时，我就搬去附近的一棵菩提树下，那里有一块结实平整的好地。菩提树和山洞距离"超觉静坐"[1]运动发起人、瑜伽士马哈里希·马赫什[2]的道场不远，当时这个道场是他的总部。

帕帕吉还尝试住过附近的其他几个山洞，其中一处靠近瀑布，距恒河步行十五分钟。他不仅要适应当地的气候和各种原始生活环境，还要和共享水源的动物们打交道。

有一段时间，我尝试住在森林中一个不错的洞穴里。在巴德里纳特（Badrinath）朝圣古道，去往普洽提[3]的半路上有条溪水汇入恒河。溪流上游距恒河约一公里处有一个洞穴，旁边有条美丽的瀑布，我在那里住了一段时间。

那时附近还有许多老虎。那条溪流是森林中所有动物唯一安全的水源，所以它们全都跑了过来。附近的狗熊和大象偶尔也会来喝个痛

---

[1] 超觉静坐（Transcendental Meditation，1918—2008），瑜伽士马哈里希·马赫什（Maharishi Mahesh）推行的一种简易瑜伽术，是以静为主的气功锻炼方法，在西方相当盛行，设有超觉静坐协会推广此种瑜伽。

[2] 马哈里希·马赫什，印度瑜伽士，开创超觉静坐方法并于全球建立协会推广。他是乔提玛特寺的住持梵喜萨拉斯瓦提·斯瓦米的弟子，并称超觉静坐技术师承于此。他于1958年开始全球旅行推广此法，在六七十年代有许多名人如披头士乐队、海滩男孩乐队都是他的弟子。

[3] 普洽提（Phool Chatti Ashram），瑞诗凯诗恒河东岸道场，在拉克什曼桥以北五公里处。

快。我能从洞穴里观察它们,而又不打扰它们。我们和平共处。大象常常到瀑布下洗澡,喜欢被飞流而下的水冲刷背部。它们会用鼻子吸进大量的水,再喷到自己身上。有时它们会一边喷水一边甩动鼻子,这种时候坐在山洞中的我也就顺便洗了个澡。

我和老虎只有过一次近距离接触。那次我正在溪水下游的池塘旁边,老虎过来喝水。它喝水前先看了看我,露出好奇的神情。我觉得它刚饱餐了一顿,所以更想喝水而不是吃掉我。

大约在这段时间,帕帕吉有了一次有趣的体验,他的过去生都显现在他面前。以下是他在《帕帕吉访谈录》一书中的叙述:

当时我在瑞诗凯诗的恒河边静坐,在罗摩桥和拉克什曼桥[①]之间,看着鱼儿在水里游动。静坐中,我有了关于自己的一个特别的禅定境界,是这个名为彭嘉的我在时间长河中的各种转世。我看着这个"个体精魂"(jiva)在各种身体、各种形象间转换。它在不同的时间不同的地方,一次次地穿过种种星球、种种鸟兽、种种人身,这一幕出奇地漫长。成千上万次的转世,恒河沙数的年月——都在我面前出现了。最后出现了我这一世的身体,随后就是马哈希尊者灿烂的形象。然后,这一境界结束了。马哈希尊者的出现终结了这看似永无止境的生死轮转。在他介入我的生命后,这个以彭嘉之形出现的个体不会再转世了。马哈希用一个眼神就摧毁了这些轮回。

---

① 罗摩桥(Ram Jhula)和拉克什曼桥(Lakshman Jhula),瑞诗凯诗恒河上的两座铁索桥。罗摩桥建于1986年,此桥连接了两岸诸多道场,为瑞诗凯诗的地标建筑。拉克什曼桥建于1939年,略短于罗摩桥,在前者北方。

我看着这仿似永无止境的转世一幕幕上演，觉得时间是以正常的速度在流逝的。也就是说，感觉过去了数百万年。当我恢复了日常意识时，发现整个场景不过是弹指一挥间。在梦中度过一生的人，醒来后会发现梦中消逝的时间不是真的，梦中人不是真的，梦中人所处的世界也不是真的。这一切了悟都发生在醒来的一刹那。同样，在醒悟真我的那一瞬间会明白，时间、世界，以及其中人们似乎拥有的人生，都不是真的。恒河边这一幕让我清楚地明白了这个真理。我知道轮回中所有的生活都不是真的，而马哈希向我指出我的真实本性，把我从这虚幻的魇梦长夜中唤醒。现在我脱离了这荒唐的轮回，站在真我的角度，我可以说："从来没有任何出生，也从没发生过任何事，唯有不变而无形的真我存在。"

这就是我的体验，这就是每一个了悟真我者的体验。

几年后我住在巴黎时，有人给我看《涅槃经》（ Nirvana Sutra ）。读了之后，我发现佛陀也有过相似的体验。

1993年初，我在帕帕吉家中看电视转播板球比赛。一名外野手俯冲接球，滑过草坪，结果衬衫前襟被蹭成了鲜绿色。帕帕吉笑了，但笑的时候他忽然想起在恒河岸边有过的另一次定境。于是他就开始讲述这个定境，口气很轻松：

"我曾有过一具绿色的身体，就像这个人一样。身形巨大，是透明的，非常漂亮。我那时生活在宇宙另一头的某个星球上。我是在瑞诗凯诗时有了这个定境的。

"当时我感觉自己曾在那个星球上生活了很久很久。我还感觉到个体生命去那个星球就是为了耗尽所有的福报。在那个地方，每个个体似乎都在无休无止地享乐。"

"那里有人禅修吗？"我问，"有人试图证悟吗？"

"没有。"他回答。然后他停顿了一下，变得严肃起来，又继续说：

"我曾在许多不同的星球上生活过，也在禅定境界中去过许多其他星球。我们现在所在的这个世界是我见过的唯一一处人们努力寻求解脱并能成就的地方。你们不知道自己有多幸运。"

开始编写这本书时，我向他寻求更多信息。他再次重复了这个故事并加上了些细节：

我曾住在瑞诗凯诗，大部分时间都在恒河边度过。我觉得身体经历了某些变化，变得极其精微而透明。在我周围有许多其他"人"，都有着同样精微的身体。我看向天空，发现自己在宇宙中一个完全不同的地方。那里的天空中有不同的太阳，也许不止一个，因为那里没有黑夜。那地方很奇特，没有人入睡或醒来，大家一直都醒着。虽然这个景象只持续了几秒钟，我却知道我曾在那个星球上度过了极其漫长的岁月。

我意识到那是一颗不同的星球。我推断肯定有许多其他的星球上面居住着有智识的生命。当个体从一期生命去到另一期时，也会从一个世界去到另一个。

虽然我无法否认发生过的那个定境，但事后我觉得那也许只是一种想象的投射。很可能我在儿时曾听过类似的故事，忽然回忆起来就造成了这种景象。

瑞诗凯诗，恒河从罗摩桥下流过。

之后有人给帕帕吉在瑞诗凯诗的某个大道场安排了一个房间。他的山洞苦行就此暂告一段落。

我饿的时候常去吉塔宫①的店铺买一些炸面球。每年6月到9月，他们都以成本价向朝圣者出售熟食。有次买东西时，斯瓦格道场的董事会执事叫住我，说很好奇想知道谁是我的上师。

我告诉他："我的上师是南印度蒂鲁瓦纳马莱的室利·拉玛那·马哈希。"

---

① 吉塔宫（Gita Bhavan），瑞诗凯诗恒河边上一座大型的宗教活动建筑，包括神庙和一千间供来访者住宿的宿舍。吉塔宫属于斯瓦格道场，也是印度发行宗教灵性图书的最著名的吉塔出版社的姊妹机构。

执事表示之前从没听说过这个名字。这很不寻常，因为马哈希在全印度的道场都很有名。我们聊了一会儿，在谈话中，他说自己是一个来自中央邦退休的工程师。

几分钟后，他对我说："他一定是位伟大的老师。不管什么时候我见到你，你都是一个人，总是很平静。我观察着你，心里出现了一个想法：'吃到勒克瑙附近马力哈巴德（Malihabad）所产的杜赛丽芒果时，从味道就能知道那肯定来自优秀的果园。我没去过那些果园，但一颗芒果的味道就能告诉我果园一定很棒。同样，我能从眼前见到的这位弟子来判断他的老师。'我一直在观察你的举止。我能说你的老师必然非常伟大。"

他继续和我谈起他的道场所照看的那些修行人。

"一共有三百位修行人住在库梯尔（僧侣住的小棚或房间）里。我们为所有的人提供免费的食物，道场的厨房足够用了。修行人排着队等食物，等待时常有信徒给他们供养糖果。冬天会有信徒给他们供养毯子。他们想去朝圣时，有人甚至会给每个人一百卢比。这些修行人被宠坏了，对别人的付出毫不珍惜，有人甚至滥用收到的礼物和善意。即使他们完全不需要，毯子也照收不误，之后再重新半价出售来赚钱。还有人把我们派发的食物带回了家，用纯黄油回锅再煎一下，好吃起来更美味。他们其实不需要免费的供养。很多人光是每天接受朝圣者的礼物就已经很富裕了。

"但我的工作就是照料这些人。我必须以收到的少量捐赠来照顾他们所有人。我不鼓励新人过来住，但如果是你的话，我很乐意开个特例。我知道你不一样。如果你需要屋子，我能给你一个长期的住处。你还可以来我房子里吃饭，那是专门配给执事的。"

我接受了这个房间，它位于道场的角落，离恒河很近，可以从窗户里看到游客往水中扔硬币。然而，在那里待了几个月后，我突然感到一阵渴望，要去趟沃林达文（Vrindavan），于是就离开了。之后一段时间我没有回瑞诗凯诗，而是去了室利·拉玛那道场。

一段新的节奏开始了。在最初被极端苦行召唤，又于道场居住数月后，帕帕吉重新开始行脚游历。从这个时候开始，他会定期在瑞诗凯诗作较长的停留，并去沃林达文或印度不同的地方见弟子。偶尔他也长途旅行，去喜马拉雅山上一些人迹罕至的地方。下面这次旅途格外难忘。

我曾读过一篇文章，讲述了《摩诃婆罗多》（Mahabharata）著名的俱卢之战这一高潮篇章的后续，那场战役伤亡惨重。战争结束后，俱卢族全部阵亡，家国皆成焦土。般度兄弟由于黑天的帮助而取得了战争的胜利。数年后黑天离世，般度兄弟也决定不再留在尘世，这个世界给了他们太多悲惨的记忆。五兄弟共同朝喜马拉雅山出发，想走进天国。据说山中有扇大门，连接着两个世界。道路越走越高，越来越险。五兄弟一个接一个死去，最后只有坚战（Yudhistara）还活着，有一条流浪狗愿意陪着他。在旅程的终点，只有坚战和它，一人一狗到达了天国。

杂志描述了这次远行，还给出了一张地图，标示着般度兄弟可能走过的路线，有扇连接天国和尘世之门。这个说法把我迷住了，很想自己上路去一探真假。

如果我听到了什么新方法新技巧，就会马上亲自实践，这是我从小养成的习惯。我是不满足于二手信息的,这些东西我都想自己去试试,看看是不是真的管用。

比方说有一次,我听说一位苦行僧只靠吃恒河的泥巴为生,而且看起来活得还不错。

我心想:"如果这样就足以维持身体运作,那我为什么还需要出门买菜做饭呢?我来试试这种饮食,看看是否可行。"

于是之后一个月里我靠吃泥巴和落叶为生。这显然对我不管用,因为才过了几周,我就病得很严重了。我向一位修行人请教是否应该继续这种饮食。

他说:"你这样只是在折磨自己的身体。人的身体是神的庙宇,你必须让它保持良好的状态。身体病了就无法禅修。古代的仙人明白怎样合理地生活。他们食用悦性食物,保持身体健康。"

我接受了他的建议,放弃那个试验,恢复了正常的饮食。这大概发生在 1944 年,当时我还在为马德拉斯的军队工作。

不管怎样,当我听到以人的肉身就能步行走到天国时,立刻决定检验一下这条路线是否可行。

刚开始很容易,我只是沿着主要的朝圣路来到了德瓦普拉亚格(Devaprayag),那里是恒河和阿拉克南答河①的交汇处。我走在恒河岸边,天开始下雨。当时已经很晚了,我四处张望,想找个地方避雨,当天是去不了别的地方了。几分钟后,我发现了一间小茅棚,有位年老的巴巴②在里面。我把头靠在门上,非常礼貌地询问他是否愿

---

① 阿拉克南答河(Alakananda),恒河的两条源头之一,源自喜马拉雅山,流经北阿坎德邦,为印度主要河流,是印度教圣河。另一源头为巴吉拉希河(Bhagirathi)。
② 巴巴(Baba),对出家苦行者的尊称。

意让我在茅棚里过夜。

他看起来似乎正在准备晚餐,我就说愿意去附近的商店给他买些食材来。这样的人一般不会储藏太多食品。我不想给他增加不必要的负担,所以很愿意冒雨去买些吃的,这样我们俩都能饱餐一顿。

他接受了我的提议,欢迎我和他一起用餐并过夜。

我买菜,他煮饭,之后两人一起在恒河岸边用餐。我们坐在那里时大概是晚上十点。我注意到在河边比他的草屋高十英尺的地方还有一间茅棚。

我问他这是做什么用的,他说:"那是我盖的,是为了恒河涨潮时有地方住。发大水时我现在用的茅棚会被淹没。你今晚就睡那儿,不会被河水淹到的。我们每个人各住一间茅棚。有人给我寄钱来,我就盖了那间备用的茅棚。我在这里已经三十六年了,但直到今年才第一次在洪水期有地方搬进去。我来自孟加拉,家乡有人给我寄钱,我才能过得更舒服些。他们每个月给我寄二十卢比生活费。"

这人放弃了世俗生活来恒河岸边苦行,在这里生活的三十多年间,除了一些炊具以外似乎什么都没有攒下,几乎家徒四壁。

我在他的备用茅棚中过夜时,发现那里空空如也,只有一个粗糙的编织袋,里面装着沙子。看来这个袋子是用来当枕头的。我的床就是用恒河沙铺平的一块地。我试着靠在枕头上,但觉得很不舒服,太硬了。我不知道你是否睡过这样的枕头,头靠上后不会凹下去,就像块岩石一样。

我把枕头拿起来,觉得枕着手臂也许更舒服些。在枕头下我发现了一本杂志,里面有些裸女照。那位苦行僧一定是把照片藏在了这里,不让他的访客看到。

那天傍晚早些时候，我们一起晚餐时他说："我单身一辈子了。我是家里的长子，弟弟们早结婚了。我很久之前就放弃了尘世生活，三十多年没有回过家乡。家人知道我在这里，有些去巴德里纳特的朝圣者路过时，偶尔会捎来他们的消息，除此之外，我和以前的生活就没什么联系了。"

大多数苦行僧都是这样。他们穿上橙色袍子，告诉每个人他们已经放弃了俗世。他们甚至能让自己看起来生活得虔诚而圣洁，心里却并没有放弃欲望。如果你还带着所有的欲望和执着，那么跑到恒河岸边过着貌似苦行僧的生活又有什么意义？这位苦行僧还不如当时留在家乡，像他的兄弟们一样娶妻成家更好。压抑自己的种种欲望，假装不再有了，这种自欺欺人的生活方式并不会有什么好处。

第二天早晨我告别了那位苦行僧，向巴德里纳特北麓的喜马拉雅山高地行进。几天后，在那里，我有了一次更有趣的经历。

我来到一片高海拔地区，独自走在路上，周围全是冰川。这不像是有人居住的地方，所以见到一名身材高大的年轻人迎面朝我走来时，我有些意外。四下只有我们二人，于是我们就停下来互相寒暄了几句。谈话中他问我来这片人迹罕至的地方做什么，我说想要跟随般度兄弟的足迹去天国。他发现我是修行人，就问我能不能坐一会儿，他一直有个问题，想要听听我的意见。

"我来自查谟塔威（Jammu Tawi，查谟克什米尔邦的火车枢纽镇），是邮局副局长的儿子，"他开始说道，"我在那里上学，但对学校的课程没有兴趣。十年前我逃离了学校，再也没有回过家乡。从那时起，我游历过许多地方，包括他方世界（各种天界）。"

这听起来很有意思。我问他是怎样完成旅行的。他说自己获得了一种悉地（即神通），能让他亲身去到宇宙中任何地方。

"我有拙火瑜伽的天赋，"他说，"离开学校后，我就开始寻找瑜伽老师，接受训练。我先去了毗湿奴普拉亚格①。那里有人告诉我要去那罗陀山，说那罗陀②在那里苦行。在山的另一面有个地方住着很多悉达（成就者）。我找到一位，说服他收我做了弟子。

"我掌握了他教导的一切。我似乎对学习这类东西有种天生的才能。我学会了飘在空中；学会了如何让身体在同一时间出现在不同地方；学会了如何呼唤神明，如德噶③和吉祥天女④，并请她们给予加持。从辩才天女⑤那里，我获得了一项能够说任何语言的加持，甚至能明白植物和石头在说什么。我还知道怎样去别的世界。"

我觉得实在难以置信，认为他在自吹自擂，于是决定要测试下他是否真的什么语言都会说。他的母语是多格利语，但他说愿意用任何我会的语言来和我交谈。于是我用波斯语、卡纳塔语、泰米尔语、马

---

① 毗湿奴普拉亚格（Vishnu prayag），位于北阿坎德邦喜马拉雅山脚，为阿拉克南答河与朵岗嘎河的交汇处。普拉亚格（prayag）在梵语中表示河流交汇处。

② 那罗陀（Narada），古印度著名的吠陀时代圣人，常出现在《摩婆罗多》《罗摩衍那》以及各类往世书中。

③ 德噶（Durga），意为"不可接近的"或"不可战胜的"，号称难近母。她是湿婆的妻子莎克蒂（Shakti）的主要形象之一。

④ 吉祥天女（Lakshmi，音译为拉克什米），亦译为大功德天或宝藏天女。印度教的幸福与财富女神，传统上被认为是毗湿奴之妻，为搅乳海中所生之宝。形象为一面四臂，两手持莲花，两手抛金钱，白象围绕。

⑤ 辩才天女（Sarasvati，音译为萨拉斯瓦提），印度教中代表医疗、子嗣、财富、智慧、美貌、艺术的女神，被认为是梵天之妻，并创造了梵语。形象常为一面四臂，持维那琴、莲花、经卷和念珠，坐骑为天鹅或孔雀。

拉地语、古吉拉特语、信德语和康坎语① 提了一些复杂的问题，而对每一个问题他都给出了流利的回答，发音和词汇都很完美。这让我很佩服，于是开始相信他的话。我请他展示如何在空中飘浮，这是种很难成就但又非常容易展示的悉地。他同意了，几秒后他的身体从地面升起，然后向四面八方飘移。尽管说通过修习帕坦加利（Patanjali）瑜伽法门，空中飘浮是能够修成的悉地之一，但在我一生中，他是唯一一位切实向我证明能做到的人。许多练习过超觉静坐的人都声称自己在完成悉地课程后学会了飞翔，但他们所能做的不过是盘着双腿蹦上蹦下。而这个人升到空中后悬停在那里，想向左就能往左，想向右就能往右。他已经可以随心所欲地朝任意方向飞行了。

他飘浮落地后，我们接着谈话。

"非常有意思，"我说，"但你所做的不过是每只鸟在天上都能做的。你还能做别的什么吗？"我想刺激他展示些别的花样。

"我会分身术。"他发现没有打动我，显然有些懊恼。于是，不用我再进一步提示，他就展示了让身体出现在两个不同地方的能力。

"我能分出两个以上。"他宣称，然后在我眼前再次分身，出现在

---

① 卡纳塔语（Kannada），印度南方卡纳塔克邦官方语言，属于达罗毗荼语系中泰米尔-卡纳塔语支。泰米尔语（Tamil），历史超过两千年，属达罗毗荼语系，通行于印度南部、斯里兰卡东北部。马拉地语（Marathi），在南印度马哈拉施特拉邦流行。古吉拉特语（Gujarati），为印度古吉拉特邦等地主要语言。信德语（Sindhi），为巴基斯坦信德省语言，属印度-雅利安语系，其书写现在使用天城体或阿拉伯文。康坎语（Konkani），属印欧语系印度-伊朗语族印度-雅利安语支，为印度果阿邦的官方语言，也是印度政府的官方语言之一，采用天城体书写。帕帕吉出生在印度教与穆斯林社区共居的旁遮普地区，自小学习波斯语及乌尔都语，作为销售员又于孟买接触马拉地人和古吉拉特人，于南印度求道时熏习泰米尔语文化。虽然这些语言之间彼此有相似之处，但此语言天分依然让人惊叹。

几个不同的地方。

"这挺不错的,"我说,"但我有一具身体就够了。光这一个已经让我受够了。为什么我还要有五六具身体来徒增烦恼呢?此外,这些身体又能持续多久呢?你有六具身体就能活上六倍寿命吗?我可不这么认为。当一个身体死亡时,其他的身体也都会死。"

"我有些能力还是非常实用的,"他回答,"我展示给您看。您想吃点什么?"

我朝四周看了看。数里之内没有人烟,视野所及之处没有任何植物,他身上也没有能藏食物的袋子。

"你打算从哪里找吃的?"我问道。之前我一直像当地人一样吃些植物根叶,这片区域里没有任何别的食物可供选择。

"我有另一种悉地,"他说,"如果我想要食物的话,食物就会被传送过来。一位女神把这项能力赐予了我。我向她呼唤,告诉她我想要什么,然后那样东西就会立即出现在面前。"

于是我点了一盘瓦拉纳西的特色菜,过了几秒钟,它就出现在了我的面前。我尝了一下,必须承认在瓦拉纳西同类菜色中,可以算得上是最出色的烹饪了。

"你还能做什么?"我问。这个人是我朝圣之旅中非常有趣的际遇。我想看看他还掌握了一些什么本领。

"我能到别的星球去,也能在所有精微世界中自由地遨游。只除了一个地方。我无论什么时候试图进入梵净土(Brahma loka)时,大门守卫都不让我进。这是全宇宙唯一一处我无法参观的地方。我的上师也有同样的问题。他也没法进去。守门者就是不让他进。梵净土是不返之地,一旦人进去了,就永远不会重返轮回的世界。唯有证悟者才能进入，我的上师和我都没有达到那种状态。"

尽管他始终很乐意展示自己的悉地，但并不是恃才傲物之人。他知道生命远不止这些超自然的把戏。

他接着说："我的上师曾说，这些悉地并不是最高的成就。他说这些力量只是来自头脑；而真知（jnana），或者说真实的了知才是最高的成就。

"我的上师对我说：'找到让你达到这种最高智慧的人很难很难。我不具备这种智慧，也从没遇到谁有。这是种非常罕有的成就，我已经把所知道的一切倾囊相授，但我没法给予你这究竟的智慧，因为我自己也没有。我死后，你应该离开这里，去找能向你指出什么是真知的人。'

"我的上师两年前过世了，他活了九十二岁。他离世后，我游遍了整片国土，想寻找这样的人。我甚至参加了一次大壶节（Kumbha Mela），希望找到可以教我的人。我遇见了许多瑜伽士，但没有一位是具备究竟智慧的智者。我告诉所有遇见的人，我已经学会了所有的悉地，还向他们展示我所言不虚。可是，只要瑜伽士见到我所具有的能力，就想让我教他们如何表演类似的技能。这些东西可不是一个下午就能学会的。如果我觉得询问者是认真的，我会告诉他，应该和我一起去喜马拉雅山，并和我在一起待上个几年。在我遇见的人中，没有一个愿意做出这样的承诺，所以我也从没向其他人传授过我的知识。

"最终我无功而返。没有找到什么弟子可教，也没有找到任何有能力让我获得真知的人，那可是上师告诉我要去寻找的。

"所有的瑜伽法门我都修完了，也遇见过一些修完这些的人。这些瑜伽技能用来表演、打动别人都很管用，但它们无法把你从束缚中解脱出来。它们不能切断无止境的痛苦轮回。"

我注意到这位瑜伽士带着根特别的棍子,他对这根棍子极其尊重呵护。我很好奇这根棍子对他有什么意义,就向他提问。

"这是我的上师给我的,"他说,"他向我传递的力量和知识都在这根棍子里了。只要我拥有它,就会拥有和我上师同样的能力。"

"这根棍子阻碍了你的证悟,"我告诉他,"你认为自己从它那里得到能量和知识,并执迷于此。如果你真的像你说的那样渴求真知,就必须放弃你的棍子以及一切它带来的力量。我可以帮你,但你要是不把棍子扔到河里,我什么都不会做。"

他肯定是相信我了,因为考虑了几秒钟后,他就把棍子扔进了几码外湍流的河水中。瞬间,他的宝贝棍子就被冲走了。棍子消失后,我请他随意展示一种悉地。他非常确信他的能力都系在那根棍子中,没了棍子,他连最简单的瑜伽技能都做不出来了。

在看到他不断失败后,我告诉他:"那就是你的力量,有来,有去。它是无常的。它会随着时间成就,就会随着时间消失。现在我要给你看的是和时间无关的东西。我要给你看的是你不会丢失也丢失不掉的东西。我要给你看你真正的自己。"

我非常有信心自己能做到,因为从他脸上就能看出他是个纯洁的人,已经准备好了要体悟真相。他对自己的瑜伽成就很自豪,但任何人处在他这种情况下都会如此。他见过了印度所有的大瑜伽士,但没人能像他那样掌握这些悉地。

"静静地在我面前坐下。"我说。

我们面对面坐着,深深看进彼此的眼睛。我很特别地看了他一眼,几乎没有给过其他人这种注视。

他瞬间就明白了。在这个永恒的时刻,他大叫:"我明白了!我明白了!我就是!我就是梵,坐于一切众生心中,随各自业力而引导其行动。当业报停息,一切都融入于我!"

他的新发现让他非常兴奋。当一个人抛弃短暂不实,而于内在找到真实与永恒,这真是奇妙的一刻。人们的反应各不相同。此人竭力以他最大的声音呼喊出他的欢乐。

当他略微平静下来时,我问他是否满意。

"你还有什么渴望,还需要什么吗?"我问道。

他出人意料地回答:"有。"

然后他开始解释,"我的上师曾对我说:'如果你真的找到能给你这种真知的人,你必须用余生来服侍他。然而即使用你一辈子来服侍,也不足以回报他给你的无上恩德。'

"如今我明白了他要我明白的真理。您向我展示了我是谁,我想要回报您,好好服侍您直到您离世。"

那时我体格健壮,身体灵敏,不需要任何人帮我做任何事,尤其不需要有人到处都跟着我。我总喜欢自由自在地去任何想去的地方,不要任何人跟随。我喜欢长时间一个人待着,如果有人随时随地跟着我,试着要服侍我,我就无法如愿了。

我对他说:"我不需要任何人服侍,我完全有能力照顾好自己。现在,你想做什么都可以去做,你的功课已经完成了。留在这里也可以,如果你乐意的话。现在你已获得了这一真知,会有其他人来向你寻求指引的。"

告别前我们又静静地坐了一会儿。我继续上路,他依然坐在我们相遇的地方——那个地方就算相隔着数英里,依然能看见。我大约走了半小时后,回头望去,见到他依然坐在同样的地方,注视着我所走的方向。再走了几分钟之后,我就从他的视野中消失了。我们再也没有见过彼此。

这是帕帕吉最喜欢的故事之一,他讲述过多次。有次讲完后,我问他:"那位瑜伽士谈到各种天界,真有这些地方吗?真有一个叫作梵净土的地方,只有证悟者才能进入吗?你去过那里吗?"

他回答:"科学对很多地方还一无所知。这个梵净土是由超级心灵所造就的。瑜伽士的渴望会在精微的层面展现出这样的世界,他可以进去享乐。所有的世界,无论多么精微,都只是心的投射。如果我渴望进入这类世界,我就能进去享受,但我并不渴望。当完全没有渴望时,这些世界根本就不会展现。"

帕帕吉继续讲述他探寻天国之路的最后一段历险记:

几天后在一个海拔更高的地方,我有了一次更奇特的经历。某处道路一转,我见到湿婆和雪山神女就在面前,似乎正在玩掷骰子游戏。

湿婆抬起头来朝我微微一笑,并对雪山神女说:"来了一位好信徒。我们好好招待他吧。"

雪山神女在地上铺了一块熊皮,请我入座。我舒服地坐下后,她为我准备了一些米布丁,这是一种南方的甜粥。我吃得津津有味,粥带有一种来自天界的味道,令人难以忘怀。每当我回味时,嘴里就会涌现同样的味道。即使过了数十年,依然唇齿留香。

在享受了甜粥及他们的陪伴后,我决定回到平原。我去到高耸的喜马拉雅山寻找天国，最终遇到了湿婆和雪山神女，并得到了他们的亲自款待，对我来说这就足够了。我不觉得还要匆匆忙忙继续我的旅程了。我循着来时的路回到了乔诗寺院①，商羯罗阿阇黎的大道场之一。我在安纳普尔那山洞（Annapurna Cave）住了几天，这一番劳顿后，我需要休息。据说商羯罗就是在这个山洞中写了《分辨宝鬘》（*Viveka Chudamani*）和对《奥义书》的一些注疏。也是在这里他派出了四位弟子去传法：室内苏瓦那阿阇黎（Sureshwaracharya）去斯瑞格里（Sringeri），莲花足（Pedampada）去德瓦卡辟塔（Dwarka Peetam），持庵摩罗（Hastamalaka）去巴德利卡道场（Badrika Ashram），托塔卡阿阇黎（Trotakacharya）去嘉嘎纳特普里（Jagannath Puri）。

帕帕吉20世纪50年代某个时期对同一地区进行了另一次探访。有位弟子给了他帕拉宏撒·尤迦南达②写的《一个瑜伽行者的自传》。在

---

① 乔诗玛特（Joshi Math），又称乔提辟塔（Jyotir Pitha），建立在北阿坎德邦乔提玛特城的寺院，海拔6150英尺，是喜马拉雅山的入口，靠近巴德里纳特，又称作北方寺。商羯罗（Adi Shankara）8世纪于印度东西南北各建一座寺院，而四大寺院历代主持名号即为商羯罗阿阇黎，表示其从商羯罗传承而来。其中北方中心就是此处的巴德里那罗衍寺（Badrinarayan），第一任主持为商羯罗弟子托塔卡阿阇黎（Totakacarya）。
② 帕拉宏撒·尤迦南达（Paramahamsa Yogananda，1893—1952），著名印度瑜伽士，教授及禅修克里亚瑜伽（Kriya Yoga）。出生于印度北部邦，十七岁跟随圣尤地斯瓦尔（Ykteswar）学习克里亚瑜伽。1920年赴美国，在波士顿创办真我觉悟同好会（Self-realization Fellowship，SRF），后于东海岸教授瑜伽，1935—1936年返印度创立瑜伽达萨特桑协会（Yogoda Satsanga Society of India，YSS），拜访甘地、钱德拉塞卡等人。他的上师赐予他帕拉宏撒（Paramahamsa，至高天鹅）称号。1936年返美后，在南加利福尼亚写作教授直至于洛杉矶去世。其作品《一个瑜伽行者的自传》对西方人产生了极大影响。

书里,作者记述其传承来自一位不老的瑜伽士,名叫巴巴吉①,会时不时对其弟子显现。尤迦南达声称巴巴吉已经有上千岁了,虽然年岁悠久,他依然保持着永恒年轻的身形。帕帕吉感到要进行一次探访,去喜马拉雅山看看是否能够找到这位神龙见首不见尾的巴巴吉。

他来到巴德里纳特北边的荒地,开始大喊:"巴巴吉,如果你真的存在,请出现在我面前。"

过了几分钟,一个形象化现在他面前。两个人彼此对视了一会,但是没有交流一个字。

后来帕帕吉对他在勒克瑙的弟子说:"我看到他的眼睛时,就立刻有种强烈的感觉,我站在古仙人苏羯天②面前。如果这是真的,那么他应该有好几千岁了。"

我向帕帕吉问及这次与巴巴吉的会晤时,他的回答让我很是吃惊。他说:"我从没遇见过巴巴吉。20 世纪 50 年代有人试图说我就是巴巴吉,但是我从不鼓励他们这么说。"

帕帕吉从没说过在巴德里纳特在他面前显现的那名男子是巴巴吉。虽然他当时确实喊了这个名字,随之有人清晰地显现了,但帕帕吉似乎并不相信那就是他所喊名字的那个人。

---

① 巴巴吉(Mahavatar Babaji),传说中的不死的印度教圣人瑜伽士,1861—1935 年间有报道遇见他现身,人们尊称他为巴巴吉,即"尊敬的父亲"之意。尤迦南达在《一个瑜伽行者的自传》中记载巴巴吉把瑜伽传给商羯罗和卡比尔(Kabir),现在依然与其弟子们在喜马拉雅山区行走,诚心的有缘者能够见到他。书中叙述了其师祖拿希里·马哈赛从巴巴吉处得法,以及上师圣尤地斯瓦尔与之相见的场景。
② 苏羯天(Sukadev),又名戌羯天(Sukadeva),广博仙人之子,为《薄伽梵往世书》的主要叙述者。根据《摩诃婆罗多》,广博仙人修行百年后,戌羯从火把中诞生,师从迦纳卡国王终至解脱。不二论上师传承的智仙传承的第五位也是最后一位。

虽然两次旅途——探寻通往天国之路以及寻找巴巴吉都没有达到起初的目标，但却带来了一些有趣的灵性邂逅。还有另一次旅行，同样是去寻找传奇，这次是彻底没有成功。此事发生在1966年，就在帕帕吉辞去矿场经理一职不久之后。

达塔特瑞亚·巴克惹医生（Dr. Dattatreya Bakre）和我一起去瑞诗凯诗。他想去德瓦普拉亚格为他的先人举办祭祖仪式[①]。这些仪式传统上是在阿拉克南答河和巴吉拉希河交汇处进行。我和他同行，并且问他我是否能为自己举行这种仪式。

他说："可以的，但如果你这么做，就表示出家了。仪式结束后，你就再也不能回家了。在你死后，你的儿子苏仁德拉就不需要再为你做了，因为已经做过了。那更像是决定出家云游。你不再是个'人'，而且要切断和家庭的各种联系。"

仪式结束后，我请医生自行回到住处，因为我想继续一个人旅行。很多年前我就听说在喜马拉雅山里有个神秘的地方，仙人们住在一个特别的道场里，不间断地持续唱诵着吠陀。我在一本叫作《狂喜瑜伽士》（*Mastana Jogi*）的杂志里读到过这个地方，应该是很多年前我在拉合尔时读的。写文章的人号称自己在哈德瓦的哈尔-齐-派里[②]洗澡时，忽然感到自己被抬到了空中，然后被带到了喜马拉雅山的高

[①] 祭祖仪式（shraddha），字面意义为"以全部真诚和信心行一切事"，是传统印度教祭祀仪式，用来利益先祖，尤其是过世的父母。

[②] 哈尔-齐-派里（Har-ki-Pairi），Hari，诃利，毗湿奴的神名之一；ki，表示从属关系；Pairi，指台阶。"诃利台阶"是哈德瓦的一处圣地，是恒河流下高山进入平原的地点，印度教徒们经常在此进行对恒河的敬拜仪式。每十二年于哈德瓦举行的大壶节活动起始点就在此。

处,接着似乎降落到了一片熊熊大火之中。当他被烈焰吞噬时,感到自己的整个身体在某种程度上得到了净化,但肉体并没有真的被灼伤。从火里出来时,他见到许多仙人坐在面前的山洞里。在他的描述中,仙人们都有着长长的灰色头发,杂乱浓密的眉毛,以及非常宽大的红眼睛。

很显然,仙人们很久没有见过访客了。他们看着他,并问他现在是哪一时。在一劫中有四时①:圆满时、三分时、二分时和争斗时。每一时都持续数千年。

仙人们还说他们打算要住在那里唱诵吠陀直至争斗时,也就是这一劫中最后一时结束。当争斗时快结束的时候,他们就计划下到平原,去卡舍(瓦拉纳西)。他们正在等待宇宙消融的那刻,也就是大消融(mahapralaya)。他们说,到那时大地上每个生灵都会被彻底摧毁。

这个故事一直让我好奇,我想知道喜马拉雅山上是否真的有住了数千年的仙人。我游遍了文章中提到的那块区域,但没有找到任何洞穴或仙人的踪迹。

20世纪60年代末,帕帕吉开始遇见一些来瑞诗凯诗寻求开悟的外国人。第一批遇到他的人中有一个比利时女子,名叫吉内维耶

---

① 四时(梵文 yuga),印度时间单位。一劫有四时:(一)圆满时(梵文 krita yuga,此处英文原文作 satya),相当于 1728000 年;(二)三分时(梵文 treta yuga),相当于 1296000 年;(三)二分时(梵文 dvapaya yuga),相当于 864000 年;(四)争斗时(梵文 kali yuga),相当于 432000 年。四者凡 4320000 年。此外,据上记"一劫四时"之说法,婆罗门教认为四时相较,时间上愈形短少,人类道德亦日趋低落,若争斗时结束即为劫末。

芙·德古（Genevieve Decoux），之后他为她改名为蜜拉（Meera）。以下是她讲述与帕帕吉在1968年12月相遇的情景。

我在非洲度过了非常快乐的童年，但来比利时上高中和大学后，我开始对生活中的一切都深深不满。"什么是生命？什么是活着的意义？"这些问题始终困扰着我。我没能力找到满意的答案，这让我愈发不快乐了。我极度渴望找到答案，因为我知道自己一切的幸福都依赖这点。考古系二年级的课程中有哲学课，我在复习考试时读到苏格拉底的名言"认识你自己"。这句话深深打动了我。我知道我找到了问题的答案。

我当天就从大学退学，回家对母亲说："我必须要去找一位像苏格拉底一样的智者，我听说在印度能找到这样的人。我打算立刻动身，在找到一位能让我知道'自己是谁'的上师之前，不打算回来。"

尽管我当时才二十岁，母亲却没有反对我的计划。我想她见到了我的决心，很可能知道无论说什么都不会改变我的决定。

之后几天我又是乞讨又是借债，以筹到足够的钱上路。一周内我就动身了。我记得大概就带了一瓶红酒、一袋面包和洋葱在路上吃。我嘱咐母亲在我离开前不要告诉父亲，因为我知道他会阻止的。我还没满二十一岁，他在法律上有权利阻止我进行这样的旅行。母亲帮了我一把，对父亲说我要去朋友家住上几天。她在我动身后第三天才说了实情。

我只有很少的钱，于是就一路搭便车到了伊斯坦布尔，之后随着嬉皮士们的脚步到了印度。

我在阿富汗停留了一段时间，和一位住在喀布尔附近山里的苏菲派教徒住了两三个月。但最后我认定他不是我寻找的老师，于是我继续上路，大约在1968年8月到达印度。

我一出德里火车站就开始打听各种上师的情况，并且立刻积攒了一长串地址，遍布全印度。不知怎么，我没有什么热情去一一考察列表上的名字，相反，我认定如果我注定要遇见一名老师，那么就会在对的时间、对的地点发生。我自然而然地认定，只要见到这个老师，我就能认出来。

由于我听说的大部分道场和上师都在喜马拉雅山区，我决定直接去瑞诗凯诗，让事情自然发生。到达后，我在斯瓦格道场找到了住处，而且立刻爱上了恒河。我在那里过上了简单的生活。每天大部分时间都在瑞诗凯诗或哈德瓦沿着恒河岸边行走，希望能遇见我那神秘莫测的上师。

有一次，我在七湖①附近散步，那是哈德瓦的上游，我找到了一名叫倡陀罗·斯瓦米（Swami Chandra）的人，他独自住在恒河中间的岛上。我感觉他也许是位圣人，值得留在他身边，于是我开始每天拜访他。他给我灌顶，传了一句咒语，对他来说这也是一个新的开始，因为之前他从没给妇女或外国人灌过顶。

在超过两个月的时间里我定期去见他，但最后我决定：“我已经听够别人的教诲了。我想亲自找到真理。我会自己过下去，等到真理自行向我揭示。”

我离开斯瓦格道场，搬进了附近的一个山洞里。之后几周我大部分时间都在打坐或在恒河沐浴。午饭时我会从道场取一些布施（免费

---

① 七湖（Sapt Sarovar），位于哈德瓦，传说七位仙人在此禅修而恒河为不打扰其修行在此分为七股小泉。

食物）。说是"打坐"，但我并没有任何正式的禅修。我只是静静地坐着，看着在我内在所发生着的……我一直这么过到了12月初。签证已经过期，但没达成此行目的之前，我没有丝毫离开的打算。

尽管生活简单，但我偶尔也需要用到钱。12月的某天，我发现自己只剩下最后一个卢比，就决定去吉祥天女旅馆，用这个卢比买杯茶。那时我有一本书，是卡比尔的诗集。我带着书去了旅馆，边喝茶边看。

我坐着读书时，有位男子走了过来，站在桌边说道："你想理解这些诗说的是什么吗，我亲爱的孩子？也许我能帮你。"

我已经受够了别人殷勤的帮助，于是就编了个说法打发他："不，谢谢。我在湿婆南达道场（Sivananda Ashram）听课，如果我有需要，可以请那里的人帮忙。"

这人看来非常慈祥。他再次提议并补充说："如果你需要我，每天早晨五点你能在恒河边找到我。"

两天之后我做了个很清晰的梦，梦境如此清晰，一定是某种净显。我眼前出现了这个男子的脸，他说："可能我就是你在找的人。"

第二天早上我决定去他说的地方找他。如他所说，他就在那里，坐在河边。他认出我后就开始大笑，但那是一种温和而友好的笑。他一边笑一边让我坐在他身边。

等他笑完了，就转头问我："你想要什么？为什么你要来见我？"

我那时很无知，以一种非常戏剧化的方式大声宣布："我想要宇宙觉性，如果有别的比这个更好，我也想要！"

这又引起了他的一阵爆笑。

"那么为了得到它，你要做些什么呢？"笑声再度消失后，他这样问道。

"我打坐。"

"那么打坐一下让我看看。"他说。

我闭上眼睛，试着在他面前打坐。我不记得眼睛闭了多久，但过了一段时间我突然决定睁开眼睛。我环顾四周，看到了天空和恒河。就在看的这一瞬间，茅塞顿开——一个极其简单而明显的东西，向我展露无遗。虽然它鲜明生动，但却不是什么戏剧化的爆炸场景，更像是一种安静的领悟，突然之间认出了某个一直都在的东西。

我看向他，但能说的只有："太简单了，太简单了。"我拜倒在他脚边，知道自己找到了一直在寻找的上师。我知道他是我的上师，不单单是因为他给了我这种体验，还有别的东西。我看着他的时候，强烈感觉到我认识他已经很久了，只是暂时忘记了他是谁。随着这种奇怪的感受，出现一种强烈的吸引。我想要一生都和这个人在一起。我不想让他离开我的视线。可是，他接下来的话，却重重打击了我。

"你现在可以走了。你已经得到了想要的。你现在可以走了。"

我惊呆了。经过几个月的艰辛寻找和修行，我终于找到了我的上师。他给了我这次非凡的体验，现在却又要走出我的生命。我再三乞求，但他拒绝让我留在他身边。我觉得自己就像闯入了某个疯狂的禅宗故事，又被踢了出来。

最后他把我推开，并说："我现在必须走了。如果你还需要我，我会再找到你的。"

他走后，我才意识到我竟对他一无所知：我不知道他的名字，不知道他从哪个镇子过来的，不知道他之后要到哪里去……我甚至不知道他在瑞诗凯诗的住处。我唯一知道的是他早上五点会坐在某段恒河岸边。

我走回了斯瓦格道场附近的山洞。虽然以这样的方式丢失了上师的踪迹让我很失望,但我还处于某种狂喜的状态中。空气中有种奇特的香气,我辨别不出是什么。在他身边我的那种体验似乎是终极而圆满的。我觉得他也不可能再给我带来更多的东西了,但与此同时,我却怀有一种挥之不去的折磨人的渴望,想要在身体上靠近他,想一直陪在他身边。不过,狂喜最终扫除了所有失望的痕迹,彻底地充盈了我,我开始奔跑,开始跳舞。我跑进附近的森林里,开始拥抱和亲吻那里所有的树。我感到与周围的一切彻底融为一体,我想拥抱见到的一切来表达我的爱。

之后,我坐下来,开始琢磨怎么才能再次见到这个人。"他偶尔会出现在河边。"我想,"虽然他说早上五点他会来,但他任何时候都可能出现。我要是不一直盯着这段河岸,就很可能错过他。我必须找个地方能时刻不停地监视这段河岸。"

我向四周张望,看到了河边一棵漂亮的大树。坐在树荫下,我发现能把老师可能出现的这片区域看得清清楚楚。我回到山洞,简单收拾了下行李,就开始住在那棵树下。狂喜的状态抹去了露天生活的诸多不便。在瑞诗凯诗这样的朝圣中心,这么生活并非难事。我穿着传统的云游僧橙色袍子,所以当地人非常尊重我,虽然我从不和他们说话。我只有这么一件衣服,所以要洗的时候我就站在齐腰深的河里,穿着直接洗。我有一条毯子,刚好够我在三到四摄氏度的夜里御寒。

一开始我会去某些道场领取布施,因为我没钱买食物,不过当地人见我大部分时间都在树下打坐,有些人就开始供养我。我打坐一段时间后睁开眼睛,会发现面前有盘食物。我从不知道那些食物从哪里来,或是谁给的。我散步、在恒河里游泳、打坐,但大部分时间我只是坐在树下,看着人们沿着河岸来来往往。我知道迟早我的老师会再回来。

八个月后,他终于来了。一个傍晚,我正在树下打坐,突然心生一念,要睁开眼睛向某处看去。他正向我走来,脸上带着认出了我的微笑。过去的八个月间,他离开了瑞诗凯诗,在印度别的地方会见弟子们,但现在他回来了,要在恒河边住上一段日子。

资料搜寻过程中出现这则故事时,帕帕吉评论道:"我认出了她内在的火,渴求解脱的火。这种火很罕见。我只在极少数人的脸上见到过,但是只需看这个女孩一眼,我就能明白她已把一生都用来寻求解脱了。"

帕帕吉不知道蜜拉一直在树下耐心等着他。他离开八个月再回瑞诗凯诗时才发现这点。

我从勒克瑙回到了瑞诗凯诗。我乘船过了河,坐在岸边一棵大树下的长椅上,面对恒河凉爽的流水。我边上坐着一对来自古吉拉特邦[1]的夫妇,指着岸边一个女孩说:"她是我们在瑞诗凯诗见到的唯一一个女性苦行僧。"那就是我在吉祥天女餐厅遇见的女孩。他们告诉我这个女孩只有一件衣服、一条毛巾,大部分时间都在树下坐着禅修。

古吉拉特来的女子对我说:"有一次,她出去散步,我丈夫在她

---

[1] 古吉拉特邦,位于印度最西部,西接阿拉伯海,北临巴基斯坦。

坐着的布堆下面塞了点钱。她回来后发现了钱，就只是把钱扔进河里，再回去打坐。"

蜜拉继续叙述：

他仍然不让我跟随他，但他保证每天都会来树下看我。从那天起，他每天都会在中午时出现，给我带来一碗食物，坐在我边上，我一边吃，他一边回答我所有积攒起来要问他的修行问题。我告诉他第一次见面时有的体验，以及那种随之而来的妙乐如何让我在物质条件上来看毫不舒适的情况下，以一种美丽平静的状态度过了八个月。我告诉他虽然过了几个月，狂喜就开始消退了，但一种强烈的平静感取而代之。打坐时我有许多不寻常的体验，我把所有的细节都跟他说了。他非常仔细地听我说的每件事，大部分都给出了正面评价。在这些早期相处的时光中，我知道了他的名字是彭嘉，在勒克瑙有家庭，大部分时间都在周游印度，与众多弟子见面。

有一天他来得非常早，早到他不得不叫醒我。陪同他前来的是一位弟子，名叫巴尔提婆·拉哲（Baldev Raj）。在瑞诗凯诗大部分时间里，他们两人好像都在一起。

巴尔提婆·拉哲是帕帕吉在勒克瑙的弟子。他和帕帕吉在童年时就住得很近，但直到20世纪60年代他们才再度相逢。两人都在40年代去勒克瑙避难，在城市的不同地方安顿了下来。

帕帕吉告诉我在60年代末70年代初，巴尔提婆·拉哲对帕帕吉有非常强烈的虔爱心，他的脸开始变化，变得很像帕帕吉。帕帕吉解释说，当心里充满了对某种特定形象的爱时，身体和脸就会转变为被爱者的样子。在这个例子中，这一转变相当惊人：帕帕吉说巴尔提婆的太太有一次把他认错是自己的丈夫，而给了他一个拥抱。

蜜拉刚开始和帕帕吉在一起的几个月也发生了同样的情况。几年后，帕帕吉写信给室利·B. D. 德塞（Sri B.D.Desai），对此作了评论。提到这个话题是因为帕帕吉注意到室利·德塞的笔迹开始变得像他的了：

我看到你12月3日给塞万·吉（Sewan Jee）信里的笔迹和我的一模一样。在这里（勒克瑙）的每个人都相信那是我写给塞万·吉的信。只有蜜拉才能嗅出其中真正的含义，那就是虔爱的泪泪流动，若以上师之心为中心，那他的笔迹就可以变得与上师的相似。蜜拉告诉我三年前她也有过类似的情况。有次她在恒河沐浴的时候，一个和她很熟的云游僧来找她，还问："蜜拉在哪里？"当蜜拉表明身份时，云游僧对眼前的变化大为震惊。

他说："你已经长得太像你老师了。我没有认出你来。你的外形，甚至你的性别似乎都已经变了。"

巴尔提婆·拉哲和帕帕吉年龄很相近，身高也差不多，还来自同一个地方，所以他变得像帕帕吉也并不难。但蜜拉当时是二十岁的金发女孩，必然是经历了非同凡响的转变才能让非常熟悉她的人也认不出来了。现在就让她继续讲述她的故事吧：

帕帕吉在步行去普洽提的路上休息,蜜拉的头部出现在背景上。照片摄于两人1969年第二次相遇后不久。

那天他一大早把我叫醒,邀请我和他与巴尔提婆·拉哲一起上路。我们去了普洽提,当时的路并不像现在那么好走。那是一间小道场,位于恒河岸瑞诗凯诗以北六公里处。这是他第一次允许我和他一整天都在一起。我发现他住在当地的一家道场里,他说我想找他的时候随时能去那里。从那时起,我就有更多时间和他一起了。除了中午带食物给我，他早晨和下午也常来。就算他不来，我也有了长期有效的邀请，可以去道场的房间找他。

这田园般的生活持续了大约一个半月，之后帕帕吉打击我，说他要动身去南方，而我不能和他一起走。

我问他为什么，他回答："我这样旅行时都是一个人上路。有时我需要一个人。我之前也从没和外国人一起上过路。"

我再也无法想象没有他的生活，我再三乞求，他终于妥协了。他最终答应时，让我签了一份他写在笔记本上的"合同"。合同明确规定，如果在旅途中他要求我离开，我承诺将不予争执、不加推托，说走就走。我快快乐乐地签了。只要能和他在一起，我什么都会签。

第二天早上我们坐着小船过了河，因为那时还没有桥，然后再搭乘火车去往沃林达文。

帕帕吉的犹豫还有一个原因。他对我说："沃林达文不是一个禅修的地方，而是虔爱的地方。我当时就告诉她了，但她不在乎，还是想和我一起来。我让她来了，但我让她答应无论何时我让她回瑞诗凯诗，她就必须得回去。"

现在是帕帕吉叙述之后的事：

到沃林达文后，我想和蜜拉一起拜访朗嘎纳塔寺①，但看门人说

---

① 朗嘎纳塔寺（Ranganatha Temple），沃林达文的一座寺院。建于1851年，供奉朗嘎纳塔，即毗湿奴在神蛇舍沙身上休息的姿势。英文原版记作 Sri Ranganathaswamy Temple，这是位于泰米尔南都的供奉同一主尊的著名寺院，应为笔误，故在中译中加以修改。

规定不允许外国人入内。他相当顽固,照章办事。有个已经进入寺院朝拜的人见到我们和守门的争执,就过来调解。他带我们去见了道场的秘书,解释说我们想进寺院拜神。秘书温和有礼,但他解释说寺院的章程就是禁止外国人入内。他说,他也反对这条规定,但同时,他必须强制实施,因为这是他受雇于寺院的职责所在。他已经提议改变这项章程,但至今寺院的管理委员会还没就此事讨论或投票表决过。他表示同情我们的处境,而拒绝我们入内并非他个人所能控制,他为我们安排了贵宾房住宿。后来我们发现这个富丽堂皇的房间以前只用来接待访问沃林达文的部长级官员。他说我们想留多久都可以,他会安排早、中、晚饭送到我们房间。

我和蜜拉谈到这件事,她记得其实他们后来进了寺院,还进行了朝圣。

他带我们去了一座大寺院,但门口的人拒绝让我们进去。帕帕吉拒绝接受"不准"的回答,和寺院的几个负责人热烈讨论起来。不知怎么的,我觉得他最后算是给这些人施了某种咒语,因为过了大约一个小时,他居然让他们相信我是个婆罗门,尽管我有一头金发,不会说任何印度语。我们不仅进了寺院拜神,还被安排进了贵宾客房,那间房之前显然只用来招待过首相。我们甚至没有可以替换的干净衣服,但不知怎么,最后我们受到了皇家般的礼遇。

当我踏进沃林达文的那一刻,就认出了这里。我之前从没来过,但一切看起来都那么熟悉。一走到街上,我就知道下一个转角会出现什么。

20 世纪 70 年代帕帕吉在哈德瓦。巴尔提婆·拉哲在最左,帕帕吉的妹妹苏蜜特拉在最右,她的故事在《帕帕吉传》上卷"早年生活"一章中多有涉及。帕帕吉身边分别是苏蜜特拉的女儿和女婿。

我之前从没接触过虔爱之道。我为了开悟而修了禅修,但我从没有听过圣者在对神的虔爱中迷失过自己。帕帕吉带我去了所有和黑天有关的地方,给我讲了许多神和圣人的故事。我感觉如鱼得水。这几天我俩的举止就像是狂热的虔爱者。我在街上唱着跳着,而帕帕吉无数次见到了钟爱的黑天。

我们刚到时,帕帕吉对我说:"带你来这里我冒了很大的风险。这里不是禅修的地方,是虔爱的地方。我不知道是否适合你,不知道在这里我们会发生什么。"

我们两个在那里度过了美妙的十天,我觉得他从未后悔那次把我带在身边。

我和蜜拉谈到他的狂喜举止，想明白那到底是怎么样的展现。

大卫：他和你一起在沃林达文时，是否展现出了很多虔爱？

蜜拉：是的，他见到很多净相，大部分时间都在狂喜中。他的脸变得完全不一样，我在瑞诗凯诗的几个月里都没见过那种脸。我印象极其深刻。

大卫：他见到那些净相时，有什么表现？你是怎么看出来的？

蜜拉：从外表看来，一切都停止了。他对周边发生的任何事都毫无反应。然后，过了一会儿，他的身体略微颤抖。偶尔眼泪会从他的脸上滑落。

大卫：眼睛睁着还是闭着？

蜜拉：大多数时间他都睁着眼，但狂喜太过强烈时，他会闭上眼睛。泪水溢出，有时他还会无法控制地大笑。处在狂喜中时，他会发出一种极其特别的笑声，完全不像平日的笑声。

他眼睛睁开时，眼里会有一种无可言喻的美丽。他正在见到神，而当他见到净相之时，他的眼里会映照出这种神圣。

大卫：他会在见到的当下就描述他的所见，还是之后才谈起？

蜜拉：他会在之后谈论他的净观，从不在发生的当下就谈。净相结束后，常会有一段时间的静默，那时，他仍然被体验占据着，无法开口。可能要在一个小时或更久之后，他才能说得出话，能重述那种体验。

大卫：他见到的是什么类型的形象？你记得什么例子吗？

蜜拉：这取决于他当时在哪里，或者他之前在说些什么。因为当我们在沃林达文这个圣爱之地时，他经常见到黑天和牧牛女们圣爱拥抱的样子。这种画面经常出现在他面前。当他跟我讲杜勒西达斯①和卡比尔的虔爱故事时，他就会见到这些圣者。我们去一些和黑天生平相关的地方时，他会见到数千年前在那里发生的事情。对于那里的空气中弥漫着的虔爱气场，他都无比敞开。他会以某种方式，调到与之对应的频率，然后他们就在他面前出现了。整个沃林达文充溢着朝圣者们的虔爱，上师只要调频到和这无数虔爱者系念神祇的念头频率一致，那些念头就以净相的形式展现在他面前。

这些净相体验有可能出现在任何时候。有时是他坐在自己屋里，有时是我们外出散步时，有时甚至是我们正说着话时。

大卫：他像这样的时候，如果有别的人看着，他会尴尬吗？我时常感觉他喜欢隐藏他的虔爱，他不喜欢公开展现。

蜜拉：是的，如果身边有很多人，或有他不认识的人，他会试着隐藏。但如果他和一小群熟人在一起，他似乎就不在乎了。

大卫：你认为他是有意让这些体验出现，还是说体验只是发生了？

蜜拉：哦不，从来不是有意的。他似乎总会惊讶于这些体验的出现。在我看来，这些体验像是不请自来，在他身上起舞一番，然后离开。

蜜拉所说的沃林达文浸润在黑天虔爱者的虔爱之中，这是数千年

---

① 杜勒西达斯（Tulsidas，1532—1623），印度教的诗圣之一，终身虔爱罗摩，著有《罗摩功行录》（Ramcharitmanas），该书以梵文的《罗摩衍那》为蓝本，用方言阿瓦底语写成，脍炙人口，广为后人传唱。大众普遍认为他是《罗摩衍那》的作者蚁垤的转世。

之久日积月累的氛围,帕帕吉也认同这种说法。帕帕吉常会说起一则有趣的故事,很好地说明了这点:

有次我从哈德瓦坐通宵夜车到沃林达文。路上大约要十二个小时,在清晨六点到达。同车的一人下了巴士,开始在街上走。走了几步他遇见一名妇女正在路上大力扫地,她四周扬起了一大片飞尘。那人叫住她,问他经过时能不能暂停扫地,因为他不想弄脏衣服。她同意了,在他走过时停下了几秒。我走在他身后。

我和那位妇女擦身而过时,她对我说:"那个男的一定是新来的,要么他就是来这里办别的事。真正了解这里尘土神圣性的人不会要我停止扫地的。相反,他们会躺在地上,让我把土扫到他们头上,还会为此付我五或十个卢比。那人不知道这里的一切是多么神圣。"

现在再回到帕帕吉和蜜拉在沃林达文的朝圣之旅。帕帕吉享用了几天豪华的贵宾客房后,决定搬去一间不那么招摇惹眼的房间。他决定去看附近帕嘎尔巴巴(Pagal Baba)的道场里是否还有房间。帕嘎尔在印地语里表示"疯子"。

我带蜜拉看了沃林达文所有重要的地点。她告诉我觉得自己曾在这里住过,因为即使是最小的巷子她都熟悉。她相当狂喜,以至于开始像蜜拉柏(Mira Bai)一样穿街过巷地起舞。许多来镇上的朝圣者也加入了她,跟着她一起在街上来回跳舞。

我决定搬出贵宾客房,去找一间较小的屋子。我去找帕嘎尔巴巴,他是镇上的一位疯子斯瓦米,去问他是否有住处,因为我知道他的道场里有几个房间。巴巴热情地欢迎我们,并且立刻送了我一根"海军指挥官牌"卷烟,在当时可算是奢侈品。巴巴是个大烟枪,而那是他最爱的牌子。他常会连着睡上好几天,所以我们很走运能在他醒着时碰到他。就像我说的,他热情地欢迎了我们,让他一个秘书给我们安排房间。

我想知道蜜拉会如何讲述在瑞诗凯诗及沃林达文和帕帕吉共同度过的这几个月,于是就在某个下午帕帕吉睡着的时候去采访她。上述的回忆文字都来自这次采访。等到下午四点帕帕吉醒来,过来喝茶。我们没有告诉他我们谈了什么,但他似乎都知道。

他对蜜拉说:"你还没说在帕嘎尔巴巴道场里那个婴儿的故事。告诉他那个大头婴儿的事。"

蜜拉完全把这件事给忘了,但随着帕帕吉给出的提示,她记起了下面的细节:

我们搬去了帕嘎尔巴巴的道场,此人是沃林达文非常有名的圣者。尽管他烟抽个不停,看起来行为怪异,但他非常慈祥而慷慨。他似乎完全爱上了上师。他之前没有见过我俩,但我们一走进去他就下令他的助手们来安顿我们,妥当地照顾好。这里的房间比先前的要小,但却招待得一样周到。

有天一对夫妇走进道场,带着一个病重的婴儿。看得出孩子病得很严重,因为他头肿胀得厉害,是正常孩子的两倍大。我不知道出了什么问题。也许是生了肿瘤,或是脑积水。无论如何,我们很快就明白他的父母已得知这种状况无药可医,所以他们带他去见所有能找到的圣者，希望能得到奇迹般的治愈。我记得他们中的一人说孩子预期只能再活几周了。当时帕嘎尔巴巴不在，婴儿就被带到了我们跟前。母亲一把孩子放在上师腿上，就和她丈夫一起消失了。我们以为他们是去给婴儿准备食物，或去上洗手间了。

过了几分钟，上师突然警觉起来。他大声喊我："快！去看他们在哪里！去看发生了什么！"

我冲出去，发现那个母亲正要坐上他们的小车出发。在我看来，这两人是准备开溜，把婴儿留给我们。我让她回来带上孩子。她道了歉，说她心乱如麻，完全忘了婴儿。我个人认为，她是觉得把孩子留给一位圣者是她所能做的最好选择。上师把婴儿交还给他们，过了几分钟他们就都离开了。

一个月后她再次回来，带着糖果、花环和一个健康的婴儿。我们当时不在道场，后来才听到这事。婴儿的状况推翻了医生的诊断，突然间就好转了起来。

我问上师是否做了什么，他说："没有。他们只是有着强烈的信心，相信如果把孩子带给一位圣者，就会发生些什么。所以就发生了。如果你信心足够强，就会发生这样的奇迹。"

我问蜜拉，她在沃林达文街道跳舞时帕帕吉是否会加入。我收到其他人的报告，说目睹帕帕吉在狂喜中起舞，这就促使我向蜜拉提出这一问题。一名来自瑞诗凯诗叫作巴拉瑜伽士（Balayogi）的斯瓦米深情回忆起帕帕吉于20世纪70年代早期在街上起舞，偶尔咬一口卷在他手中的某种卡蕊拉（Karela）馅的烤薄饼。这一定是极不寻常的净相，因为那时帕帕吉已经大约六十岁，体重大概有八十公斤。卡蕊拉是印地语里"苦瓜"的意思,一种个头小但非常苦的南瓜属植物。

蜜拉告诉我她从没见过他跳舞,所以这类情形不可能是常常出现的。尽管他很少会谈起,不过也曾说过一次他在沃林达文和黑天及蜜拉柏一起跳舞,蜜拉柏是七百年前著名的黑天虔爱者。帕帕吉经常在萨特桑上说到蜜拉柏的故事,通常会说到她是一名公主,放弃了家庭和皇室地位,只为追寻她对黑天的热情。我向帕帕吉问及跳舞的事,得到了以下答复:

从孩提早期我就深深被黑天吸引。我有个奇怪的想法:他只能被女人见到,因为在所有我读到的故事里,他只对沃林达文的牧牛女们现身。我有一些特别的女人衣服,我想黑天出现时,就会穿上它们。我还买了首饰来配衣服。我会化妆,穿戴好首饰和衣服,在腿上弹奏一种叫依喀塔拉[①]的单弦乐器,向黑天歌唱。我曾在一张画像上见过蜜拉柏以这个姿势献唱时,黑天对其现身,所以我想也许我应该试一下,看看是否奏效。

后来我读到蜜拉柏的完整传记。有几次,她在黑天面前起舞时,黑天就出现在她面前。我想如果我想黑天出现的话,我也可以试试这样做。

有一次在沃林达文,我关上了房门,彻夜跳舞。黑天出现了,蜜拉柏也出现了。我们三个一起跳了好几个小时。这场圣舞的狂喜吞噬了一切。之后的几周,无论我往哪儿看,都只见到黑天和蜜拉柏在起舞。

---

① 依喀塔拉(Ekatara),流行于印度北部及孟加拉的一种单弦琴,以干燥的南瓜或葫芦附上动物皮作为共鸣箱。

在帕帕吉看来，只有不经头脑而展现的舞蹈才真的美。他说："看到人们在萨特桑中在我面前唱歌跳舞时，我不只是在听词句或看动作，我还要见到这歌舞是源自哪里。如果词句和动作来自头脑，那么对我而言，即使表演者是有技巧有成就的专业人员，但看上去或听起来都是丑的。如果歌唱和跳舞发自于心，源于无念之处，就算唱得走调、跳得笨拙，对我来说这种表演也永远是美的。"

他这样说的时候，常会讲述两个故事作为佐证，那是他很多年前见过的舞者。

有一次我看到一名男子在南印度高韦里河边跳舞。看起来他只是自顾自地跳。

我心说："他为谁而舞？"

通常有这类表演时都会有一群观众围观。我看了看四周，一个人影也没有。那是一处荒凉之地，森林杳无人烟，一直延伸到河岸。他闭目而舞，根本不在乎是否有人看他。那是美丽的、无自我意识的舞蹈，是自发表达内在妙乐者之舞。我从没见过这样的舞者。我被他的表演深深打动了，想走上前和他交谈，但他已完全沉浸于内在世界了。有一两次，他睁开了眼睛，但他见不到我，即使我就在他的视野中。他睁着眼睛，但却见不到任何东西。他的注意力丝毫不向外。我能感受到，这是内心的美妙外现为肢体动作，我于是悄然离去，让他继续享受他的舞蹈。

我还见过许多舞蹈表演，包括西方和印度的，但我从没见过任何一名专业舞者能有这个人所具备的美。这人的舞姿中有一种气韵、一种况味，是无法单纯靠练习而获得的。

我见过另一个有类似表现的人。那是很久之前，在1945年，我还住在马德拉斯时。我参拜一所湿婆神庙时见到有人起舞。他同样觉知不到自己正在跳舞。他整日整夜地跳。人们把吃的放进他嘴里，但他甚至意识不到别人正在喂他。他触到了内在之美，而那种美给予他能量，让他能持续美妙地起舞数小时。这并不只是某个人在狂喜中乱跳一番。他所有的步伐、所有的动作全都恰到好处，所以他必然接受过常规训练。但由于对湿婆的虔爱，他学会了超越身体和心识的限制。由于对湿婆深切的虔爱，他学会了像湿婆一样跳舞，那就是不带着头脑，不带着任何对身体的觉察。当你爱上了你真正的真我时，这就是最美的艺术。这就是最美的展现。

在沃林达文住了十天后，帕帕吉决定回勒克瑙去银行取些钱。他本来打算去拉玛那道场，但到勒克瑙后改了主意。蜜拉继续叙述道：

到勒克瑙后，我立刻被介绍给了上师的父母。在我看来，他母亲是位非常坚强的女士。她好像是几位妇女的上师，她们来听她的拜赞歌。我没法和她交谈，因为她只懂旁遮普语，但她家的氛围很好，整所房子里都充满着虔爱。上师父亲的英文说得非常出色，但他几乎不和任何人说话，有一种无声的庄重。

除了我同他和巴尔提婆·拉哲共处的日子，我之前没见过上师和众弟子在一起。在勒克瑙，我惊讶地发现他是那么多人的上师。当大家知道他在镇上，无论他住在哪里，都有络绎不绝的人来拜访他。那段时间并没有特别的萨特桑。无论人们什么时候上门，他都会接见。

在瑞诗凯诗，他用一种纯粹的不二论方式和我交谈。在勒克瑙，就转成更为传统的虔爱道的方式。他会讲述圣者的生平，对《罗摩衍那》《薄伽梵歌》等经文里偈颂进行解释。上师似乎是按照来人的不同根器而调整教法，并不是给所有人说一样的话。

那时他非常自给自足。他常常亲自下厨，喜爱出门采购，为家人买菜做饭。我看着他卖力地讨价还价，还发现他会仔细挑选每棵蔬菜，然后才放进包里。如果他在厨房准备什么，会经常让我进来，教我怎么烹饪。

其他时间里，如果没有访客，他就静静地坐着，或者大声朗诵《薄伽梵往世书》的章节。他非常爱这本书。有一次，他在哈德瓦时决定要向恒河大声朗诵整本书。他坐在一个人迹罕至的地方，每天向她朗诵一段，直到念完整本书。

《薄伽梵往世书》有好几个版本，但帕帕吉最喜欢的是著名圣者伊喀纳特[①]的译本。帕帕吉曾对这部作品作过评论，奥地利学者贝蒂娜·鲍默（Bettina Baumer）用录音带记录下来了，讲得非常精彩。她把磁带带回了瓦拉纳西，她在那里担任讲师，但磁带却被偷了。当时她的房间锁着，里面没有任何别的值钱物品失窃。

失窃的消息传到帕帕吉这里时，有弟子评论说："你并不真的希望那个被公开，是吗？"

---

① 伊喀纳特（Eknath, 1533—1599），著名的马拉地圣者、学者、诗人。他写过多种《薄伽梵往世书》的改编版本（被后人称为《伊喀纳特往世书》(*Eknathi Bhagavata*)及《罗摩衍那》的改编，新创马拉提文学中巴洛德的道歌形式，还开启了在居民门外唱诵拜赞歌用以传道的方法，并以马拉地语共写作了三百余篇宗教诗歌。

他摇着头说："不希望。"

帕帕吉坐在七湖附近、哈德瓦以北的一座岛上向恒河朗诵《薄伽梵往世书》。他每天蹚水到岛上待上几个小时。有一次他遇见几名全裸的年轻人，正用乌尔都语交谈：

我用乌尔都语向他们问好，和他们聊了几分钟。

其中一个人见到我带的《薄伽梵往世书》，就问我那是不是《古兰经》。

"是的，是的。"我回答。

他们是穆斯林，并且因为我说乌尔都语就认为我也是穆斯林。我不想扫他们的兴，说我念的是印度经文。

"你们在这里做什么？"我问，"而且你们为什么不穿衣服坐在一起？"

"我们是人力车夫，"其中一人答道，"我们都住在哈德瓦另一边，每天早上搭第一辆巴士到这里待上一天，就这样不穿衣服坐着。到七湖来朝圣的印度教徒听说这座岛上有裸体瑜伽士，就会渡河来看我们。我们见到他们过来了，就盘腿坐好，装作是在入定。这是笔好生意，因为朝圣者总会给我们留下钱。如果没有朝圣者，天气变冷的时候，我们就穿上衣服，回到镇子另一边做人力车生意。不过，做这个可比拉人力车赚得多太多了。"

蜜拉继续讲述她和帕帕吉的旅途：

我们在勒克瑙住了一段时间，他取消了去拉玛那道场的行程，决定要回哈德瓦和瑞诗凯诗。到达后，他在一间道场住下，而我住在附近另一间。我们大部分时间都在一起四处散步，走上长长的一段路或只是坐在恒河边。有时候我们走得太远，就会在森林里或河边过夜，第二天才回去。有几次，我们在外住了好几天。那是非常自由而轻松的生活，很贴近自然。由于那时没有别的弟子需要上师的关注，他就自在地四处漫游，做任何他想做的事。

在城外时，我们会在恒河边扎营吃饭。我每天早晨从森林里收集些柴火，放在阳光下晒，这样午饭前就能完全干透。食物总是非常简单。我们可以几周就吃土豆、酸奶酱（酸奶酪和生蔬菜）以及碎麦粒。无论去哪里，我们都带着一口做饭的锅，而上师总会在口袋里带着小包的糖和茶叶。如果我们走在路上需要喝茶休息，上师就会坐下来，拉出他的小袋子。那就是我该去找些柴火来煮茶的信号了。

我们从不带盘子或餐具。吃饭的时候，上师会挑几块平整的石头，把食物放在上面。我们总是用手吃饭。他很讲究，要挑选合适的石头。有时候会在河边花个十五分钟来挑拣合适的"盘子"。

那是我的极乐时光。那种生活中有种简单而平和的妙乐，我之前从没有过。

在这段时间，帕帕吉和蜜拉决定结婚。帕帕吉肯定知道他进行这个仪式时等于同时公然蔑视了传统和法律，因为维迪雅琶提（Vidya-vati），他在1930年左右娶的太太还活着，就住在勒克瑙。历史上有很多印度教男子娶二房的先例，但在近期，除非第一任太太不能生育，这种婚姻已不被社会所接受。实际上，这一习俗在20世纪50年代已被定为非法，印度通过了一项议会法令，对一切与传统印度教习俗相关的结婚、离婚、继承等等作了明文规定。而由于印度社会的多样性，国家允许不同宗教对此类事务的制定上拥有自己特有的法律。

帕帕吉和维迪雅琶提的关系从未亲密或融洽过。尽管他一直自愿在财务上供养她，但20世纪50年代之后，他并没在勒克瑙家里住过太长时间。他回勒克瑙时，通常更喜欢住在他父母家，或他弟子在城里的房子中。

虽然说维迪雅琶提一定在家中举行的萨特桑中看到过很多人产生了不同寻常的转变，但她从没真正地相信过自己的丈夫足以担当上师。她偶尔说起拉玛那·马哈希身边那种非凡的寂静，但她从没对帕帕吉的萨特桑做过类似评价。她为整日整夜无休止上门拜访的弟子们尽职服务，但向来好像只认为她的丈夫就是一个让她恼火、时常对家庭生活所需不负责任的供养人。

我向帕帕吉问及他生活的这一面：

大卫：你的家人，特别是你的太太对你云游四海的生活方式是怎么看的？他们中多少人认为你只是另一个家庭成员，而多少人视你为一名智者？

帕帕吉：没有任何一个家人接受我的行为。我太太对此特别不高兴。她认为我很不负责任。从20世纪40年代初开始，我总是把修行放在首位。我辞去了军队的职务，去寻找能帮我见到神的上师，因为我当时认为那才是世界上最重要的事。我太太不这么看。在她看来，我不去工作养家，却周游全印度，把所有的钱都白白地用来寻找能帮我的上师。她从没有真正明白或亲身感受到我对神的热情。她只是认为我又放纵又懒惰。

我任何时候回家,她都冲我发火,质问如果我不去工作的话,谁来养活她和孩子们。

"你打算怎么教育他们?你打算怎么养活他们?我们没有钱的话,你打算让他们用什么结婚?要是别人发现他们的爹没工作,所有的时间和钱都浪费在没完没了的朝圣上,没有人家会要他们。"

我就对她说:"每件事都被照顾着,不用担心。神在照顾着我们。他会给我们所需要的。"

这类回答只会让她更生气。

为本书收集这部分材料时,我问帕帕吉是否愿意讲述他和蜜拉的婚姻。他提供了一些基本事实,但拒绝进一步加以解释或细述。

我们在哈德瓦时决定结婚。我带蜜拉去了雅利安社的寺院,请那里的祭司来主持仪式。他不确定是否能让印度人和外国人成亲,所以让我从印度民政部和比利时大使馆取得书面许可。我知道获取这些文件的程序漫长又复杂,所以我们决定在恒河岸边举行自己的仪式。拿到一张婚约样本后,我带蜜拉来到河岸,自己举行了仪式。我们按照仪式要求,向彼此发下了誓言,把花鬘放在对方脖子上,然后作为整个仪式最后一步,我们在恒河中沐浴。

尽管这听起来像是私下交换誓言,但对印度教徒来说这是有约束力的仪式。婚礼仪式可以漫长复杂,但也可以短小简单。在印度,只包含交换花鬘和誓言的婚礼是被法律所许可的。

我向蜜拉问及此事,她肯定了帕帕吉的叙述,并说之后几次在只有他们两人一起在恒河岸边时,又数度重申了彼此的誓言。

迎娶蜜拉让帕帕吉的许多印度弟子很失望,许多人就不再来见他了。我从没听帕帕吉提起是什么促使他开始这一系列行为,但我听他说过几次自己没有能力选择应该做什么或不应该做什么,因为这种选择的能力对他而言已不复存在。以下是1994年在谈起证悟者的言行举止时,他所说的话:

没有任何要做的,也没有任何不要做的。在这种状态下你还能做什么?什么都没有。证悟后无论你做什么都只是对周围环境的回应。"我应该做这个,还是应该做那个?"这是在未觉悟的头脑里才有的问题。没有头脑,问题也就不复存在了。真我会让身体进行种种行为,而所有这些行为都会是正确且完美的,因为这是由真我驱动的。头脑不会介入来决定那些行动是对是错,因为头脑不再存在了。觉悟终止了所有关于行为举止的争论。能做决定的头脑才有操守和道德的问题,在真我中这些完全不存在。这点很难理解,因为我正在说的是理解所无法进入或企及的。这个状态无法被描述,无法被想象,也无法被触碰。

现在让我再回到帕帕吉20世纪60年代后期在瑞诗凯诗的生活。

他刚退休在瑞诗凯诗开始住下来时,镇子安静而保守,但搬来几年后,镇子的面貌发生了戏剧般的变化。帕帕吉描述发生了什么:

20世纪60年代末,一大拨西方人涌进了瑞诗凯诗,大部分都是年轻的男孩女孩。他们的打扮像是苦行僧,有些人的所作所为也像苦行僧。他们蓄着长发长须，点着提拉克①，戴着金刚菩提念珠，甚至会花大把时间在恒河岸边打坐。60年代因LSD②而大受欢迎的蒂莫西·李瑞③教授曾来过瑞诗凯诗，并宣布这里是"人间天堂"。这句话立刻在西方世界传开了，很快镇上涌入了大批吸食LSD和抽大麻的嬉皮士。一年之内，在某些道场，外国人甚至比印度人还多。

在此期间，我大部分时间都在恒河岸边打坐。有些这样的人会接近我，告诉我LSD是多么美妙。有些体验也颇为可观。一个男孩吸食了LSD后来见我，对我讲述了他在药物的作用下的体验。虽然他毫无修行背景，但他所讲的内容听起来好像直接来自《奥义书》。还有人告诉我他们在幻觉中进入某种超觉状态，觉得自己通达了全世界的所有经论。

"药效退了之后会怎样？"我问。

"用药大概六小时后体验会消失，但消失的时候，我们就再来上一剂。"

我对他们说，不应该把自己的幸福依赖于转瞬即逝的状态，或只能带来暂时效果的化学药品上。我解释说有一种幸福是恒常的，不需要依赖任何外部因素。

"如果你找到这种幸福，"我说，"你永远不再需要吃另一片药来保持什么或拿回什么了，它永远都在。"

---

① 提拉克（tilak），印度教徒涂在前额或其他部位的标记，不同教派有不同色彩和图案。
② LSD，麦角二乙酰胺，一种半人工致幻剂。
③ 蒂莫西·李瑞（Timothy Leary，1920—1996），美国著名心理学家、作家，以其对LSD的研究和推广而知名，成为20世纪60年代至70年代一个颇受争议的人物，同时也对60年代反主流文化产生了重要影响。

但并没有太多人对我所说的感兴趣。

有些嬉皮士住在镇外几英里远处一个巨大的山洞里。那个山洞在瑞诗凯诗以北，通往瓦西斯塔洞穴的路上，1969年我曾去过。大约有二十个人住在那里，其中一位年长的外国人据说是他们的上师。那人穿着某种长袍，看上去像是个出家人。他正在教导嬉皮士们如何禅修，如何证悟，而他的教法中就包括定期吸食大量的LSD。

嬉皮士们第一次涌进来时，当地还没有人知道什么是LSD。事实上，这也确实是一种并不广为人知的毒品，那时持有或使用LSD甚至不违法。当印度政府最终通过一项法律明令禁止持有及使用LSD后，嬉皮士们就让国外的朋友们帮忙，把一部分信纸浸润在液体的LSD溶液中，收到信后，他们就把信纸吞下去，来达到兴奋状态。

我发现LSD似乎会削减食欲。那座山洞里的嬉皮士可以数日不吃不喝，只是定期服食一定剂量的LSD。他们团队中的一个人会去拉克什曼桥取来一大壶茶，让他们所有人过上一天。他们会坐上几个小时，试图在药效中禅修。他们的老师偶尔介入一下，教导他们应该怎么做。有一次他们也想让我试一下LSD，但我拒绝了。我确实心怀好奇，想听听他们的体验，但我不需要他们的小药丸来让自己开心。

我和几个住在那里的年轻男孩聊了一下服药后发生的事，其中几人言之凿凿地说起自己曾进入过神秘境界，他们所说的很动人。我不能否认这些体验，但我断然否定了他们获得这些体验所使用的手段。他们的老师说LSD是觉悟的捷径。我不相信。它能带来有趣的、暂时的体验，但任何暂时的东西都不是觉悟。

大部分瑞诗凯诗的道场最初都很欢迎这些新来的访客。他们看上去像修行人，其中许多人也真心对禅修和觉悟有兴趣。问题在于，他们不懂规矩。他们在房里大肆喧闹，打扰了邻居；很多人一起赤身裸体地睡在别人看得见的地方；女孩们不穿衣服就在恒河里沐浴，还有许多人不吃素。瑞诗凯诗和哈德瓦是印度教的圣地，实际上在这两个市镇范围内销售购买肉类或饮酒都是违法的。新来的访客们无视这条规定以及其他任何规定。许多人从境外运进来肉类罐头和包裹，把吃完的空罐头和包装盒随意丢弃在路上。当地人读到包装上的标签，知道这些外国人吃了什么后，纷纷表示出了厌恶。许多道场对这些人关上了门，因为他们不持守也不尊敬修行人的传统的纯净的生活方式。

一小部分嬉皮士最终变成了真诚的求道者。他们放弃了荒唐的行为，不再嗑药，将自己融入一些大道场的生活中。我见过几位前嬉皮士在湿婆南达道场、韦德尼克檀（Ved Niketan）和吉塔道场表现得非常好，但这些人只是例外。

当瑜伽士马哈里希·马赫什开始吸引一些著名的西方人，比如披头士和好莱坞电影明星时，嬉皮士入侵的情况就变得更糟糕了。因为这些新来的人中没有任何人知道该如何规矩行事，最后总得靠警察来解决。干扰镇上的平静，破坏当地的法律的人太多了。警方的镇压造成嬉皮士们大批逃亡。那些对禅修有兴趣的人，要么到山上独居，要么去往印度别地的道场。有些人去迦尼萨普利[①]追随穆克塔南

---

① 迦尼萨普利（Ganeshpuri），印度马哈拉施特拉邦村庄，位于孟买以北八十公里，因尼提阿南达·斯瓦米（Swami Nityananda）的灵祠在此而闻名，其弟子穆克塔南达·斯瓦米在20世纪70年代初于此建立道场。

达·斯瓦米①，一些去了比哈尔邦②的蒙格埃尔镇③萨提亚南达·斯瓦米④的道场。其他人最后去了沃林达文找尼姆·卡洛利·巴巴⑤或去找瑜伽士马哈里希·马赫什。帮助蒂莫西·李瑞推广LSD的理查德·阿尔波特⑥最后跟随了尼姆·卡洛利·巴巴，后者给他起名罗摩·达斯。

我在1990年遇见罗摩·达斯，他来勒克瑙参加过我的一次萨特桑。和他说起LSD，我发现他对此仍然有着正面评价。

我先对他说："我听说一个人只能服食三次LSD，就这几次也只能在专家的指导下进行。要不然就会发疯的。"

罗摩·达斯回答："那样的话我肯定已经彻底疯了，因为我已经服用了至少三百次了。它对我无害，我依然相信它能帮助开悟。"

---

① 穆克塔南达·斯瓦米（Swami Muktananda, 1908—1982），印度僧侣，师从尼提阿南达·斯瓦米，悉达瑜伽创立者，写有多部关于拙火、吠檀多和克什米尔湿婆派的作品。
② 比哈尔邦（Bihar），在印度东北，与尼泊尔接邻，为佛教的起源地，菩提伽耶等佛教圣地都在邦内。
③ 蒙格埃尔镇（Monghyr, Munger），印度比哈尔邦城镇，由萨提亚南达·斯瓦米创办的比哈尔瑜伽学校坐落于此。
④ 萨提亚南达·斯瓦米（Swami Satyananda, 1923—2009），印度云游僧，瑜伽老师，为湿婆喜萨拉斯瓦提的学生，于1956年创办国际瑜伽同修会，1964年创办比哈尔瑜伽学校，推广"整体瑜伽"或称"比哈尔瑜伽系统""萨提亚南达瑜伽"。
⑤ 尼姆·卡洛利·巴巴（Neem Karoli Baba，又称 Neeb Karori Baba，生年不详，于1973年在沃林达文离世），印度灵修上师，修持哈努曼虔爱，主张无私服务众生。20世纪六七十年代一些来到印度游历的美国人拜他为师，如罗摩·达斯（Ram Dass）、薄伽梵·达斯（Bhagavan Das）、克里希那·达斯（Krishna Das）等。在沃林达文、瑞诗凯诗等地及在美国新墨西哥州道沃斯（Taos）有其道场。
⑥ 理查德·阿尔波特（Richard Alpert, 1931—2019），美国当代灵修老师，曾任哈佛大学心理学教授，因与蒂莫西·李瑞在20世纪60年代早期全球推广LSD而闻名，1967年在印度拜尼姆·卡洛利·巴巴为上师，后成为欧美颇为知名的灵性导师，有诸多著作。1997年中风后一度患失语症，2019年12月在夏威夷过世。

"我不这么认为，"我回答，"我观察过许多嗑药的人，还有数百人对我说他们都曾吃过药，但其中没有任何人通过吃药而开悟。"

另一次，罗摩·达斯的一个学生来问我是否可以在我的萨特桑上服食 LSD。他是个来自洛杉矶的男孩。

"如果我吃药的话，会让萨特桑更带劲，"他说，"这是我之前几次的体验。"

我告诉他大可随意。"坐在那个角落，"我说，"不要告诉任何人你在做什么。让我们看看会发生什么。"

整个萨特桑上他都闭眼坐着。我们试图叫他去吃午餐，但没有人能唤醒他。他似乎处在一种半无意识的状态中。

我们吃完了所有食物，把盘子都洗完后，在我房里做工的男孩郭帕勒（Gopal）到他身边说："你现在必须走了。我要出门买点蔬菜做晚饭。要锁门了，所以你必须得走。"

男孩非常失望："你怎么能在这个时候说什么蔬菜？我快要证悟了。我只需要几分钟。不要管我，让我证悟吧。"

我让他在那里坐了一会儿，但半个小时过去了，没有任何迹象表明他获得了证悟。我让一个弟子把他塞上人力车，带回了镇上他所在卡尔顿旅馆的房间。他语无伦次，完全没有照顾自己的能力，一路上只是瘫倒在人力车夫的背上。送他回去的弟子不得不在那里照顾了他一宿。

有些人汇报说通过 LSD 得到了非常好的体验，还有些人就像这个男孩那样陷入某些状况，还有一些人似乎彻底疯了。我在瑞诗凯诗的一所道场里，曾遇见过一个男孩就陷入了第三类状况。男孩名叫约瑟夫（Joseph），住在我附近的房间里。有时我们一起在恒河里游泳。

他是个善良的英国男孩,大概十九岁。

有天晚上,我听见房间外面传来阵阵尖叫声,有时听起来像狼嚎。到了早上,负责道场的斯瓦米来向我抱怨,说那个男孩整晚都坐在树上大喊,尖叫或长嚎不止。这名斯瓦米不懂英语,他希望我告诉男孩不能再住在道场了。我便去找约瑟夫,想弄明白他到底怎么了。

"我吃了点 LSD,"他说,"因为我想打坐。吃了之后,我很快就发现房间四周有许多猴子。我觉得它们想伺机进入房间,偷掉我所有的食物。我觉得我得采取点措施。我就爬到它们坐着的树上,开始模仿它们的声音。我喋喋不休,尖叫着,在树枝间上蹿下跳,还试着吊挂在树枝上,很快我就真的感到自己是一只猴子。我整晚都在树上发出猴子的叫声,因为我确信自己已经变成猴子了。

"有一次我想从一根树枝跳上另一根,却从树上摔了下来。他可能就是那个时候听到了我的尖叫。其他时候我只是发出猴子的声音。本来我决定整个过程中把所有注意力都集中到眉心,并融入那个地方。但我莫名其妙分了心,最终专注在了猴子上。"

"斯瓦米很生你的气,"我说,"你的叫声让他整晚没睡,现在他要把你赶出道场。鉴于你对昨晚的行为并不负全责,我会尽力帮你留在这里。我用印地语去给斯瓦米讲个好故事,然后会告诉你之后应该做什么。"

我回去见斯瓦米,对他说:"那个男孩昨晚一直处在狂喜的状态中。他说你是一位伟大的证悟者,你的力量无形中对他有很强烈的影响。他处于那个状态时,就会爬到树上大喊大叫:'这位斯瓦米是那么有证量,那么有智慧,那么慈悲!他在他了不起的道场里给了我一间房!和他在一起我是多么快乐,他待我的方式让我那么快乐!我在全世界别的地方都没见过这样的斯瓦米！'今天早上我去找他弄明白发生了什么时，发现他正在打坐，唱诵着你的名字。"

"他非常喜爱你，"我继续说，"但他有点发愁，因为他没法继续住在这里了。他的钱已经用光了，很快就得离开，因为他负担不起这里的开销了。"这部分故事是真的。那男孩花光了钱，正等着父母再给他寄钱。

斯瓦米非常高兴找到了这样一名弟子。他说："没问题，如果他不再在晚上大叫，他可以留下来。我不收他钱，他可以和我一起吃三餐。"

我回去找约瑟夫，告诉他我给他找了个免费的住处。"你所要做的，"我说，"就是每次见到那位斯瓦米时都要礼拜他。只要你一直这么做，他就会很乐意给你提供免费的食物和房间。"

在那些年里帕帕吉如何和嬉皮士们打交道，蜜拉都看在眼里。我问她对此有什么印象：

他对他们很感兴趣。他们中的大部分人都放弃了西方舒适的环境，来印度过苦日子，寻找生命的新意义。这一点引起了他的好奇。因为他们是在寻找新的方向，新的前途，他们中许多人对他所说的一切都持敞开态度。他们各有各刁钻古怪的样子，但上师似乎很欣赏这点。他好像总是被那些疯疯癫癫的人逗得很开心。他对这些人非常温和，也常常开他们玩笑。我们跟他们有过许多次很棒的萨特桑，可惜他们从来都没有认真当回事。总是有太多怪事发生。

刚开始的时候，他从不批评他们嗑药的行为，但一两年后，在他见到药物是如何损害他们的心灵和身体时,就经常鼓励他们戒断嗑药的习惯。

在最近勒克瑙的一次萨特桑上,帕帕吉提到:"在哈德瓦有一位巴巴,一辈子都在抽大麻。他似乎就只吃这个了。过去的六十年里我每年都会去那里见他。每次见到他,他嘴里都有一块大麻,而我在那里见到的外国人似乎没有同样的能力可以整天抽大麻却不损害自己,所以我开始鼓励那些人停止吸食。"

蜜拉继续讲述20世纪60年代后期她和帕帕吉的生活。在这一部分,她讲述了帕帕吉如何寻找那些出现在瑞诗凯诗寻求解脱的真心求道者,以及如何与之打交道。

上师从没有试图去寻找弟子,但他有某种内在的雷达,可以感受到附近是否有谁会从萨特桑中受益。我们可能正坐在河边,他会突然感到一阵冲动要去什么地方。他不会说"有什么人在哪里哪里等着我"。他只是有一种感觉,他应该去往某个特定的餐厅、商店或道场。他到了之后或在去那里的路上,就会遇见几个需要指引的新手求道者,然后我们会有一次美妙而自发的临时萨特桑。这对我来说非常棒,因为我们在一起时他几乎不说话,除了偶尔聊聊烹饪或他在周边的见闻。只有遇见这些新人时,我才能见识到他是多么了不起的老师,而他的教法又是多么的直接和深刻。

他从不知道自己为什么会被送去赴某个特定的约会。只是有一种内在的声音促使他起身,向着某个特定的方向前进。一开始我觉得所有这些相遇好像都是偶然,但后来我意识到这是真我在选择合适的时机，引领着求道者遇见上师。我自己的情况就是如此，而在之后的日子里，我见到无数人身上一再发生这样的情况。上师告诉过我很多次，他这辈子的任务不是坐拥一座道场，被上百人围绕。相反，他莫名被选中了，来给那些已经准备好接受直接体验的求道者最后一脚。正确的人会在正确的时间被送来，而上师的"内在声音"只是把他带往那些人所在的地方。上师是有道场的，但那是看不见的道场，不存在于任何地图上，而那些渴望解脱的人会发现自己的脚步被引向了那里。

这一切的副作用就是永远无法规划生活。上师可能说："我们去什么什么地方吧。"半路上，他会突然转身，没有任何解释就改换了方向。你没法问他为什么要改变计划，因为他自己也不知道。他只是跟随内在的指引。

非常奇妙的是，这么做其实省了很多事。他既不必把时间浪费在一大群不成熟的求道者身上，也不必出去寻找需要他的人。他在河边坐着或散步，闲然自得。召唤来了，他就起身，做他要做的事，完事后又回到河边坐着。有种感觉：一切都是完美的，每件发生的事都按着道的计划在执行着。

当然，一旦他开始给予求道者这些体验，便总会有人打听他的行踪。有时候他允许人们来见他，另一些时候他会避开所有人。如果他不想见人的话，那股带他去见有需要的求道者的力量，在他不乐意时同样能让他变得看不见、找不到。如果他不想见的人来了，同样的内在声音会促使他在那些人到达之前，就去往别的地方。

我让蜜拉举一个弟子巧遇帕帕吉的例子，她脑海中出现的第一个形象是一名法国妇女，名叫悉塔（Sita）。

帕帕吉消失了几天，把我一个人留在瑞诗凯诗。在镇子里散步时，我好像见到了一个在西方的老朋友。我冲到她身边打招呼，结果发现原来是别人。我向她道歉自己认错了人，然后开始聊了起来。对我而言，这很不寻常。除了上师，我在那些日子里几乎不和任何人说话。谈了几分钟，我就发现她也是一个求道者，来印度就是专门为了找自己的老师。几天后，我们成了好朋友。

帕帕吉去了勒克瑙，告诉蜜拉在那里有些事，过些时候就会回来。在勒克瑙待了几天，他感到一阵冲动要去南方拜访拉玛那道场。他买了票，但就像他在之后的故事里所说的，他并没上车。他回到瑞诗凯诗，遇见了蜜拉的新朋友。

1970年我曾计划去一趟拉玛那道场。那时候南下的火车线路不是很好。火车一路开到马德拉斯，但车上只有一个转向车架。那列火车每周只发一次。我到车站搭车，却发现那个去马德拉斯的特殊转向架不知怎么在火车到达勒克瑙之前已从车上松落了。没有人知道转向架在哪里，下一辆去马德拉斯带转向架的车要过一周才开，于是我决定还是去瑞诗凯诗。我已经带上了行李，所以那不成问题，只要上另一辆车就行。

我到了瑞诗凯诗，过了恒河。我没有什么特别的住宿计划，正想着去哪座寺院或达兰萨拉（Dharamsala）时，一个女孩向我走来，站在我面前。

"我想和你谈谈。"她说。

"没问题,"我说,"直接说吧。"

"现在不行,"她说,"我刚在商店里买了些东西。我得去收拾一下,付钱给老板。我过几分钟就回来。"

几分钟后她提着一包坚果回来,并做了自我介绍。

"我是名教师,住在巴黎。三天前我到了这里。在巴黎我有位修行指导,是位泰国老师,一直在传播佛教。

"有天他对我说:'我不是你真正的老师。我只是你的向导。你另有老师住在印度。他是位看不见的老师,有间看不见的道场。你去印度,你会找到他的。'"

我们又谈了一会儿,我发现她不知道更多的细节了。她不知道老师的名字、地址,或在哪里能找到他。她只是被告知,会在印度找到老师。

然后她告诉我之后发生了什么。

"我的学校还有几场考试,我必须在场。考试时间是在泰国老师告诉我那番话后的一个月,我也知道自己必须得参加。我请了假,假期也批了,条件是我必须在考试前回到学校。校长说把我的假期延长到考试那天是不可能的。我最多只能有二十天的假。

"我立刻就飞到了德里。我之前从没到过印度,所以完全不知道要到哪里去找修行老师。我在德里机场叫了一辆出租,对司机说:'载我去圣者住的地方。'"

出租车司机觉得来了笔好买卖,开车带她到了瑞诗凯诗,开了五个小时,把她放在湿婆南达道场门口,收了钱回德里。她进了道场,但那里没有空房间了。当时正好有一个特别的瑜伽课程,所有的房间都住满了人。道场的人建议她去河对岸超觉静坐的总部。我遇到她时,她已经在那里住了三四天了。

这个故事很有趣,但有件事情让我不解。"为什么你要告诉我这一切?"我问,"为什么你钱也不付就冲出商店,给一个完全陌生的人讲这个故事呢?"

"因为你就是那个人!"她欢呼道,"在过去的十三年中,我一直梦见这个人。尽管我在梦里见过你,但之前没有想到你就是我必须在印度遇见的人。我一认出你就冲出了商店。你愿意去我那里吗?我在超觉静坐中心有间不错的带空调的房间。我有太多的话想对你说。"

"现在不行,"我回答,"我很累,刚刚通宵旅行回来。我想在恒河水中沐浴一下然后睡上几个小时。你可以傍晚过来见我。"

我订了会面的地点,然后离开去洗澡。那个下午,我长长地睡了一觉,梦到了那天早上遇到的女孩。傍晚我告诉了她那个梦。

"梦中的你大概是个七岁的女孩。我们不在印度,因为房子看起来不像是印度的。肯定是别的什么国家,是我认不出的地方,是我之前从没去过的地方。在梦中我叫你悉塔,好像那就是你的名字。"

我提到这个名字时,她拿出了戴在脖子上的吊饰。

"两年前我在法国的一个印度展上买的。一见到它,我就知道必须得买下来。"

我看了看吊饰,上面用天城体字母写着"悉塔"。她一直戴着这个吊饰,却不知道上面就刻着自己的名字。对她来说这就是最终的证明,她确信自己已经找到了"看不见的"老师。

悉塔想永远待在我身边,但我没有答应。"你有工作,必须要回去。你答应了二十天之内回去,不可以就这样逃避自己的责任。"

"我随便什么时间都能再找一份工作，"她说，"我有七年的经验，无论什么时候回去，都很容易找到工作。"

我对她说："照看孩子是很适合你的工作。你很聪明，是位好老师。我看着你就能知道这点。许多孩子因为在学校里没有遇到好的老师，人生就被毁了。"

"如果你答应来看我，我就回法国。"她说。

我答应了她，大约一年后我去法国时，就约了时间见她。

那么，是谁安排了这次见面？我本来打算去蒂鲁瓦纳马莱，而这个女孩在巴黎有份工作。安排了这一切的力量把我送回了瑞诗凯诗，而它同样安排了这个女孩在那段时间在那里待不到三周。而且我一走进瑞诗凯诗，她就在那里等我了。这并不是一个孤例，我已经很多次被送去赴这样的约。

因为她也不是唯一被召唤来和我会面，而放下一切飞到印度来的人。有一次我遇见了一位委内瑞拉的数学教授，他一听到我的名字就放下了所有事务飞到了印度。

"我朋友和我说到你，"他说，"他本人并不认识你。他只是从一位在西班牙遇见你的人那里听说了你。我一听说你的事，就知道我必须要见你。我向学校请了假，搭上了去印度的下一班飞机。"

是什么带他来的？当时机成熟，求道者就会被道召唤，放下一切，奋不顾身地求道。我已经见过好多次了。

数学教授的故事将在之后的章节中详述。

帕帕吉还说起另一次见面，有着同样的开场：去拉玛那道场的行程被取消了，因为到马德拉斯的转向架没到勒克瑙。因为这个开场很类似，我怀疑下文中这次相遇是在前述那趟旅行中发生的，就在他遇见悉塔后不久。

我本来打算去室利·拉玛那道场，但我到达勒克瑙车站时，发现我的车次由于事故被延误了，而且没有人知道车子什么时候能到。隔壁月台有一班车是开往瑞诗凯诗的，于是我就登上了这辆车。

帕帕吉这种在最后一分钟改变行程的作风似乎成了传奇。有次他的女儿席万妮告诉我，无论什么时候与他一起乘火车，她都不会打开任何携带的食物，直到火车开出至少一站。她的经验让她明白，帕帕吉虽然踏上了一段长途旅行，但开车几分钟后会改变主意，在下一站下车。发生过一件事情，让大家印象深刻，那时他准备去长途旅行，家人来到勒克瑙火车站为他送行，而他们回到家时发现帕帕吉已经比他们先回来了。他从对面月台那边的车门下车，然后步行回家，没想过要知会任何一个和他同来车站的人。

到了瑞诗凯诗后，我突然毫无缘由地产生了一阵冲动，要去巴德里纳特。这个地方海拔四千米，冬天极度寒冷。我没带毛衣，但并不操心。尽管是严冬，我还是上了一辆巴士，开始了我的旅程。几个小时后，车到了鲁德拉普拉亚格[①]，我有了一股要下车的冲动，要在这里过夜。我随身带着一个包进了附近的一家餐馆。我打算在那里吃饭，然后再找地方住下。饭后，我出门去洗手，一名男子走近我，问是否

[①] 鲁德拉普拉亚格（Rudraprayag），阿拉克南答河五处交汇之一。

能聊聊。我问他想干吗。

他说:"我们去阿拉克南答河边坐坐,在那里说,好不好?"

他带我到河边,介绍自己是一名工程师,在浦那[①]的部队工程服务部工作。他有过一位上师,叫作古尔瓦尼·马哈拉吉(Gulvani Maharaj),一年前过世了。他死前向他弟子保证"你会于此生证悟"。

他热诚地看着我说:"直到现在,我都没有做到。但我没法不相信我的上师。我对他的预言深信不疑。他最近出现在我梦里,说我应该来巴德里纳特,尽管整个冬天都被雪封了。事实上,寺庙要到5月中雪融化后才会开放。

"我来到这里,脑子里有两个想法,一是之前他从没有让我进行过任何朝圣,二是我不能拒绝我挚爱的上师的命令,所以就请了一个月的假。我四天前动身,今天下午到了这里。因为我是工程师,在军官平房里预留了房间。我进了旅馆坐在门边的长凳上吃饭时,我的上师出现在我面前,指着你说:'你必须和这个人说话。'我马上就来问是否能和你谈谈,而你就同意了,尽管你的包还留在餐厅里。你肯定就是那个我应该遇见的人。"

我们走下斜坡,坐在台阶上。过了一会儿他转向我,说道:"请告诉我如何证悟真理。"

我告诉他:"你不必做任何修行,不必唱诵任何咒语,不必练习任何瑜伽体位,也不必朝圣。你只要向内看着你真正的真我。你立刻就会见到你一直都是解脱的,你之前觉悟不到这点,是因为你一直在向外看。"

---

① 浦那(Pune),印度马哈拉施特拉邦的第二大城市,印度第八大都市,市区人口约为一百二十万。

我们深深看进彼此眼里。突然，他整个身体颤抖起来，泪水顺着脸颊滑落下来。他没办法说话，也没法走路，所以我扶着他起身。他邀请我和他住进军官的平房里，我同意了。整晚他都坐着，处于一种消融的状态，非常寂静。

这就是帕帕吉巴德里纳特计划之旅的终点。他明白自己被推向这次本不可能的远足只是为了遇见此人，于是就取消了之后到巴德里纳特的行程，返回哈德瓦。两人再也没有见过。

这两次相遇——和悉塔以及军官，都是帕帕吉在活跃的外出期间与弟子打交道的典型例子。他在正确的时间出现在一个弟子的生命中，打一次交道，就能让对方直接体验真我，然后他神秘地消失，一如之前神秘地出现。许多年来，帕帕吉极度保护自己的隐私和独立性。他很少透露在勒克瑙的常居地址，也不公开行程，以此避免大批人跟随他的问题。如果他决定去印度某地，就会给那个地区的弟子写信通知行程。会面结束后，他会自行离开，或者通知其他要见的人。这个策略让他得以如愿独处，也能让萨特桑团体保持在一个可管理的人数范围内。直到1990年，健康状况让他无法再随意旅行，他才定居在了勒克瑙，并且允许大批人聚集在他身边。

我请蜜拉再说一些人们和帕帕吉相遇的特别故事，她提到一个名叫约阿钦·戈瑞伯特（Joachim Grebert）的德国人。他来见帕帕吉是因为悉塔对他说了自己与帕帕吉传奇性的相遇。尽管他的初次见面不像前面叙述的两例那样充满了奇异的巧合，但依然是一则有趣的故事，值得一记，因为约阿钦在几年后说服帕帕吉去西方时扮演了关键角色。

这是帕帕吉叙述的他们的相遇：

和他相遇时，我正住在恒河岸边的一棵树下，靠近瑜伽士玛哈里希·马赫什的道场。我没有自己的地方，连个山洞都没有。天气很好，所以我常常就在河边用餐、睡觉。

一天，有个年轻的德国人过来问我是否讲英文。我点点头。他说想问我几个问题。然后，没等我同意，就问了一长串问题。我回答了他所有的问题，显然让他很满意。他看起来被某些回答深深打动了。谈话过程中，他提到自己是德国科隆①超觉静坐中心的主席，最近一直和玛哈里希一起待在印度的道场里。在我们的谈话中他经历了某种转变，因为最后他已经准备好了要丢掉自己的过往、所有的修行，甚至他在玛哈里希组织中的地位。

"我不想再留在这个道场里了，"他告诉我，"我已经找到在这里要找的东西了。我不用回去了。从现在开始我要和你住在一起。"

"我没有自己的地方。"我说，还告诉他我的生活条件很艰苦。即使明白了这些，他仍然希望和我住在一起。

他解释自己的立场："我曾多次请瑜伽士马赫什回答那些今天问你的问题。我对此有许多疑惑，许多不解，我想要答案。但每次我问他，他都说我没有准备好接受答案。他说我还不够成熟来理解这些答案。这已经持续了很长一段时间。今天你回答了我所有的问题，我的心现在很平静。我来的时候心很乱，但现在完全没有了念头。我从没有在瑜伽士马赫什身边，或靠修他教导的修法而体验过这种平静。我

---

① 科隆，德国人口排行第四的城市，德国内陆最重要的港口之一，莱茵地区的经济文化和历史中心。它已有两千多年的历史，是德国最古老的城市之一。

想离开那个组织,和你在一起。为什么我要留在一个不能带给我任何平静的地方呢?"

第二天,他带着所有的行李来到了我的树下。

他的离开引起了他旧日道场管理者的关注。很快大家就知道他离开了道场,并和恒河岸边的一个苦行僧生活在一起。而众所周知,大部分恒河边的苦行僧整天都在吸大麻,超觉静坐道场的管理者自然就推断他是和某个大麻巴巴在一起了。他们展开了一场拯救行动,要把浪子带回家。

几天后,道场主席和其他四个人前来劝说德国男孩回道场。

他们和他说完后,男孩来到我面前说:"这些道场的人过来带我回去,但我不想走。"

我建议他和道场的人一起回去:"我没有合适的条件让你待在这里。我只是住在树下。你能和我在这里一起住多久呢?"

他不想离开,于是我对他说,如果他愿意,可以继续来见我。但我提议,首先我应该和他旧日道场的管理者谈谈,这样至少我可以向他们保证,我没有打算让他们的前弟子吸食大麻。

他们过来问了我许多问题,特别是想知道我的教法是怎样的。

为了安抚他们,我说:"我没有任何教法。我只是室利·拉玛那·马哈希的弟子,他生前住在南印度的蒂鲁瓦纳马莱。"

他们对我充满了敌意。并不是我的教法或生活方式让他们恼火,他们只是害怕我可能继续从他们道场偷走弟子,于是威胁说如果我继续留在道场附近,就会派人来揍我一顿。

这些事发生后不久,印度政府就开始禁止外国人逗留在玛哈里希的瑞诗凯诗道场。政府宣称外国人造成了安全威胁,其中有人是自己国家的间谍。对外国人的禁令直至今日仍然生效。帕帕吉继续叙述:

我不想和这些人发生争斗,所以建议德国男孩跟我一起离开,继续旅行。

"你和我一起去室利·拉玛那道场吧,"我提议,"我们不必留在这里和这些人争论。"

第二天早晨,我告诉他我必须先去一趟勒克瑙,因为我身上的钱不够去南方。第二天我们两人离开了哈德瓦前往勒克瑙。到达后,我不想和家人在一起,所以我们就住在勒克瑙的一个弟子那里,他之前提供给我一间房子可以让我在勒克瑙举行萨特桑。

帕帕吉回城的消息传开后,他发现自己要为大约六十人举行萨特桑。约阿钦·戈瑞伯特也参加了,但很快意识到自己受到了一些印度弟子的批评。帕帕吉对此解释道:

我们在瑞诗凯诗的生活非常简陋而原始,约阿钦似乎已经忘记了一些城里人遵守的基本卫生准则。因为在一些印度人眼中,他似乎有点邋遢。他们对他说,如果想要在修行上有进步,他必须净化自己的心灵和身体,并且保持两者的纯净,要完美无染。约阿钦有一点天真。尽管他曾经是超觉静坐的老师,但对印度教传统知之甚少,于是就望文生义地理解了这些指导。

他在浴室找到了一盒冲浪牌清洁剂,包装盒上的标语是"冲浪洗白净"。他觉得可以用这个来清洁自己的心灵和身体,就把整包清洁剂倒进一桶水里，尽己所能地喝了下去。他后来告诉我，他感到自己是染污的，想清洗并净化自己的内在，这样就能接受上师的加持了。

他开始呕吐，最终失去了意识。很快有人发现了他，把他带到了我面前。我把他平放在地板上，脸朝下，将腹部放在一只陶罐上，然后按压他的背部，使他尽量吐出来。我给他喝了些热牛奶，但他也全吐了。我再试了一次，加了许多蜂蜜来缓和他的胃和神经，这一次他喝了下去。两三天后他恢复了正常。

帕帕吉取消了去拉玛那道场的行程，回到了哈德瓦，带着约阿钦和巴尔提婆·拉哲。然后约阿钦又出了一件事，需要帕帕吉介入。蜜拉对此描述道：

我们和上师一起走在瑞诗凯诗，陪着他回到房间。那时夜已经深了，我们连脚踩在哪里都看不到。约阿钦踩到了一条黑蛇，蛇在他腿上回咬了一口。直到几分钟后我们才意识到发生了什么事。那时上师已经进了房间，他和巴尔提婆·拉哲同住，已经锁上了门。我让若阿钦回自己房间里，我则赶紧告诉上师发生了什么。

巴尔提婆·拉哲加入了谈话，对上师说："你必须得帮帮这个男孩，你的名声全系在这件事上。这里所有人都知道他原本是玛哈里希道场的重要人物，现在他跟了你，立刻就被毒蛇咬了。如果你不做点什么救他，大家都会说是玛哈里希对他的离开下了诅咒，造成了这样的结果。"

上师对此没有评论，但同意去看看约阿钦的情况。他找到毒蛇咬伤的齿印，在附近的皮肤上画了一个护符。几分钟内约阿钦就开始好转,差不多半小时就恢复正常了。

"带他出去走走,"上师下令,"晚上别让他睡着了。带他去恒河边,让他整晚保持注意力。别让他静静坐着,和他玩,让他的脑子别停下来。"

我带约阿钦出去彻夜狂欢,在恒河边大肆嬉笑。这场玩闹也莫名冲洗了他的头脑和身体。第二天,约阿钦完全忘记了被蛇咬和上师来看望他的事。

这是我第一次见到上师治愈蛇伤,尽管我已经见过他处理过数起蝎蜇。他在治愈蝎蜇上很有名气,当地人一被蜇就来找他。那年(1970年)瑞诗凯诗蝎子成灾,几乎每天都听说有人被蜇。上师会用同样的方法处理所有人。他用金属笔尖或任何铁制品,比如钥匙,在伤口附近的皮肤上画一个特殊的护符。几分钟内病人就不痛了,而且行动如常。那年有太多的人被蜇,上师也获得了奇迹疗师的声誉。当地人开始称他为"蝎子巴巴"。有人告诉我直到现在他去瑞诗凯诗时,经历过那个时期的人仍然认得出他,称他"蝎子巴巴"。上师不喜欢众人聚在身边,所以某晚他溜出了瑞诗凯诗,直到他的事迹几乎被人们忘记时才回来。之后,我再没见过他实施这种疗法。

帕帕吉使用的护符出现在 1965 年《山路》(*The Mountain Path*)杂志的一篇文章中,杂志由室利·拉玛那道场出版。文章中名叫埃瑟尔·梅斯通(Ethel Merston)的妇女描述了一种铁路职工广泛用以治疗蝎子蜇伤的护符:这像是一个精心书写的数字 4,必须用金属物件画在伤口附近。她说,不需要任何神奇的力量,普通的铁路工人经常用这个护符来缓和毒物蜇咬带来的疼痛肿胀。文中对这种神秘现象没作任何解释,但是我知道许多人用这个护符都成功了。

我请帕帕吉讲述他作为"蝎子巴巴"的短暂经历。他确认了蜜拉的话，还透露自己在另一个地方也事业兴旺。

我们当时住在瑞诗凯诗的韦德尼克檀道场。那块区域有许多黑蝎子，许多朝圣者都被蜇伤过。这些蝎子蜇人非常疼，疼痛通常能持续四十八小时。就连住在韦德尼克檀道场的人也被咬了。人们开始来找我，因为我不用任何药就能治好。这个消息在斯瓦格道场和别的一些地方传开了。每天傍晚都有四五个人过来，通常是疼得满地打滚。他们抬进来的时候都哭着，但几分钟后，就能微笑着走出去。

有一次我住在奈米沙兰雅[①]，这是个著名的朝圣地，古代曾有八万四千名仙人在此修行。他们的修行地是一个名叫圣轮泉（Chakra Tirth）的池塘。这个名字源自摩诃婆罗多大战结束时，黑天的善见轮[②]坠落并深陷此地。

迦伽阿阇黎·纳兰达南达·斯瓦米（Swami Jagadacharya Naradananda）准备举办一场大型的吠陀仪式。数千学者要参加，帐篷已经搭好了，能容纳十万人。

我准备去参与其中一个仪式——纳兰达南达·斯瓦米朗诵《薄伽梵歌》。半路上见到很多人列队快走，我拦下其中一个，问他们要去哪里。

[①] 奈米沙兰雅（Nemisharanya），印度北方邦城市，位于勒克瑙西北约九十公里，著名朝圣地。
[②] 善见轮（sudarshan chakra），毗湿奴的武器之一，为圆形，带有一百零八个利齿，用于摧毁敌人。

他说:"有人被大蝎子蜇了,我们正抬着他。这附近没有医生,所以我们要在情况进一步恶化前赶去最近的公立医院。"

我注意到一个女子,肯定是病人的太太。她一边哭泣着,一边诅咒诸神。

她捶打着胸口,大声哭喊:"我们是来这里朝圣的!为什么要让我们受苦!"

我走到她面前说:"这并不严重。如果你允许,我几分钟内就能治好他。最近的公立医院也在四十英里外,你不用浪费时间跑那么远。"

队伍中的人让她不要理我。

"不要停下来和这样的人说话,"他们说,"我们正在浪费宝贵的时间,要尽快把人送到医院。这男人只是个冒牌医生。他是来要钱的,然后搞一些没用的治疗。"

我没有理会他们的说法,再次和病人妻子说:"我只要你们一分钟,我不要任何钱。让我试一试能有什么损失呢?"

他妻子犹豫着答应了。我让搬运工把病人放到地上。我能见到受伤的脚踝已经发黑肿胀了。

我在伤口附近画了一个护符,还不到一分钟,他就完全好了。他站起身来哈哈大笑,让每个人都很开心。他妻子要把脖子上的金项链送给我,而他想硬塞给我一千卢比。我拒绝拿任何东西。队伍中所有人都想知道如果再有人被蜇,能到哪里找到我。消息就这样传开了,几天后我每天得见上十到十二个人。这片区域蛇蝎成灾,所以我从不缺病人。但过了大约一个月,人来得越来越多,我就悄悄地离开了,回到了哈德瓦。

尽管帕帕吉一直表示他没有任何神通，但不可否认神奇的事情似乎总是在他身边出现。我和他许多老弟子聊过，从中我感觉尤其在20世纪60年代末期和70年代早期，每天他的身边几乎都会发生无法解释的现象。下面是蜜拉叙述的两件这类事情：

我们住在马赫什瑜伽士道场附近，在一棵巨树下露营。附近还有些山洞，我们偶尔也会去那里。悉塔、约阿钦和其他一些人每天都来和我们待上几个小时。

我们那段时间吃的是压碎的麦子。几乎每天都吃这个，把木头点着火后烧水煮。因为随时都会下雨，下一会儿又结束了，所以很难把木头弄干。当时恰逢雨季，通常每天都至少下一场雨。刚开始煮饭时，只有我们两个人，所以我只在壶里放了一小把碎麦片。我才刚把火点上，突然一场大雨倾盆而下，把我们整个淋透了，火也浇灭了。我们跑到树下去躲雨。站在那里等雨停的时候，约阿钦、悉塔等人来找我们，他们是从城里走过来的。

雨停后，我意识到没有干木头了。我告诉了上师，他淡淡地回答说："哦，那就表示今天没有饭吃了。把麦子扔进恒河吧，也留不到明天了。麦子已经浸了水，在水里会发酵的。至少我们可以给鱼一些吃的。"

我走近壶边的时候，发现蒸汽冒了出来，我打开壶盖，发现麦子在雨中已经煮熟了。

我拿着熟麦子给上师看，他只是笑着说："非常好，我们可以用来招待客人了。"

我照做了，想着每人只能分到很小的分量，因为我放的麦子并不多。可是当我开始分餐时，每个人都分到了足够的量，之后壶里还剩下不少。用餐时，一对印度夫妇从山里步行回瑞诗凯诗，看到我们吃饭就加入进来。上师邀请他们一起吃，壶里的麦子依然足够。

我还记得这个时期的另一个故事。我想应该是发生在前面那件事之前或之后几天。上师和我沿着恒河走了很远，最后我们停下来，开始准备午饭。我发觉上师看起来有点累，就开始在周围寻找平整的石头，好在准备午餐时能让他坐一会儿。在河滩上我没有找到合适的，就走下恒河，看看浅水里是否有合适的石头。我站在水中正搜寻着，忽然顺流漂来了一张木凳，就在我面前搁浅了。凳子大小完美，很适合上师坐。

我大笑着喊："恒河送了你一张凳子坐！"

上师看了看，也同意是恒河发现了我们的需求，提供了这个坐具。所以尽管搬运起来不算方便，我们还是带着凳子回了家，在之后一次去勒克瑙的时候给上师的母亲看。作为恒河赐予的加持品，凳子被她保存在了自己的普嘉房里。

20 世纪 60 年代末 70 年代初在帕帕吉身边的人，无论待过多长时间，都能说出类似的故事。我就再引述一件最近吸引我的事。阿诺·威赫米尔（Arno Wehmeier）是个澳大利亚弟子，他的事迹会在后文详述。他对我说在哈德瓦和帕帕吉在一起时，蜜拉的衣服破了，她让帕帕吉和阿诺外出散步时买些针线。帕帕吉好像忘了，回来后蜜拉对此略有微词。以下是阿诺回忆之后的事：

帕帕吉和我坐在地板上，盘着腿，面对面。蜜拉在隔壁房间里，隔着敞开的门说着我们两个都忘了买针线。帕帕吉的双手一直放在膝盖上，掌心朝上。我们就这么坐着，他忽然拿出一根针和线，甚至线的颜色都和那件撕坏的衣服配得上。帕帕吉咧开嘴轻笑了一会儿，让我把针线拿给蜜拉。我走过房间时，他把手指放在唇上，示意不要告诉她这些针线是从哪儿来的。

帕帕吉从不有意制造这些现象：它们只是发生了。他从未对这些奇特神妙的事情做过任何理性解释，不过几年前他对此作了一番点评：

我有时候迷惑为什么这些奇怪的事情会发生在我身边。我不认为要对此负任何责任。有一天我想："也许我还有一些细微的、无意识的渴望，希望这类事情发生，因为世间无论出现什么，都只是渴望的展现。"我不想要这种潜在的渴望，所以我下定了决心。

我对自己说："我不想让这类事情再在我身边发生了。"此后，它们就不再那么频繁地发生，最终停止了。

有次帕帕吉在勒克瑙时，一个勒克瑙大学的硕士生唵·普拉喀什·西亚勒（Om Prakash Syal）找上了他。以下是唵·普拉喀什描述他们初次相遇及后续的情形：

我第一次遇见帕帕吉是在1969年11月22日。当时我正走在路上，要去勒克瑙火车站寄信。早上大概七点的样子，我在铁路警察局附近走着。我注意到帕帕吉站在火车站前的空地上，蜜拉和他在一起，还有另一位印度男子，我不记得名字了。他们三个都站着，似乎在等人。后来证明我猜得没错，他们是在等一个名叫贝蒂娜·鲍默的女子，她坐火车从瓦拉纳西来。我后来遇见了她。她是奥地利人，在瓦拉纳西的贝纳瑞斯印度教大学念博士。我不知道为什么帕帕吉要站在外面等她，大部分人接车时都会进月台的。

我寄完信，走向车站西边。我经过帕帕吉然后继续走，但在走出了大概一百码后，却发现自己的身体不能继续向前了。我不得不转回头，朝着这个在车站外见到的陌生人走过去。我不知道为什么如此被他吸引。他的外表看起来与那天我在车站外见到的人群完全没有两样。他穿着街上常见的普通衬衫，没有做任何事来吸引别人的注意。但我仍然走了回去，再看了看他。

我又一次经过他，没有介绍自己。因为他完全是个陌生人，我觉得就这么走上去问他是谁未免太尴尬了。我又走出了一百码，再一次停住。那种牵引的力量还在。我有种不同寻常的感受，觉得不能就这么离开这个人，尽管我之前从没见过他。有什么阻挡着我，让我不能离开他身边超过一百码。我一次又一次尝试走开。每次我经过他，不出一百码就必然停下。而一旦停下，就会有一种奇特的力量把我拉向他。这样大约走了五次。每次经过他身边，我都感到有某种力量从他的前额传递到我体内。他并没有看着我，也看不出在用什么力量吸引我。那只是我的一种感觉。每次靠近他，我都明显感到有某种能量从他那里传到我身上。我完全不觉得他是什么瑜伽士，因为他穿的衣服那么普通。他身边的两人也穿得很简单。

最后，我再也无法抗拒那种牵引力了。我走到他面前说："先生，我已经从你身边经过五次了，每次走过你身边，我都感到你散发出的某种力量，我不知道你对我做了什么，但是我没办法离开你。每次我试着走远，就发现不管往哪个方向都走不出一百码。所以请原谅我的打扰，这种情况下我觉得必须要更加了解你。请告诉我你是谁。"

开始帕帕吉只是微笑，没说一句话。他看向和他在一起等人的蜜拉和另一人。后来我知道那人是帕帕吉的一名高徒。

沉默了几秒后，帕帕吉开始笑。"这问题很实在，"他笑着说，"但在我告诉你我的身份前，你必须先告诉我你的。"

我对此没有意见。"先生，我的名字是唵·普拉喀什，是勒克瑙大学的学生。我家离这里很近。"

这是我常用的自我介绍，但帕帕吉对此并不满意。

"这不是你真正的身份，"他说，"告诉我真正的你是谁。"

这让我很困惑，我已经向他如实地介绍了自己，但他似乎在指责我对他说了谎。

我对他说："我向你保证我真的就是我说的那个人。我是唵·普拉喀什，我是勒克瑙大学数学系的学生，并且我住在附近。"

他摇摇头："不，这不是你的名字。告诉我你真正的名字！"

我没有意识到他抛给我的是一个哲学性的质问。但凡涉及哲学的一切我都不太开窍。我在勒克瑙大学读数学一直到硕士，但对其他学科不太感兴趣。尽管我也做日常的印度教仪式，可从没去研究过仪式背后的哲学观念。在我整个人生中，直到那时，我都从不曾想过我会是别的人、别的什么，而不是我一直相信的自己。

虽然他刚刚指控我没有说实话，我依然感到被他强烈吸引着。

"先生，"我说，"如果你不告诉我你是谁，如果你还是不相信我就是我所说的人,那么你是否至少可以让我时不时拜访你?我感到被你强烈地吸引了,希望我们能更新对彼此的认识。"

我直截了当地问他的地址,他却拒绝告诉我。他只是看着我说:"如果这是注定要发生的,那么我们会再见面的。"

虽然这次交流并没有给我多少讯息,但这次见面让我无法忘怀。这个男人有一种令人无法抗拒的魅力,我想能说的就是在见到他的那刻起我就爱上了他。那次见面结束时,我在街上向他跪倒礼拜。我不知道他是不是圣者,这么做是因为我感觉到了对他的崇敬与尊重。我内在潜意识层面有什么东西认出了他的神圣和伟大,同样还有一种自发的臣服。在我靠近他的那一刻,我知道无论他要什么,我都会给他,有必要的话,甚至可以献出我的生命。

我记得那次分别时,我对他说:"我愿意把自己所有的一切都给你。哪怕你要我身体里的最后一滴血,我也会很乐意给你。只要最后一滴血对你有用,那就拿去吧。"

我不知道第一次见面时自己发生了什么,也不知道自己为什么有那么可笑的提议。我只能说是我融化了,臣服于这个完全陌生的男人,以至于愿意对他倾尽我的所有。

我无法用理性的方式谈论这些。现在我已经跟随帕帕吉满二十六年了,我仍然不知道自己为什么会去找他。有种力量持续地一次又一次拉拽着我。在家里和家人坐在一起时,我会忽然间就起身离开,因为知道自己必须再次见到这个人。我无法离开他。我一次又一次地去见他,但始终是没有原因的。这是个不解之谜,因为我对他一无所求。我从不曾为了任何有意的动机去见他。我只是有种不可抵抗的冲动要待在他身边,一次又一次。

几周后我又一次见到了他。我当时正在玛哈那嘉拜访我的数学老师默赫拉博士（Dr. Mehra）。我从他的住处骑单车往尼沙特冈吉[①]方向，途中见到帕帕吉正沿着贡提河行走。我记得他穿着一条白色裹裙，折起来卷进了裤腰，上身穿着库尔塔。他一进入我的视野，我就感到体内一阵颤抖。我跳下车，冲向他，在地上向他礼拜，整个人都被欢乐淹没了。

没等我发问，他就邀请我一起回到了他的住处。不是他在纳希的住宅，而是他父母的屋子，就在贡提河边。他当时和蜜拉住在那里。

我们走进厨房，帕帕吉问蜜拉："你记得这个人吗？他就是我们几周前在火车站遇到的那一位。"

蜜拉见到我很高兴。她欢呼雀跃，甚至在厨房翩然起舞。

帕帕吉邀请我共进午餐。我欣然接受了，尽管我长期以来一直备受各种胃病的困扰。我之前对吃的东西都很注意，但此时我完全没有向帕帕吉提及。我才不要因为之后可能的胃痛而错失与他在一起用餐的机会。只要能和他一起吃饭，任何痛苦我都愿意忍受。

他让我坐在地板上，放了一张芭蕉叶在我面前。一顿丰盛的南印度饭菜被端到我面前，有米饭、扁豆咖喱、生菜酸奶和一些奶粥。帕帕吉告诉我其中有的是他亲手做的。

我津津有味地吃完了所有饭菜，之后也没有一丝胃痛的症状。事实上，这顿饭把病灶彻底治愈了。从那天起，我再也没犯过胃病。

午餐后，他不经意地对我说："我必须向你介绍我的上师。我想带你见见我的上师。"

[①] 玛哈那嘉（Mahanagar）与尼沙特冈吉（Nishat Ganj）都是勒克瑙城内的地名。

这让我翘首以盼，兀自激动不已。我心想："这个人已经如此伟大了，他的上师至少要跟他一样伟大吧。"

帕帕吉牵着我的手到了另一间房间。他手臂大大一挥，宣布："这就是我的上师！"

我四处看看，那里并没有人。然后他五体投地，向室利·拉玛那·马哈希的相片拜倒。这是他第一次向我介绍他的上师，而我的第一印象就是他对自己的上师是多么的虔爱。他从不用过去时态谈论他的老师，很明显室利·拉玛那·马哈希仍然活在当下。

那里还有些别的相片，有很多是黑天的图画。后来我知道那些都属于他的母亲，一位热情的黑天虔爱者。

我之前从没听说过拉玛那·马哈希。就像我之前说的，我对修行界一无所知。我当时唯一听说过的上师是赛西亚·塞·巴巴（Sathya Sai Baba）。他很有名，所以我对他略有所闻。

我开始谈起塞·巴巴，并说起他展现的一些奇迹。

帕帕吉立刻表达了对此类行为的厌恶："他就是个玩杂耍的。如果你想要这种能力，你可以用某些方法修炼。如果你练得如法，六个月里就能搞定。"

那天晚些时候我问他是否能再过来见他。现在我知道能在哪里找到他，我想尽可能地来见他。

他回答："你必须先想好这辈子要的是什么。如果你要的是我所提议的，那么欢迎你来。但你必须得到父母的同意才可以来。每次你决定要来见我时，就得先问问父母你是否能来。向他们礼拜，征求他们的同意。如果他们不同意，你就别来。"从那天开始，我试着每天都去见他。

第三次或第四次去找他时，房子里只有他母亲在。

"他在哪里？"我问。

"我想他是去了火车站，送几位之前在这里的外国人。我不知道他什么时候回来。"

那时贝蒂娜·鲍默和阿比什克塔南达·斯瓦米正在拜访他。我推测他是去车站送他们去瓦拉纳西。我看了下时间，知道车什么时候离站，发现刚好有足够的时间过去。我冲到火车站，发现他正站在月台上。

他送完访客后，我走向他说："我家离这里很近，你愿意过来坐坐吗？我们可以走过去，不远。"

一开始他拒绝了，说："不，我们得去吃午饭。"

"但那里不远，"我说，"就五分钟，来看看我住的地方吧。"

看到我热情的期盼，他接受了邀请，过来看了看我的房子。这是他第一次来，之后他成了常客，这里几乎成了他第二个家。

那时候我的工作是在坎普尔（Kanpur）做讲师，但我调整了时间，以便每天都能去见他。我早上七点左右动身去坎普尔，这样就能在九点准时到达课堂。我十点五十讲完课，然后冲到车站赶十一点的火车回勒克瑙。到勒克瑙的时间大约是十二点半，我会直接去帕帕吉家，而不是先回自己家。大概下午一点能到他家，然后在那里度过当天其余时间。如果他晚上不叫我回家，我就在那儿过夜。

遇见他大概一个月后，我决定向他请教一些修行法门。到那时为止，我从来没问过他任何问题，他也没给过我任何建议或指导。我们只是一起坐坐，消磨时光。他躺下时，有时我会给他按摩双腿，但那就是我们互动的极限了。他从不要求我给他按摩腿，只是这件事吸引我去做，他也总是允许我去做。

帕帕吉和唵·普拉喀什在20世纪70年代早期。

我对修行一窍不通，而现在觉得是该从他那里得到某种修行教育的时候了。帕帕吉躺在地上，读着一本罗摩·提尔塔（Ram Tirtha）的书。只有我们俩，所以看起来是个向他提问的好机会。我早年常称他"斯瓦米吉"而不是"帕帕吉"。

"斯瓦米吉，"我开口，"我已经来见你一段时间了，但你从没让我做过任何事，也从没给过我任何修行法门，或让我去学些什么。请给我一些能帮我开悟的技巧或方法。我想学禅修。请给我一些咒语，或教些别的适合我的方法。"

他沉默了半个小时。我很确定他听到了我的问题,但他似乎没想回答。半个小时后,我重复了问题。依然没有得到回答。他又沉默了半个小时。我问了第三次,再一次等了半个小时,仍然没有应答。他没睡着,只是静静坐着,眼睛睁着,但没有看向任何特定的东西。

最后,我大为受挫,就轻轻摇摇他的肩膀,想把他从沉思中唤醒,并说:"斯瓦米吉!这个问题我已经问了三次,但你拒绝回答我。如果你不想给我任何建议,至少可以说不。你至少跟我说一声告诉我你不愿意回答我的问题。"

帕帕吉只是微笑着,说:"唵·普拉喀什,我在和你说,但你没在听。"

这让我很吃惊。我一直看着他,看了一个半小时,等一个答案,我很肯定他没有发出一点声音。

我没有直接表达,而是看着他说:"我没听见呀。请再对我说一次。"

"哦,"帕帕吉说,依然微笑着,"那么你的耳膜一定有什么问题。"

"我怎么可能在这种情况下错过你的回答?我就坐在你边上,期盼着你的回答。我只是盯着你看了一个半小时,那段时间都没见你动过嘴唇,也没有听见任何声音。"

而他说:"你听得不对。你说我没跟你讲话,那个我不说话的沉默就是我对你的回答。"

他又坐了几分钟。他的坐姿很奇特,是穆斯林常用的一种:双腿弯曲,人跪坐在脚踝上。那段时间帕帕吉常常这样坐。

最后,他用一根手指指着我,一针见血地说:"必要时才动念,必要时才去看，必要时才开口。否则，保持安静！"

在刚认识的几个月里，我每天都去见帕帕吉。如果我没有在晚上九点到达他家，他就会去找我。他会出门去看为什么我没有来。我通常不会晚到，但情况发生时，一般就是我的火车晚点了。

尽管他很希望我每天都来，却很少和我说话。我们只是一起静静地坐上几个小时。

偶尔他会说些实用的话，比如"唵·普拉喀什，你能给我拿些水吗"或"唵·普拉喀什，拿点槟榔给我"。那就是我们交流的极限了。我从没提过任何问题，而除了一些与他当下的个人需求相关的话，他几乎不开口。那时候他对每个人几乎都这样。在我认识他的头二十一年里，也就是说，从1969年到1990年，我听他讲话的时间不超过二十一个小时，即一年一个小时。

有时弟子们会来找他寻求开示。他会听，然后给出恰当的回答。但如果没人向他提问，他就保持沉默。这并不是说他不通情理，他只是非常安静，只在必要的时候才开口。没人对他的沉默介意，因为我们都感到从中受益。大部分来见他的人都只是静静地和他坐在一起，感到被他的加持所触动。

我来举个例子。我大部分空闲时间都在帕帕吉那里，我父母对此不太高兴。可以说事实上他们非常烦恼。我有次听到他们在背后抱怨："他全部的时间都和帕帕吉在一起，不好好照顾我们。我们是他父母，但他不再陪伴我们了。他空闲的每一分钟都用在这个帕帕吉身上。他可是我们的长子，有责任要留在家里，待在我们身边的。"

父亲决定去找帕帕吉抱怨，但去了之后却只是静静地坐在那里，什么都没说。

帕帕吉根本没看向他，甚至没和他说话，但当天我父亲回家后却对我说："唵·普拉喀什，我今天遇见帕帕吉时，感觉自己好像坐在我爸爸面前，或我祖父面前。我不是说他们长得像。我只是有这种感觉，是我家祖辈中的一位长者在陪伴我。"

这次见面后，父亲再也不抱怨我的行为了。事实上，过了一段时间，他也开始对帕帕吉产生了某种信心。

后来他问帕帕吉："我能见到你已经觉醒的拙火。你能唤醒我的拙火吗？"

帕帕吉只是微笑，说："这会自行发生的。"

我必须谈谈这个微笑。对我而言，帕帕吉微笑时，并不表示他高兴或友好，而是有种渗透性的力量在其中。帕帕吉朝某人微笑时，他的凝视中有一种力量或能量，直抵人心。头脑无法承受。当微笑遇上头脑，头脑只能让位。当头脑触到那个微笑时，整个头脑里的垃圾都会被一扫而空。

无论何时去见帕帕吉，我都不想离开。在持续见他的这些年里，我从不曾动念对他说："帕帕吉，我现在必须走了。我能回家吗？"

所以总是帕帕吉在说："唵·普拉喀什，你现在可以走了。"只有那时我才能够离开。

有时他会忘记叫我走，或者他想让我留下。这种情况下，我通常就在他那里过夜，因为就像我前面所说的，我从来无法跟他说我得走了。有过这么一次，我在他家里连续住了两晚，因为那两个傍晚他都忘记叫我回家了。第三天我父亲过来看我为什么没回家。

他到的时候非常非常生气，开口道："我儿子连基本的礼貌都没有，甚至不告诉我他在哪里，要去哪里。这是什么儿子?! 他对我们毫不尊重！"

帕帕吉对他说："你说你是唵·普拉喀什的父亲。从某种意义上你说得对。但我也是他的父亲。你是把他抛进母亲子宫的父亲。这样的父亲让唵·普拉喀什一次又一次投胎转世。我是负责让他不再进入另一个母亲子宫的父亲。请记得我也是这个孩子的父亲。"

唵·普拉喀什与帕帕吉的后续经历会出现在本书的其他章节。现在我回来叙述帕帕吉在哈德瓦和瑞诗凯诗的活动。

20世纪50年代至60年代，许多来见帕帕吉的外国人都是由那位法国僧人阿比什克塔南达·斯瓦米推荐来的。他和帕帕吉在南印度的会面记述在之前的章节中。整个60年代，阿比什克塔南达·斯瓦米本人也一直到瑞诗凯诗或者勒克瑙见帕帕吉。蜜拉有如下印象：

我第一次见到他是在20世纪60年代后期，当时我和上师住在哈德瓦的七湖道场。那时阿比什克塔南达住在乌塔尔卡希[①]的茅棚里，坐公交车几个小时就能到。于是当他去更南的地方，或在回程时，都会停下来见上师。第一次见面前，上师已经和我说起过他，所以在他到来以前，我已经完全了解他了。阿比什克塔南达觉得上师是个有魅力的人，但他从来没有成为真正的弟子。他对基督教有着不可动摇的忠诚，这让他没法接受上师的教导，无法视其为上师。即使如此，他还是一再地来，永远都带着一长串的修行问题。

有他在场，萨特桑就很欢乐，因为他的提问能让上师给出精彩

---

① 乌塔尔卡希（Uttarkashi），印度北阿坎德邦的村镇，坐落于恒河岸，位于瓦鲁纳河和阿西河交汇处。镇中有众多道场。

的回答。尽管他对密契主义很有兴趣,也长久打坐,但他对基督教理论和印度教哲学依然抱持着极为理性的态度。他想找到基督教和印度教之间的某种共同点,很多问题都是围绕这个目的展开的。有时候上师会和他讨论哲学来让他开心,但更多时候还是试图告诉他,一切想法,无论是基督教的还是印度教的,都必须放下。上师一再告诉他,正是对基督教各种观念的执着才阻止了他发现自己那种思考和写作的运作状态,但阿比什克塔南达始终无法接受这一点。

上师的萨特桑从来没法长时间保持严肃。大家总是在笑,开许多玩笑。有时候阿比什克塔南达会抱怨我们不够认真,说我们总是完全无来由地大笑。但这只能让我们笑得更厉害。有一次,他和我们在勒克瑙,上师对他说了些什么,他因而有了某种狂喜体验。他完全意识不到自己的举动,绊了一跤,摔倒在地,一头跌进了一碗面粉里。那时我们正坐在上师的厨房里。看到他起身时,脸上全白了。当然,大家捧腹大笑,以至于阿比什克塔南达开始光火了。

"我再也不要待在这里了!"他气愤地嚷嚷,"我要回乌塔尔卡希,严肃地禅修。我要禅修三个月才能从这一次萨特桑里缓过来。"

威胁被付诸实施,他好几周都没有出现。

那段时间上师经常见到基督显现,阿比什克塔南达对这些净相的描述又着迷又困惑。他完全无法理解,既然上师总是斥责过分执着基督教教义的行为,为什么基督却经常出现在这个人面前。有次净相发生的情景我记得特别清楚。上师突然停下手边的事,躺了下来,把毯子拉到下巴上,几个小时中完全一动不动。之前我从没见过他这样。他回复平日状态后,很缓慢、字斟句酌地描述了他刚刚见到的基督的宇宙形象,基督看起来就像是充满了整个宇宙,张开双臂欢迎他。上师描述时，我看着他。他的脸随着故事的讲述完全融化了。

这一特别的境界很可能发生在 1970 年 11 月，因为当月 23 日帕帕吉给阿比什克塔南达寄去了下面这封信：

……我想读一读《薄伽梵往世书注疏》，但不知怎么无法开始。我把书放在一边，然后就见到了祜主基督实实在在站在我面前。他脚踩着大地，但头越过了重重天际。一开始他的双手放在胸前，接着双臂完全张开，宽广无边，然后，他又将前臂折回。最后，他向我靠近，要拥抱我。这大约持续了一个小时。之后我起身去了森林，但这净相持续留在我的心里。请用你的方法来解读一下。

阿比什克塔南达的世界观没办法消化这个净相。在詹姆士·斯图亚特（Jame Stuart）神父为他所著的传记中，阿比什克塔南达承认这种净相让他不知所措。他无法理解基督是如何又是为什么以这种宇宙形貌出现在一个不二论印度教徒面前。

蜜拉继续说：

上师在约旦河岸边见到耶稣和彼得时，阿比什克塔南达也在场。上师描述他所见到的，而阿比什克塔南达就以自己对《圣经》和这片地区地理的知识来点评和解释。

阿比什克塔南达深受触动，所以推荐了好几位基督徒来见上师。有个女孩叫贝蒂娜·鲍默，她在上师身边待了好几年，有一位叫玛丽娜（Marina）的意大利女子在 20 世纪 60 年代定期来见他，还有其他几位。只有一个人，安瑞克·安圭拉（Enrique Aguilar），才算是真的放弃了基督教的过去。他来印度时是本笃会修士，但在上师的影响下，很快就放弃了自己的各种基督教观念。

就如蜜拉所言，帕帕吉在回答阿比什克塔南达时，有时鼓励他找到印度教和基督教的相通之处，有时则鼓励他彻底放弃所有的基督教观念。下面说的是第一种情况，摘自帕帕吉1970年11月写给他的一封信：

我一定程度上了解了那些外国基督教徒。他们为求真理来见我，只消片刻就回到了自己的本然状态。这表示在见我之前，他们已经以一种基督教的方式准备好了。我个人没有发现基督教思想和《奥义书》真理之间有任何区别。我发现《奥义书》的偈颂与《圣经》的话语绝对相似。但为什么要称之为相似呢？必须是两个不同的东西才能称之为相似啊。而事实上，只有一个神，无论是黑天所说，还是基督所说，说的都是同一个天父。无论是唵或阿门。

爱的拥抱
H.W.L. 彭嘉

而之后的这则故事就很好表现了第二种相反的手法。我听帕帕吉在好几个场合都讲过：

阿比什克塔南达·斯瓦米和我坐在瑞诗凯诗附近的恒河岸边。
我们一直静静地坐着，突然他转向我，问道："罗摩，我离解脱有多远？"

他一直称我罗摩,那段时间好些人都这么叫。

我回答:"就像天空到大地那么远。"

我能看出这个回答让他非常失望。

"但是我出了什么问题?"他哀怨地问,"我已经禅修了好些年,还进行了密集的灵热苦修。我一生都在追寻这个目标。"

"如果你真的想解脱,"我告诉他,"我立刻就能告诉你怎样做到。为什么要等五个礼拜,或等上个五年?你随身带着一个包,把那个包扔进恒河的话,我保证你能立刻解脱。但你为什么不扔呢?"

这是个很严肃的提议,但他无法接受。他包里装着几本基督教书籍和弥撒法器。我实际上是要他把基督教信仰全部扔进河里。他做不到。

"我不能,"他说,"我已经决心投身于基督教了,我是永远不会放弃的。"

他一定是把这番对话写了下来,因为几年后我发现这个故事出现在了一部关于阿比什克塔南达生平的纪录片里。两名演员扮演我们,对话差不多就是我所描述的那样。

阿比什克塔南达最后对帕帕吉感到幻灭,不再来见他了。唵·普拉喀什记得20世纪70年代早期在勒克瑙发生的以下这则对话。

在勒克瑙,阿比什克塔南达和帕帕吉聊着天,我和他们坐在一起。他说:"罗摩,你不再是我1953年第一次见到的罗摩了。那时候你是那么有力量。现在的你看上去变了好多。"

帕帕吉看着他,回答:"是你的眼镜看到了这种变化。你戴上了一副新的眼镜,所以你现在看到的就不一样了。我是同一个。我一直都是同一个。如果你看到任何变化,只能是你看我的方式有了变化。"

几乎二十多年,帕帕吉一直让阿比什克塔南达放下基督教,却没有成功。但是,当阿比什克塔南达在瑞诗凯诗得了心脏病,半瘫痪在街上时,他的基督教见地却自动消退了。这事发生不久后,他在给基督教朋友的信中解释了躺在路上时,他是怎样直接亲证真我,而这又如何令他之前的所有信仰全部崩塌的。

谁能承受这种显容的荣耀,这种死亡而显荣者的荣耀;基督是什么,是"我在"(I AM)!唯有从死亡中醒来的人才能如此说……这是非凡的灵性体验……我走在街上,在两个世界的交界,无比平静,因为不论世界如何,我在!我已找到了圣杯!……

我越深入,越不能以一种还能称之为基督徒的方法来彰显基督……因为基督首先是一种概念,是由外界施加于我的概念。1973年7月14日我有了"超越生死的体验"后,我的目标只能是让人们醒悟他们真正是的那个。任何宗教里,任何关于上帝或神名的一切,任何并非基于深层"我"之体验的,都只能是纯粹的"概念",而不是真实存在。

我对基督教义完全失去了兴趣,对在历史上唤醒人类的上帝之名也了无兴趣……"上帝"之名,源自或归根于我本来的"当下";这就是那个觉醒,是我自己的觉性。我在基督身上最重要的发现,就是他的"我在"……这个"我在"体验才是真正重要的。基督就是这个最神秘的"我在",通过体验以及真实存在的了知,一切基督的教义都分崩离析了。

"具基督教特色的觉醒"又是什么意思呢？在觉醒之时，所有的这些"特色"都留不下来，只能消失……"特色"是会随着听者而变化的，但本质的东西则超越于此。发现了基督的"我在"，就摧毁了一切基督教神学，因为所有的观念都在体验之火中被燃烧殆尽……我已经充分感受到，"我在"的耀眼之火越来越炽盛，所有关于基督其人、本体论、历史生平等等，全都消失于其中。

20世纪70年代某段时期，帕帕吉和蜜拉在勒克瑙住了一段日子。那时，一名日本老师大信田（Oshida）教授上门拜访。帕帕吉说过几次他们见面的故事。下面记录的是他对一位日本妇女讲述的版本，当时那位女子正跟帕帕吉说她不相信证悟是发生在未来的事情，这会推迟自己的证悟。

这是非常好的态度。如果你现在就想要，现在就会得到。不要执着地想着你要取得什么进步，然后再达到目的。所有这些概念都只是花招，让你一直不能明白当下的你到底是谁。

我见过几个像你这样的日本人。他们在日本听说了我，立刻决定到印度来。如果解脱才是你真正想要的，没什么能挡你的路。你一听到召唤，就会立刻回应。

有一次，一个名叫大信田的日本人到我纳希的住处来找我。我家里的人告诉他我在楼上举行萨特桑，欢迎他参加。

起初他不愿意爬高，因为他只有一只肺，另一只做手术移除了。东京的医生不准他爬楼梯，认为这会给他剩下的那只肺造成太大的负担。

然后他对自己说:"我大老远跑来见他,他现在就在几米之外。如果我必须要爬上楼梯才能见他,那就爬吧。"

你看,没有任何拖延。他大可以等到我下楼,但他不愿意。他完全不考虑这会给剩下的那只肺带来多大的伤害,就上楼来见我了。

他在后面静静地坐了一会儿,过了几分钟后,他开始大笑。几秒钟后,他无法自抑,连续不停地笑了一个钟头。

萨特桑结束前,我邀请他一起午餐。吃饭时他说了自己的故事:

"我只有一只肺,"他开口讲道,"医生们都建议我要非常小心。我不应该爬楼梯,甚至不应该笑。这类会加重肺部工作的行为都被禁止了。如果不小心笑了,我就得吃些药。"

他给我看了他的 X 光片,他带在身边以备在印度治疗时用。他还给我看了一瓶一直带在身边的药。

这是我头一次听说笑也是一种病,甚至意外发笑还得吃药。我印象中,日本人笑得不太多。只有这样一个国家才会把笑当作一个问题,还发明了对付它的药物。

教授心情非常愉快。很明显他不再担心自己的病了。

"今天我爬上了楼梯,坐在你周围笑了一个钟头。我丝毫不觉得疼痛或有什么负担。事实上,我觉得自己好像长出了一只新的肺。我好久没有像以前有两只完好的肺时那么轻快地呼吸过了。和你在一起大笑是种非常好的治疗。我打算忽略医生的建议,每天来爬你的楼梯,尽可能地和你一起笑。"

一周后他回到了日本,他的同事都想知道他为什么会去印度,在那儿做了些什么事。于是他讲了我的事,提到我是印度教传统的灵修老师。

他的朋友们也都是老师，立马想知道我教些什么。我想他们很可能期待听到某种哲学思想。但教授只是开始大笑。

他的同事们又问了一次，而教授再次大笑起来。

他们开始有些为他担心，大家都知道医生禁止他笑，也担心他从印度回来后的精神状况，因为无论何时问及我教什么，他都只是大笑。

最后，当他们又一次问到我的教法时，他回答："笑就是教法。要说我从印度带回了什么，这就是最好的回答。"

他写信对我说了这一切，我因此了解到发生了这些事。

笑是自然的。快乐是自然的。但是当各种念头塞满你的头脑，你就无法再笑了。当你摆脱所有的念头，欢笑和快乐会自行到来。

你永远没法找到两个同意彼此治疗意见的医生。他们在学校学习时读了同样的教材，但实践时就会开始相互否定。日本的医生们认为笑是糟糕的，因为会给肺部带来太多负担。最近我读到美国一项研究，表示每天笑一笑，医生远离我。我更喜欢美国的医疗。

大信田教授再也没回来见过帕帕吉，但二十五年后，蜜拉与他在布鲁塞尔不期而遇：

我正走在街上，一位日本男子向我跑来，看起来很眼熟。他给了我一个大大的拥抱，我突然意识到他就是那位1970年左右在勒克瑙遇见的大信田教授。他依然在笑，从他的表现来看，我可以说他身体非常健康。我们聊得很开心，他告诉我自从遇见帕帕吉之后，他过得很快乐。

几周后蜜拉和帕帕吉回到了瑞诗凯诗，继续他们通常的日程：散步、游泳以及接待访客。有些访客是严肃的求道者，但有些只是试图治疗自己的精神问题。下文中，帕帕吉描述了这段时期他如何应对来见他的一些人。

过去的六十年间，我走遍了瑞诗凯诗，也在那里遇到了许多年轻人。有时候会看到非常年轻的孩子。我碰见过一个才十七岁的女孩。后来知道她是英国人，乘火车从伦敦一路到了这里。镇上的一些印度人向我提到了她。

"去看看那个坐在河边的女孩吧。她不分昼夜，一动不动地坐在那里。就算烈日当空、大雨倾盆，她也不动。镇里所谓的苦行僧们也做不到这样。我们不过每天在恒河沐浴一两次，但这个女孩全部时间都在那里了。"

尽管还没有遇见她，我立刻感到被她强烈吸引了。当你有了这种决心，老师就会来找你，不需要外出去找老师。我问明了方位，去恒河边坐到了她身旁。

"你是和父母一起来这里的吗？"我问。我觉得这种情况最有可能，因为她看起来是那么年轻。我想她也许正在过暑假。

"不，"她回答，"我自己一个人从伦敦来。我今年就毕业了，决定上大学前放一年假。"

"那你的父母呢？"我问，"他们允许你独自来印度吗？"

我想她肯定是偷偷溜出家的，因为没有任何印度父母会允许十七岁的女儿独自穿过半个地球。

"是的，"她回答，"他们同意了。他们说我进大学前可以在印度待一年。"

"那你为什么来这里？"我问，"是什么让你选择了这里？"

"我想要证悟，"她回答，以一种非常坚定的语气，"离上大学只有一年了，我不想浪费时间。我打算在恒河岸边用一整年的时间禅修。"

我问："你是怎么听说瑞诗凯诗的？"这座镇子在印度颇具盛名，但我不认为一名伦敦的中学生会对此有所了解。

"我在伦敦有个朋友，他的父母曾经在印度工作过。我早就知道自己是要来印度寻求解脱的，所以我问他们，如果印度人想认真禅修的话会去哪里。他们告诉我是这里。"

我被她毫不动摇的决心打动了。当你有了这种对解脱的渴望，当你能抛弃生命中其余一切只为成就时，诸神自然会来找你，为你效劳。

她应该意识到了我能带给她些什么，因为她问我是否能帮助她打开心灵。

"是的，"我回答，"但那只会在恰当的时机发生。"

我定期去找她，带她去当地的一些餐厅吃饭，邀请她和我去附近的山丘散步。我们共同愉快地过了几周，一起吃饭散步。

过了一段时间，我发现她父母完全不知道她到底在哪里。她来到印度后没有给他们写过信。我让她坐下来，写了一封信。我也给她父母写了封信，告诉他们不需要担心，因为她在很好的地方，得到了很好的照料。几周以来我待她如同孙女。

最终，她一直追寻的直接体验如愿发生了。之后我告诉她："你不需要再留在这里了，你已如愿以偿。现在你可以回家了，让你父母高兴高兴吧。"

她接受了我的提议，很快就回去了。这一类对解脱的渴望很罕见，而当它偶尔出现在年轻人脸上时，真的很美。

我在瑞诗凯诗见到有些禅修的人非常年轻，我必须去问问他们如何解决来印度的费用。有些人靠打工，有些人问父母要钱。我见过一个十几岁的女孩，她赚钱的方法非常快速简单。

她看起来过得很好。我问她钱都从哪里来时，她回答说："我给一本男性杂志拍半裸照。一张照片得到的报酬足够我在印度住上好几年。"

同一段时间，有个巴西女孩来找我，她的年龄要稍大些，约二十岁。当时我正坐在恒河边，她带着水果来找我，用磕磕绊绊的英语讲述她的故事。

"我来自一个巴西的富裕家庭。我来印度禅修，最后在韦德尼克檀道场住下来了，因为别的道场不接待外国人。那里的斯瓦米给了我一间房，我已经住了六个月。尽管斯瓦米对我很友好，我却不再认为他是证悟者。他把我照顾得很周到，但我没有从他那里得到任何教导或禅修上的帮助。我来印度寻求证悟，可现在我知道这个人没法帮我。有个曾住过那里的男孩离开了道场来找你。最近我在集市上碰见了他，他对自己做的决定很是高兴。我也想像他一样定期来见你。但有一个问题，我的斯瓦米不允许我拜访任何其他的老师或道场。为了能见到你，我今天不得不对他说要来市场买水果。他把我的旅行支票和护照锁在道场里，所以我很难离开。我为他感到遗憾，也很想要帮助他。如果你能帮我开悟，我想回去，也帮他开悟。我每天只能出来一小时，所以没办法逗留很久。"

我一生中见过许多事，但这可是件新鲜事：弟子想让自己的上师开悟。过去都是上师要让自己的弟子开悟。可是，现在在这个争斗时（Kali Yuga）中每件事都颠倒了，弟子要让上师开悟了。

我对她说："去那里可不是个好主意。当时你刚到印度，留在了唯一愿意接纳你的地方。你可以再四处走一下，比如去瓦拉纳西这类地方，在你决定把成道之路交付给某人前，再在这个国家多看看。"

"但那位斯瓦米拿走了我所有的钱，"她说，"我要怎么离开？"

"你说自己来自一个富裕的家庭。给家里写信，再拿点钱。钱一汇到，就去拿你的护照然后离开。"

许多道场都试图掌控弟子，禁止他们拜访别的老师和道场。我在瑞诗凯诗时遇见过许多人，被自己的斯瓦米禁锢在无形的屋子之中。

有个来自法国南部的女子名叫苏珊娜（Suzanne），她从法国男孩伊万·阿玛尔（Yvan Amar）那里听说了我。伊万曾和我在一起待过很久。她也听说了倡陀罗·斯瓦米，这位斯瓦米在哈德瓦有间道场。她先去了那里，从他那里接受了入门仪式。苏珊娜想要见我，但她知道倡陀罗·斯瓦米不喜欢自己道场里的人去找我，她只能秘密地计划着。那几年我有时会住在勒克瑙的一家旅馆，她找到了那里。有人给了她地址，但她需要找个理由来见我。

她对倡陀罗·斯瓦米说："我必须去趟德里，安排回程的机票，几天后就回来。"

她乘杜恩快线来到了勒克瑙，早上九点到了我门前。见面很愉快，我们聊了一整天，聊到差不多当晚十一点。我让她在我们家过了一夜，她没别的地方可以去。

第二天我给了她一杯咖啡，问她情况怎么样。我这么问是因为她看起来非常快乐。

"昨天晚上您离开后我感到无比幸福，喜悦而平静。现在我心里完全没有一点念头。只有平稳与宁静。这是不是就是您所说的解脱？"

那天晚些时候她回到了哈德瓦，她答应过斯瓦米，两天后就回去的。她肯定之前和某些朋友说过准备秘密地去趟勒克瑙，因为她回去时，发现房间被清空了，她的行李被打了包，丢在楼梯下。

不是所有来见我的人都是为了修道。许多人来见我只是因为他们抑郁，心神不宁，甚至是发了疯。

有个来自纽约的人来见我，说他多年来一直被一个鬼魂纠缠。他自己是精神病医生，但同行没人能帮上忙。经过多年的治疗，最后，有个认识我的人建议他来找我求助。那几年我住在瑞诗凯诗附近的山上一套三室的屋子里。他坐出租车到了之后立刻向我倾诉起来。

"有个女鬼缠着我。我没法摆脱她。如果我躺下来，就会见到她坐在我胸口上，手上拿着把匕首。她要么是想刺死我，要么就是想勒死我。如果我坐下来吃饭，她就坐在我边上，想偷走我所有吃的。无论我去哪里，她都跟着我。她甚至还跟着我一起来了印度。我买票时，她就站在我旁边排队。她还买了票和我同一个航班。我登机坐下后，发现她整趟行程就坐在我旁边。在德里她进了我的出租车，和我一路到了这里。我靠近这栋房子时，她才消失了。这里肯定有什么她不喜欢的东西。我能留在这里和您一起吗？如果可以待在一个她不出现的地方，我会很幸福的。"

我同意他把行李放在某个空房间里。

"你现在可以住在这里。"我说,"今晚就睡在这里,明天我们继续谈谈你的问题。"

凌晨一点,他来敲我的门,说:"她又来了!我躺在房间里,她坐到了我胸口上。我不要再住在那里了。我能进来和您一起睡吗?"

我让他进来了,他太害怕了,没法一个人睡觉。

之后几天,我试着弄清楚他到底是怎么回事。毫无疑问他是见到了一个鬼魂,光是见到这个情景,就令他恐惧不已。他向我重复了几遍一样的故事,但没有提供任何线索来解释自己怎么变成这样的。最后我决定做些调查,我让他去镇上买水果,这趟差事能把他支开两个小时。他不在的时候,我翻了他的包,想看看他身边是否有什么线索。

在包底有一块丝布,仔细地包裹着一张年轻女孩的照片和一枚戒指,看起来像是枚婚戒。戒指是金的,镶嵌着一颗钻石。我曾经好几次问过他个人生活的情况,希望能找到相关的信息,但他从来没有提到过类似的女孩。我认定这个女孩一定和他的问题有关。

之后我和他聊起他的烦恼时,我问他认为那个鬼是谁,是不是前妻或前女友?他说不知道。我还问他是否结过婚,或和女友同居过。他说自己结婚了,但当我让他谈谈妻子时,我发觉那并不是照片上的人。最后,我发现无法让他主动开口提起那名神秘的女子,就趁他不注意把照片从他包里翻出来,给他看,问这是谁。

"很抱歉这么做,"我说,"我试着在你心里寻找,但你不让我进去,所以我就在你包里寻找了。我想这位就是你的鬼魂。为什么你不告诉我她是谁呢?"

看着这张照片,他终于承认这就是一直缠着他的女子。这是他的第一任太太。多年前他们一起野营时,他杀了她,因为他爱上了另一个女人。他把痕迹掩盖得很好,让所有的朋友、亲戚甚至警察相信她只是毫无踪迹地消失了。就是从那时起,那个女人一直出现纠缠着他。之前他从没向任何人承认过这个女孩就是困扰他的鬼魂。

我能看出他已经准备好卸下包袱了。

"是时候放开她了。把照片和戒指都带到河边,我们来为她好好进行一场得体的葬礼。"

我给了他一些花来向河水供奉,让他请求亡妻的宽恕。短暂的仪式后,我建议他静静坐上半个小时,专注于亡者的灵魂。

"愿她一切安好,"我说,"送她上路吧。她对你,应该就像你对她那样已经厌倦了。也是她应该继续前行的时候了。带着爱和关怀送她离开吧。"

三十分钟后,我让他把戒指和照片投进河里。这是真正的测试。如果他能心甘情愿地这么做,就表示他已驱散了自己的鬼魂。他毫不犹豫地把那些都扔进了河里。接下来的六个月,他都和我在一起,当他回到美国的时候,他已经痊愈了。他写信来,说和第二任太太以及他们的女儿快乐地生活在一起。

像这样背负着沉重的包袱并不是好事。恶行的秘密会毒害心灵。不如承认做过什么,道歉,承担后果并且继续前进。带着这种过去的故事只会生出心病来。

还有其他来找我的人,也像是带着心病。20世纪60年代末,有个传教士送来一个加拿大男孩。他大约十九岁,身心似乎已经被毒品和滥交摧毁了。他告诉我一直是怎么活着的,我很难相信有人可以在这么年轻时，就用一种堕落得如此彻底的生活毁了自己。有人建议他和我共同住上一段时间，死马当活马医吧，因为他看起来注定是要英年早逝了。年轻人通常充满了生命力，但这个男孩看起来已经完全油尽灯枯了。他一直在有意地自毁，我想这是因为他内心有种变态的死亡渴望。他告诉我事实上他已经尝试自杀过几次。几周内我定期去见他，但他始终无精打采，死气沉沉。他什么都不想做，有时候甚至不想吃东西。他的身体越来越虚弱，被抑郁折磨着。

男孩想要戒掉旧习，他知道自己的生命所发生的一切，但我帮不了他什么。他需要一种健康而健全的生活方式、友善的陪伴以及大量的体育锻炼。我建议他去加尔各答的特蕾莎修女（Mother Theresa）那里工作一段时间，但他不认为修女会接受他。那段时间她在印度之外还鲜为人知。我送他过去，写了一封推荐信。尽管男孩看起来是那么狼狈不堪，修女还是收下了他。几周后他写信给我，说已投入了那里的工作，很愉快。

美国精神病医生和加拿大男孩是因为不负责任的行为给他们自己带来了麻烦。我遇见的其他一些病人，则是他人罪行的受害者。一个女孩在菩提伽耶（Bodh Gaya）的缅甸寺听说了我，来找我。她是佛教徒，在泰国和菩提伽耶时都曾长时间地打坐。尽管她非常虔诚，也长时间禅修，但她心里似乎有什么东西并不太对劲。我感到她心里有很多恐惧和不快乐，而她不愿意说出来。最后我从一个法国女人那里听说了她的故事，她们曾一起住在香港，成了朋友。

这个女孩十三岁时，她问母亲："为什么我看起来和你们不一样？我是金色头发，浅色皮肤，而你和爸爸都是黑头发，肤色较深。"

她母亲决定告诉她实情："我们在你婴儿时收养了你。没人知道你的生母是谁。收养院告诉我们你被装在塑料袋里丢弃在街边。你几个月大的时候我们就开始收养你了。"

这一事实让她大受打击。她感到自己不被需要，不被爱，最后逃离了她的养父母，尽管他们一直细心照顾着她。她皈依了佛教，每天长时间打坐。她的禅修隔绝了痛苦的记忆，但并没有治疗背后的问题。她需要爱和关怀，她需要感到身边的人在乎她，需要她。

她的心受了伤。刚开始的时候，她没法向我打开她的心，因为她感到自己被剥夺了来自亲生父母的爱。她的经历及对此的困扰让她的心灵生病了。这类问题在西方并不罕见。我去过许多国家，和上千求道者谈及他们的过往。许多西方人告诉我，他们如何因为父母的虐待而饱受伤害，对此我始终感到惊讶。看起来一个人要足够幸运才能在西方生于一个善良而有爱意的家庭。

她第二次来的时候，我让她进行更多社交，让她整天忙东忙西，不让她躲在自己的禅修中。我们一起去恒河游泳，我带她在森林走了很久。我鼓励她用一种放松的方式谈论自己的过去，希望她不要感到那是一种要隐藏的罪恶秘密。比起所有旷日持久的强制性禅修，这几周里她感受到的爱与关怀能让她更幸福。

她离开时状态很好。我对她说："你不需要在身上背负那些过往，那不关你的事。你的生母抛弃了你，她做得不好，并且终有一天她要为此受苦。但那不再是你的事了。在印度我们有种传统，如果你达到解脱，你家族的所有先祖，无论在何处都会被赐福。所以与其对你妈妈抱着敌对情绪，不如以你的证悟来祝福她。很可能她需要帮助，就如同你刚来这里时那样。"

我天性快乐，也乐于见到人们在我身边快快乐乐的。我遇见的大部分人，即使是严肃苦修以求解脱的人，也懂得怎么大笑，让自己快乐。但有些人就是无可救药地毫无幽默感。我做什么或说什么都完全没法让他们的脸上产生一丝笑意。住在瑞诗凯诗时我见过几个这样的人。

其中一个人来自加利福尼亚的米尔谷。他特意来见我，所以我带着他在瑞诗凯诗走走，看看重要的景点。那天我兴致很高，极其享受大自然提供给我们的一切美景。一路上，我向他指出一切我觉得他可能会感兴趣的事物，解释当地风俗，以便他能了解身边的情况。当你来到一个新地方，看到当地人的各种活动，总是会觉得新奇有趣的。但此人在行走中始终沉默不语，全程保持严肃。最后我们坐在恒河岸边。水波荡漾，鸟鸣啾啾，我心里激起一阵幸福感，我开始笑。我的同伴明显觉得我的行为非常古怪，尽管他出于礼貌没有说出口。

过了一会儿，我转向他问道："为什么你一直这么严肃？你挂着一张死沉的脸。看起来是那么僵硬刻板，我觉得就算你想要微笑或大笑，你也笑不出来。"

"你们印度人可以毫无来由地大笑，"他说，"而且没人会对此有任何反应。在美国，你今天表现的行为是不被容忍的。如果人们坐在公共场合毫无理由地大笑，警察会来的。像你这么做的人很可能会被押到最近的精神病院去。"

他一本正经地说完了这番话。很可能他认为这类人就应该被关起来。

还有次我带了一位来自巴黎的教授游览瑞诗凯诗。他也是外表严肃的人，但他还有另一面。

"米歇尔，"我对他说，"你看起来是个非常严肃的人。今天天气很好。我们正坐在恒河边，大自然为我们布置了美妙的景色。鱼儿在跳舞，鸟儿在歌唱。这一切难道不能让你快乐、让你平静吗？如果是的话，为什么你不表现出一些来呢？"

可悲的是，他这样回答："我已经学会了严肃，这样才能合理地做好我的工作。我是哲学教授。如果我站在学生面前，像你今天那样大笑或傻笑，谁还会认真听我的课？哲学应当是门严肃的学科，所以当我站着谈论哲学时也应该看起来严肃些。"

"但我不是你的学生，"我说，"和我在一起时你可以放松，表露出你真实的感受。"

"太难了，"他承认，"在我们的社会里，大部分时间我们都被约束着要严肃。从童年开始，如果我们表现得不够严肃认真，父母和兄长就会责备我们过于轻佻。我们也许心里在大笑，但不能表现出来，因为总有人准备来批评你。所以我们假装严肃，但过了一段时间，这种习气就开始生根发芽，我们也没办法阻止，无法放松地去展现自己真正的个性了。我们被社会期盼的这种形象禁锢住了。我想这也发生在了我的身上。有时我也渴望毫不掩饰地表达喜悦和欢乐，但一想到社会规范的行为举止，我就开始压抑自己，甚至不敢跨出一小步。我想西方有很多像我这样的人。我们需要保持严肃，以此保住自己的工作以及身边人群对自己的认可。"

到此为止，这一章中我听到的大部分故事都是关于帕帕吉在瑞诗凯诗和哈德瓦遇见的外国人。其实这段时间他并没有忽略旧日弟子，他依然定期去隆达、孟买和勒克瑙见他们，而他们也会时不时来哈德瓦拜访他。下一个故事是帕帕吉和弟子们一起经历的一趟曲折的旅程。帕帕吉和其中几位弟子的邂逅故事已在之前的章节中叙述过了。

有几个弟子从南方来,希望和我一起去巴德里纳特朝圣。他们跟我说了几次想和我同行,希望在上师的陪伴下参访圣地。最后我答应了。除我之外,还有五个人。一位是来自隆达的医生那罗衍·巴克惹;一位是来自贝尔高姆(Belgaum)的森林承包人;第三位是老师;第四位是 B.D. 德塞,他在孟买的泰姬大酒店会计部工作;第五位是康拉尼,在隆达火车站经营一家餐厅。

我们一起从卡纳塔克邦来到哈德瓦,这里是去喜马拉雅朝圣的大巴的交通中心。当时正值旅游旺季,七天以来我们都没能订到车票。这并不要紧,我们有足够的时间,在哈德瓦和瑞诗凯诗有许多景点可以看。我们在这个礼拜购置了去巴德里纳特旅行所需的所有物品。我们要买很多东西,因为还计划顺便去一些临近的地方比如百花谷。其中一些地方海拔超过五千米,所以得确保有足够好的靴子、大衣、雨伞等等。我们还准备了不易腐坏的食物,因为知道那些景点不太会提供食物,它们彼此相距也很远。一起旅行的医生买了些特别的药品,他说如果有人出现高原病症时能派上用场。

到了指定日期,我们集中在巴士站,把包裹绑在车顶架上,然后坐到预订好的座位上。过了几分钟,我向所有人宣布:"我们不去巴德里纳特了。所有人都下车。我们要留在这里。"

大家都震惊了。大家等这趟车等了整整一个礼拜,而就在发车前几分钟,我却对他们说不希望任何一个人继续这趟旅行。

他们都想要知道为什么,但我没有给出任何理由。我命令我的人下车,把包裹从架子上卸下来。车上所有人都想知道为什么我们要离开,但我也没有给他们任何理由。

一位穿橙色袍子的苦行僧问我们中的一个人为什么要下车，他回答："他是我们的上师。我们都是从南印度来这里和他一起旅行的。我们准备和他一起去巴德里纳特。但现在他命令我们下车，说我们不去那里了。我们等这辆车足足等了一周，可现在他说我们不能走。"

这位斯瓦米留着长胡子，说："不要相信他，他是个疯汉！什么样的上师才会阻碍你们去巴德里纳特那样的圣地？他不是什么上师，是骗子！不要听他的。回车上来，忘了他说的话。"

为了确保我的队中没人会回到车上，我把车票交给售票员，退了款。他立刻把票重新卖了出去，因为附近有许多人正在等最后一刻的退票。

五个人中有三人乐于接受我的决定，但医生和老师还是很想去。他们长途跋涉到了这里，期待已久的旅行却在最后一刻取消，他们感到非常失望。

看到他们很失望，我建议去别的地方。

"我们去克什米尔吧。我们可以去毗湿诺女神寺，还能去看看阿马尔纳特石窟[①]的冰柱林伽。"

毗湿诺女神寺是印度最繁盛的寺院之一。每逢重要节日，成千上万的人来此朝圣。而阿马尔纳特的冰柱林伽同样极负盛名。它位于喜马拉雅的山洞里，是自然形成的林伽。每年8月，成千上万的人艰苦

---

① 阿马尔纳特石窟（Amarnath Cave），印度教最神圣的湿婆朝圣地之一，位于印度查谟—克什米尔邦，海拔三千八百八十八米，周围雪山环绕。洞窟一年中大部分时间为积雪覆盖，只有夏季向朝圣者开放。洞窟高一百三十英尺，朝圣的目标为洞内的冰石笋，被视为湿婆林伽，在夏季逐渐融化。根据印度教的传说，湿婆在此洞窟解释生命和永恒的秘密，另外两块冰代表他的妻子雪山神女和儿子象头神。

跋涉来到这个山洞觐见。这需要徒步走上几天，最后到达一万二千英尺高的地方。

我们搭乘了火车出发。第二天到达阿姆利则[①]时，两个男孩下了车，说想在月台喝杯茶。事实上他们想去抽烟，但不想在我面前抽。其中一个人买了份《论坛报》，立刻发现了关于巴士坠毁的新闻。正是我们之前预订的那辆车。巴士开出哈德瓦四十英里，坠入了恒河中，车上三十八人全部丧命。队中有几个人之前还在抱怨去不成巴德里纳特，但他们看到报纸时就突然安静了，再也不提这回事了。

下一段旅程是坐巴士去一个叫作喀特拉（Katra）的地方。从那里开始我们不能不走过一座座陡峭的山才能到达寺庙。朝拜完寺院，我们开始了漫长的下山之路，返回查谟。回程很难走，因为下起了大雨，道路失修，状况很糟，我们数次死里逃生。

当时情况实在太糟糕了，队伍中有个人开始抱怨："你把我们从坠车中救了出来，但现在我们要死于另一场灾难了。"

到达目的地之后，我们才发现实际上之前走的那段路并不对巴士开放。在道路检修完成前，政府禁止巴士通行。但我们的司机无视禁令，带着我们上了路。这些九死一生的遭遇熄灭了我们去高海拔地区探险的热情。因为没有去海拔高地扎营的装备，我们决定不去阿马尔纳特朝圣了。我提议可以去瓦拉纳西和敕特拉库特（Chitrakoot）。

这次行程的取消也许避免了另一场灾难。那一年由于天气格外恶劣，四十人丧生于阿马尔纳特的朝圣途中。

[①] 阿姆利则（Amritsa），印度西北部旁遮普邦城市，靠近巴基斯坦边境。阿姆利则原意为甘露池塘，城内的金庙是锡克教中心。

帕帕吉继续讲述：

我们队中的人已经向各自家人写过信，说要在车祸发生的那天去巴德里纳特。我一看到新闻，就让他们都再写了一封信报平安。但这些信件没有按时送达。最后当我回到勒克瑙时，一大摞电报等着我，全都是和我同行者的亲人们发来的。我们不在的那几天，这些亲戚每天往我家打电话，打听消息，但没人知道我们在哪里。许多人知道我们原本计划要搭乘的就是那辆坠毁的大巴，但好几天里我们都没法向他们及时传达消息。

巴士坠毁发生在 1969 年 8 月。帕帕吉回勒克瑙后，在给阿比什克塔南达的信中简要地提到了这起事故。

1969 年 9 月 4 日
勒克瑙

我亲爱的朋友，

收到了你 8 月 31 日的来信。我们确实预订了 8 月 5 日开往巴德里纳特的巴士车票。有五人来自孟买，和我一起从迈索尔（Mysore）出发。我内心的声音禁止我们搭乘那辆巴士，因为它会遭遇事故。因此我取消了行程，在同一天转去了克什米尔。

次日在阿姆利则我们从报纸上得知那辆巴士遭遇了重大事故，车上三十八位朝圣者全部遇难。

1995 年我和室利·B.D. 德塞谈起他对这次旅行的记忆。他确认了帕帕吉所说的，还补充了一些有趣的细节。

从毗湿诺女神寺回程的巴士对每个人都是场噩梦，除了帕帕吉。雨非常大，冲走了一部分山路。虽然车还在开，我们都看到汹涌的雨水侵蚀并冲走了我们正行驶着的道路。好几次我们在湿泥上打滑，险些就要从数百英尺高处垂直坠落。一度，数个车轮甚至悬在道路之外。帕帕吉似乎是唯一一个毫不担心的人。每当我们觉得在劫难逃时，他都宽慰我们，告诉我们不必担心。那时我知道他已经救了我们一次，所以我有强烈的信心，他不会让我们丧命的。

在给阿比什克塔南达的信中，帕帕吉说是"内心的声音"告诉他取消巴德里纳特的行程。我问室利·德塞，帕帕吉当时说了什么，他告诉我，其实帕帕吉说得很明确：

"他说的是有位女神出现在他面前，告诉他要取消行程。女神还说我们应该转去毗湿诺女神寺。"

室利·德塞最近某次来勒克瑙时，我偶然听到他和帕帕吉一起回忆起这次事故，帕帕吉也肯定了是位女神给了他讯息。

在印度有传统认为上师可以带走弟子的某些业。也就是说，如果某个弟子命中注定要遇到严重的事故，因上师的临在或加持能将之消解到某种程度。业依然会结果，但会以一种不那么严重的方式显现。帕帕吉如今不再相信是他带走了弟子的业，尽管在过去的教导生涯中他曾有过这个想法。不过他依然承认，那次旅队中的众人本来是注定要死于车祸的，并且也说到其中几人之后不久就遭遇了同一个业的展现。

我很高兴他们都健康安全回了家，因为我知道他们本应全部死于那场车祸。正因为躲开了这一劫，我很确定他们将会不得不遭受别的事故。

甚至旅程还没结束，事故就开始了。

我们在毗湿诺女神寺觐见了所有天神后，开始走回山脚的村庄喀特拉，朝圣者都是从这里开始往山上徒步攀登，这是最后的一程。队中的一个男孩，来自隆达的那罗衍·巴克惹医生仍然很生气我取消了去巴德里纳特的行程。他加入旅行就是为了去巴德里纳特、凯德尔纳特（Kedarnath）、岗果德里①和亚穆诺翠（Yamunotri），但最后我们一个都没去。他还是有着怨气，不想和我们一起走常规的返程道路。相反，他说要走一条以狭窄和危险闻名的小径。我们其他五人都走了普通的大路。在喀特拉我们等了几个小时，巴克惹医生也没出现。那时我非常焦虑，因为我知道他肯定遇到了什么才会迟到。

当他最终出现时，没有搭理我，而是和火车站餐厅老板室利·康拉尼说了自己的遭遇。

"雨下得很大，地面很潮湿又打滑。我从一条窄路滑进了深谷。我觉得自己肯定要摔死了，但下坠途中我的脚钩住了一棵树。我没再往下掉了，但腿也被缠住了。我就这么在树上倒挂着过了一个多小

---

① 岗果德里（Gangotri），印度北阿坎德邦北卡什县下属的一个城镇，位于恒河上游的巴基拉蒂河畔。距岗果德里十八公里的高穆克（Gaumukh）是岗果德里冰川所在地，此处被认为是恒河之源，是传统的印度教朝圣地。

时。我大喊救命，最终有一队返程的朝圣者听到我的叫声，把我救了上来。他们严厉地批评了我独自走这条路。常来往此处的朝圣者都很清楚那条路的危险。"

从喀特拉到查谟的车程又险些车毁人亡。我当时坐在车上靠近山谷的那一侧座位。有次我那一侧的车胎滑出了山路，就挂在悬崖外。司机非常谨慎地把车倒回了山道上。到处都有山体滑坡，后来我们才发现，那条路早被宣布不适合巴士通行。

室利·德塞在查谟时发高烧病倒了。身体状况让他无法继续任何旅行，所以我送他回了孟买的家。其他人继续去了瓦拉纳西、阿拉哈巴德（Allahabad）和敕特拉库特。过了一段时间，我送他们各自回家，希望他们个个平安，却担心其中几人还要经历一些事故。

那罗衍医生后来给我写信，说他在一次摩托车事故中断了腿。室利·康拉尼之后不久汇报说他由于严重的伤寒而卧床不起。

帕帕吉在瑞诗凯诗和哈德瓦期间从不曾有固定居所，他住道场、达兰萨拉、租的房间或山洞。从他去的次数来判断，他最喜欢住的地方是斯瓦格道场、毗塔拉道场、杜利尚德芭提雅旅店、雅利安旅社和七湖道场。最后一处位于哈德瓦的正北方，由帕帕吉家乡的人建造，所以他在那里总是受到优待。

由于帕帕吉没有自己的地方，他不能招待访客的食宿。访客们必须在附近的道场或旅馆自行安置。从20世纪70年代初期，许多帕帕吉的印度弟子就想说服他有一处自己的地方，好安置访客。尽管帕帕吉偶尔对这些提议表示出兴趣，但没有一项最终落实。

以下几封信是1971和1972年写给室利·B.D.德塞的，似乎某段时间里帕帕吉确实有兴趣拥有一处自己的地方：

> 尽管我不想要一块很大的地，也不想建什么机构，我还是赞成有块小地方，足够建四到五间屋子，让几名非常优秀，心里只有一个念头、一个目标、一个目的的求道者，能每年一起来住上几天，一起闭关，为解脱而彼此交流。如果找到比先前讨论的那块更小的地方，我会让你知道的，这样我们就不用再找人筹钱了……
>
> 我正在找一间屋子，准备先租上六个月。之后我会试着拿到地，在上面盖几间屋子。如果能让你们都来这里，各随所愿住下就好了。我偏爱（哈德瓦）镇外靠近康喀尔[①]的地方。我想听听你对此事的建议……我每天清晨都在恒河岸边朗读图卡拉姆（Tukaram）的诗歌和伊喀纳特的《薄伽梵往世书注疏》……
>
> 如果齐特尼斯先生（Mr. Chitnis）还在孟买，请与他联系，关于你上次提及的那块地，向他询问更多细节。最好是在瑞诗凯诗有个地方，让我们可以每年聚会。如果他去了瑞诗凯诗，请给他我的地址。多做些调查，甚至可以派人去实地勘察。我们不需要很大的地方，如果是片森林，就可以用更低的价格拿下来。请向他打听价格。如果你有兴趣的话，我的弟子们也能够来分摊成本……
>
> 这封信也是告诉你，我正离开这里（勒克瑙），去瑞诗凯诗看看你提到的那块地。如果合适的话，我会通知你。我甚至可以住在那里，直到建造完工。我会在瑞诗凯诗租间屋子，因为想让我父母搬来，这样他们就可以一直留在瑞诗凯诗，在恒河边直到生命尽头……

[①] 康喀尔（Kankhal），哈德瓦城内朝圣点之一，阿南达·玛依·嬷的道场所在地。

购地计划从未实现。帕帕吉在父亲过世后,接受了邀请去西方旅行,买地的计划就搁置了。他不在印度期间,另一群印度弟子有了一个新计划,想为帕帕吉在哈德瓦或瑞诗凯诗找个常驻处。下面这封信转寄给了帕帕吉所有的印度弟子。

孟买

前讯已会知尊前,大恩上师室利·彭嘉吉·马哈拉吉数弟子谦卑祈愿为吾等挚爱上师建一小方驻足之处。上师健康状况已每况愈下,他希望能常驻于恒河慈母圣岸边。

同盼吾辈能有一共同场所。吾等门下有福侍者能于上师心爱之地觐见上师,承奉足下,得享恒河圣母及喜马拉雅圣山无比尊荣陪伴,于吾等自有之地。

如尊前所知,上师迄今未曾许建任何道场,亦未曾开尊口提议,然鉴于上述原因,筹建道场之需迫在眉睫,故吾等提此拙计,在喜马拉雅山脚及恒河圣母岸边建立吾等自有之道场。幸得上师慈悲,对吾等提议表示兴趣,吾等确信赢得上师对此事之祝福。

为此,上师两名坚心弟子室利·K.K. 沙玛吉(Sri K.K.Sharmaji)和来自德里的室利·普乐辛吉(Sri Phoolsinghji)会同哈德瓦的室利·悉塔罗摩·班智达吉(Sri Sitaram Panditji)一直积极寻找地点。有一处名叫穆克蒂丹(Muktidham),地处瑞诗凯诗的斯瓦格道场之后,我们中有许多人已经见过,认为此处最为适宜。然而如今得知收购此地手续颇为复杂。于此处常住的室利·班智达吉亦考虑到在哈德瓦一幢名叫尼拉达拉(Neeladhara)的美丽平房。然室利·班智达吉现在告知,此处也因某些因缘,并非吾等命定之地。

在对所有可能的入选之地的大小和方位,以及每一处相关的法律难题做了陈述后,信中继续写道:

无论如何,最好还是等大恩上师返回印度后征询尊意。现阶段,即使恩师与一些外国师兄共同前来,也能做好周全安排,可供众人闲适地住上五六个月,直到我们的房舍动工。一切详情已写信向恩师告知……

永在其圣足

悉塔罗摩·班智达吉

悉塔罗摩·班智达吉是来自果阿的弟子,会定期去瑞诗凯诗一所名叫萨达纳萨丹(Sadhana Sadan)的道场。在帕帕吉身边有了一次深刻的体验后,他开始计划为帕帕吉寻找常驻道场。就像所有此类计划那样,这次也不了了之。

帕帕吉还说过另一个人要送他道场:

一次有人要送我一栋恒河边的农舍,带花园和一幢小屋,属于一个加尔各答的企业家。

这人有天给我打电话说:"我现在老了,想和儿子们住在一起。我想把这些地产置于你的名下。"

他还想送我一个厨子、两头牛和一名管家。我都谢绝了。

如今我可以肯定,1947年来勒克瑙后,帕帕吉从未拥有过一栋房子或一块土地。在此之前,他作为家族成员拥有旁遮普的家族产业,但在印巴分治后这些都被巴基斯坦政府没收了。

我和蜜拉谈到这些为他建道场的方案,她评论道:

20世纪70年代这样的计划几乎每年都会出现,对其中一些提议,上师似乎会聊上个几周,但过一段时间他就失去了兴趣,计划也就不了了之了。我目睹这种情况发生过好几回,最后我得出了结论,他并不是真的想要一块地方。

帕帕吉在1992年回复邀请他去德国的传真时,肯定了这一点:

许多年前我应邀去德国。我一到那里,就有人试图给我买房子并想为我建道场。我谢绝了,说:"整个宇宙都是我的道场!天空就是屋顶,大地就是地板,虚空就是墙壁!你能为我买这些吗?如果能的话,我肯定会接受。"

我完全不想要道场。我想要这个世界的一切众生都能享有爱与和平。没有别的愿望了。我完全没有兴趣拥有道场。我已经八十岁了,现在要道场有什么用?人们送给我房屋、道场,甚至岛屿,有次有人要送我一整座岛。可我不想被拴在一个地方。我一辈子教人,是走进一户户人家中。我从没真正对拥有一个常驻住所感兴趣。我去那些人们需要我的地方。他们不必前来找我。

在瑞诗凯诗和哈德瓦两镇的多年时间里,在众多修行道场的经历更加深了他对道场的厌恶。他对所有道场都给予差评,并且毫不掩饰他的鄙视。我曾听他说过几次,这些道场是由未开悟的生意人打理的,而那些人是在向轻信的公众贩卖虚假的灵修。

1993年我第一次去哈德瓦,他带我看了几个地方,但都不加介绍。

在第一个地点,我问他:"这里怎样?"他厌恶地哼了一声。

"这是度蜜月的地方!漂亮的花园、精致的房间、精美的食物、美丽的恒河观景……一对夫妻还要别的吗?"

每到一处我们停下时,他会对每所机构的负责人或其筹钱方式都给出负面评价。我很快明白他是有意带我来看看这些地方是多么腐败,多么缺乏灵性。

在本章开头帕帕吉曾说过有个巴西女孩被某间道场的斯瓦米困住,扣押了她所有的钱,还禁止她拜访别的斯瓦米。帕帕吉和这个斯瓦米很熟。在他谈及众多假斯瓦米以及他们欺骗弟子的方法时,这人总是第一个出现在他脑海中。

20世纪70年代早期,我常住在韦德尼克檀道场。负责管理的斯瓦米是个聪明人,知道如何从他的访客那里最大可能地榨出钱来。他的一个前弟子对我说,这人之前是在阿利格尔[①]炸糖耳朵的,很穷,他转行做斯瓦米是因为这笔生意完全不需要劳作,却能得到高得多的利润。

许多来哈德瓦和瑞诗凯诗的有钱人带着成千上万的现金,希望能

---

① 阿利格尔(Aligarh),印度北方邦的一座城市。

捐赠一些有价值的事情而获取福德。这些人在生活工作中花每一分钱都精打细算，而来到哈德瓦却盲目撒钱。许多斯瓦米靠从这些人手里收钱而致富。

有一天，一对夫妇来到韦德尼克檀道场，提着一个大包裹，很明显里面装满了钱。斯瓦米让我去替他数钱。包里有五万卢比。斯瓦米有些吃惊，因为他之前从没见过这两人。在明白他们带来多少钱后，斯瓦米把我拉到了一边，让我去照看正坐在道场里的这对夫妇。

"带他们去最好的房间。你要尽可能摸清底细。也许他们之前在什么地方见过我，但就算是这样，我也已经全忘了。如果我之前见过他们，而他们现在又开始说起当时发生了什么，我对他们却毫无头绪，那就太尴尬了。我肯定在什么时候给他们留下了好印象，否则他们不会给我带那么多钱来。"

我带他们去了房间，开始聊天，问他们认识这位斯瓦米多久了。出人意料的是他们回答之前从未见过他。

"那为什么你们就这么走了进来，给他五万卢比？"我问。就算以哈德瓦的标准来看，这样的举止也非常奇怪。而他们的解释也相当有趣。

"我们来这里是因为想要做笔捐赠，希望能惠及那些来瑞诗凯诗的修行人和朝圣者。我们先去了斯瓦格道场，发现那里正在给排着长队的修行人派发布施物。那所道场相当富裕。他们有许多房间，还在通往巴德里纳特、岗果德里和亚穆诺翠的主要朝圣路上建造了达兰萨拉。我们心想，他们不需要我们的钱，他们自己的钱已经足够了。

"接着我们去吉塔宫走了一圈，调查一下那里在做什么。他们出版书籍，运作着一间大食堂，以成本价向朝圣者出售食物。他们的吉塔出版社（Gita Press）也得到了很充足的资助，同样以成本价出售书籍，或者直接免费赠送。看起来那个地方经营得很好，也有充足的资金，所以他们也不需要我们的钱。

"我们查看了别的一些地方，发现情况都一样。在帕尔玛特尼克檀道场（Parmarth Niketan）①，我们发现他们已经有能力给数千人提供住宿了，有免费的医务室，向朝圣者提供低价牛奶。这些都要花很多钱，所以肯定有人已经在大手笔支持他们了。萨达纳萨丹道场告诉我们，他们也不需要捐赠了。那里有个人说：'有德里的富人资助，我们不需要从过路人那里拿钱了。'

"最后，我们发现了这里。这里看起来很破，快要倒闭了。有几栋楼的墙壁和屋顶甚至还没完工，也没见到这里有工人。肯定是在建筑完工前你们就用光了钱。我们俩都感到这里就是我们要捐钱的地方。捐这笔钱是因为我们希望你们能建完道场。"

我回到斯瓦米的办公室，说明了情况。他是个聪明人，立刻就意识到从这间未完工的道场上能赚到钱。他让道场保持着那副样子，四处传播消息说他需要资金来完成建设。随后几个月里，陆陆续续就有富裕的访客为此前来捐钱。所有的钱都被斯瓦米中饱私囊，而道场依然维持着原貌。

与此同时，他决定从这对夫妇身上榨取更多的钱。他把两人叫到办公室，极其热情地感激了一番，又向他们传授了咒语。

然后他说："你们慷慨捐赠的这笔钱会用来建设道场的房间。你们的行为极其值得赞叹。不过，通过对我的礼足仪式，并以传统方式

---

① Parmarth 是"究竟真理"之意，Niketan 是"住所、家"的意思，它是瑞诗凯诗最大的一所道场。

进行普供（通过供养大众为礼敬一位智者而对许多人供养食物），你们可以获得更大的功德。你们得邀请五百名修行人，供养他们每个人五卢比。然后，因为这是对上师的礼足仪式，你们还必须做上师供养。这种情况下最适合的金额是一万一千卢比。我们可以把一切都安排好。你可以把钱给我的秘书，一切都会如法进行的。"

那对夫妇毫无异议地就再给出了一万三千五百卢比。普供定于之后的那个周五。斯瓦米让我去送邀请函，但他只给了我五十张，都是发给附近道场的众位斯瓦米的。供养当天，只有四十个人现身。斯瓦米向那对夫妇解释说，五百位斯瓦米不能全都亲自到来，每间道场都派了代表，而这些人会把所有的食物都带回给各自道场里的修行人。事实上他只分派了少量食物，自己则从伙食费中狠赚了一笔。他甚至向前来领取供养的斯瓦米预先收取了二十一卢比。

见到这对夫妇依然毫无怨言，斯瓦米就对他们说："到现在为止你们做得非常好，但还有一个仪式需要完成。一旦完成了，你们必定能得到完美的幸福和好运。承办这个仪式需要供养一笔笈多施（匿名捐赠）。你们必须把钱放在包里，秘密供养出去。就算是我也不能知道包里有多少钱。这笔钱会匿名进入我们的功德箱。"

这对夫妇满心欢喜地走回房间，在一个包里装满了纸币，把包放在了道场的功德箱里。午餐时斯瓦米找了个借口离开房间，冲出去数钱，发现又得到了二万五千卢比。他把包锁在自己的保险柜里，再回来继续午饭。

用餐期间他说："我不知道你们给了多少钱，但我很肯定这一定会赐予你们极大的福德。你们的生活会充满成功，死后你们会重聚于天堂。为纪念你们的伟大善行，我会在恒河岸边建一条长凳，上面刻有二位的名字。来恒河沐浴的朝圣者能在那里休憩，或者在沐浴时把衣服放在上面。"

这是斯瓦米花他们的钱做的唯一一件正事。他安了长凳，放了块铭牌标明这是由嘉雅普尔的乔凡德·达斯伉俪捐赠的。剩下的钱全都进了他的口袋。

斯瓦米深谙朝圣者乐于见到自己的名字刻在牌子上，尤其是那些注明属于慈善捐赠的铭牌。他用这一招做了笔好买卖。人们来为他的"半成品"道场完工而捐钱时，他会收下捐赠，然后如法炮制一块牌子，刻上捐赠人的尊姓大名。在捐赠者逗留期间，这块牌子会得到醒目的展示，一旦他们离开，牌子就会被摘下来。斯瓦米不希望潜在的捐赠人认为资金已筹措完毕了。当捐赠人写信说将再次来瑞诗凯诗时，他就翻出来客的牌子，醒目地摆好。若访客不期而至，并想要知道自己的牌子在哪里时，他会给出一个巧妙的解释。有户人家在上一年捐赠了两千卢比，想为道场建造房间，他是这般对他们解释的：

"税务部门的官员正在突击检查瑞诗凯诗的道场。他们会记录所有给出大笔捐款者的姓名与地址，把这些名字寄给捐款人住处当地的税务机构，核对收入进行调查。我一听说这件事，就立刻把你们的牌子摘下来了。你们很幸运。许多给别的道场捐钱的富人都被抓住了。"

受骗的那家人对他的聪明才智表示感谢。数年来，他搜罗钱财建造屋子，所得的钱财远远多于实际建筑所需，所有的捐赠者都得到了一块牌子。无论什么时候捐赠者来访，他们的名字就会立刻出现在某间屋子里。

他拿这些钱都去做了什么呢？我不是很确定，但有个与他相识多年的人对我说，斯瓦米有老婆和三个儿子，都在阿利格尔经营农庄。

很显然他给农庄寄钱，帮助打理家族产业。他的妻子常常来找他，装扮得像个弟子。甚至没有人发现这是他太太。

帕帕吉有时无偿地为这位斯瓦米当秘书，所以了解他的这些荒唐事。我向蜜拉问及此事。

是的，有时候我们两人都住韦德尼克檀道场，而上师为斯瓦米做些工作。我的感受非常糟糕。我们都很清楚那就是个无赖，而上师却替他写信，给他送信，甚至充当司机给斯瓦米开车。我想是因为斯瓦米不识字，所以没法自己写信。上师的弟子都不明白为什么他要示现出某种侍者的样子，因为每个人都清楚这个斯瓦米完全不是道人，又那么不诚实。有次上师甚至让我向斯瓦米磕头，好取悦那人的自尊心，但我断然拒绝。

我说："他不是我的上师。我宁可到街上给驴子磕头。"

上师大笑，也没有坚持。从那时起，我们都叫那人"驴子斯瓦米"。

我觉得上师被斯瓦米可耻却坦荡的诈骗行为给逗乐了。他一直都喜欢形形色色的怪人，似乎从这些人的奇特行为中获得了许多乐趣。我常常惊叹于他能一直陪着这类人，喜欢让这类人在他身边。神情恍惚的嬉皮士、确诊的精神病患以及各类骗子和小偷都能暂时留在他身边。没人知道他会接受谁，又会拒绝谁。

而对于这位斯瓦米，我想上师事实上是乐得观察他如何思索出新奇的方法来诈钱。上师并不同情上当的富人。我想他觉得这些捐赠人毫无分辨力，是活该被骗钱的傻瓜。

住在这所道场期间,上师还顺便治好了我的肝炎。当时我感染得很严重,有时甚至觉得自己可能会死。我浑身发黄,完全没有力气从床上坐起身。上师过来见我时,我告诉他病情有多严重,还说觉得自己会死掉。

"胡说八道!"他大声说,"你什么毛病都没有。起床,和我一起走走。"

他把我拉下床,带我去了最近的槟榔店,让我吃了根香蕉和一片涂了柠檬酱的叶子。几分钟内,我的症状全部消失了。我已经按照标准的治疗肝炎方法卧床几周了,但经过槟榔店疗法后,我再也没有因为这个病受过苦。

尽管帕帕吉对瑞诗凯诗所有的斯瓦米和上师都评价不高,但从表面来看,他对他们都礼貌而友好。他带着访客四处游览时,常常会带人去某些道场,参加萨特桑、开示、诵经、拜赞等等。通常他整场都坐着,不作任何评论或打扰。下面是蜜拉的评论:

如果有著名的圣者或老师来镇上,他都会去看一下。但他没有任何兴趣与他们交流,似乎只是想要好好观察一下他们。我们在哈德瓦那段时间里,阿南达·玛依·嬷[①]可能是最有名的来访导师了。上师带我去见她,我知道他还带过其他几名想觐见她的弟子去过。等着见她的人总能排起长龙。上师会耐心地排队,并且在她身边静静站着。他见到其他老师时也是如此。他会静静看着他们,然后不做自我介绍

[①] 阿南达·玛依·嬷(Ananda Mayi Ma,1896—1982),印度近代著名的女性灵修导师,以参问或虔爱的方式来教导人们了悟真我。

就离开。他回到家可能会对刚才见过的人发表负面评论，但在这些老师身边时，他一定会保持安静。

不过有一次，帕帕吉被一个弟子说服，在其他老师的法会上进行了提问。帕帕吉对这件事做了以下说明：

有一次我离开勒克瑙，和勒克瑙的朋友室利·米塔尔（Sri Mittal）一起到瑞诗凯诗住了一个月。当时正逢上师节，所有的道场都在举行法会，试图吸引更多访客。他们都想展示各自教派大圣者的殊胜。

斯瓦格道场举办了一场《罗摩衍那》朗诵会。吉塔宫和帕尔玛特尼克檀道场互相竞争，各自进行《薄伽梵歌》和《薄伽梵往世书》的章节朗诵。

我的朋友和我去吉塔宫的上层大厅参加《薄伽梵歌》的朗诵会。我们进场时朗诵还没开始，有个名叫普纳南达·斯瓦米（Swami Purnananda）的男子在回答听众提出的修行问题。他是闻名遐迩的著名学者、伟大圣者，脾气很大，如果听众中有人不理解他的回答，他就会立刻暴跳如雷。我的朋友不喜欢他这种举动，就让我提些问题难倒他。

我不想激怒他，所以只是站起来，非常谦卑地问："斯瓦米吉，我有个问题。按照您自己的体验，是否能告诉我一个人成为即身解脱者后，他的行为举止是怎样的？这样的人会有怎样的行为举止？"

斯瓦米沉默了一会儿，接着说道："我没有办法回答这个问题。我自己并不是即身解脱者，所以没有直接的体验。"

我朋友和我都很高兴听到这个答案，因为他说了实话。尽管他为自己的灵修知识而自豪，但却坦率地承认自己并没有达到解脱。他是著名的灵修老师，在数千人面前他需要维护名声。他本来可以轻易地举一些书本上的回答来炫耀自己的学识。然而他足够谦虚，说自己并没有资格给出权威的回答。

本章之前段落描述过唵·普拉喀什和帕帕吉的首次会面，他记得有两次帕帕吉带他去见别的斯瓦米。第一次在勒克瑙郊区，第二次在哈德瓦。

帕帕吉在勒克瑙时很喜欢出门走走去找老弟子，或去镇上不同的地方。好几次他请我和他一起走。一次，大约是二十年前，他带我去了一个地方，是萨特桑会场现在的所在之处。20世纪70年代早期，这个现在名叫印谛拉纳噶尔（Indira Nagar）的地方还不存在。那里当时还是片农田，而不是市郊。布特纳特寺就在那里，周围有几间商铺，像是绿色海洋中的小岛。

布特纳特寺里住着一位修行人，全勒克瑙都知道他能变出些东西来，就好像那段时间赛西亚·塞·巴巴的能力一样。有几个弟子当着帕帕吉的面提起过这个人，这些话让他略感好奇。

有一天帕帕吉对我说："唵·普拉喀什，今天我们一起去见见这位著名的巴巴。让我们看看他的真实情况怎么样。"

当时去布特纳特还没有公共交通，我们就坐人力车去。那位巴巴听说帕帕吉也是位修行老师，热情地招呼了我们，在前排给我们安排了特别座位。所有人都坐下后，巴巴向我们展示了他的能力。他手掌向上，在我们面前张开。他想让我们看清楚手里什么都没有。然后他单手握拳，并向指尖吹了一口气，接着面露微笑，慢慢展开手指：手掌上出现了一些丁香和豆蔻。就我所看到的而言，这并不像是巫师的把戏。整个表演中他的手都伸在我们面前。我不知道他怎么可能神不知鬼不觉就把东西塞进紧握的拳头里。

巴巴向帕帕吉递上豆蔻和丁香作为加持品。

帕帕吉装作被奇迹打动的样子，对巴巴说："这些是非常神圣的丁香和豆蔻。这样的加持品太神圣了，我没法去触碰它们，我必须先洗手，要在纯净清洁的状态中接受这份礼物。请给我一些清水，让我洗洗手。"

巴巴让他的一名侍者外出取水。等待他回来的这段时间里，帕帕吉专注地凝视着刚刚出现的丁香和豆蔻。水来了，帕帕吉非常缓慢地洗了洗手，专注地看着依然在巴巴手上的香料。然后，巴巴感觉手上的东西全都毫无预兆地消失了。

巴巴浑身颤抖起来。他从紧握的拳头里把这些变了出来，无论他是用了魔术师的戏法，还是真实的法术，没人能真的知道他是怎么做到的。但是，当它们在众目睽睽之下消失时，是赤裸裸发生在他手掌上的事。

巴巴认为是帕帕吉让香料消失的，虽然帕帕吉从没宣称这是他做的。

他对帕帕吉说："您像我一样有伟大的力量。有人告诉我，您在西方教外国人。下一次您去西方时，可得邀请我。我们可以一起表演。"

帕帕吉只是笑笑，答应会邀请他，但从此再也没有和他有过接触。这类把戏从来打动不了帕帕吉,我常常听到他批评有些老师为了招揽来弟子、名声和金钱而沉迷于此道。

我还想补充一个有趣的后记,这位巴巴后来发现了另一项生意,能赚得更多。勒克瑙市开始向外扩展时,布特纳特寺所控制的土地就升值了。这位巴巴把地卖给了房地产开发商,带着钱消失了。现在布特纳特的大部分的大型商店都建在这位巴巴1970年出售的土地上,当时他卖地赚的钱数目就显得微不足道了。

在我认识帕帕吉的头二十年里,他经常四处旅行。他很少会说出要去哪里,或什么时候回来。他不喜欢人们跟着他,所以不太会说明他的计划或目的地住址。如果在印度,他最常去的就是哈德瓦或瑞诗凯诗。他经常安排每年在那里住上几个月,有几次我也和他一起去。

在那里时,他并不忙碌。他外出散步,在恒河中沐浴,吃饭,睡觉。多年来他住过许多不同的地方,但我和他在一起旅行时,都下榻于雅利安旅社。在那里他也并不和别人多打交道,通常只是我们两人单独在一起。我时不时给他带点茶来,有时候他也会让我替他按摩脚,但大部分时间我们两人只是静静地坐着,什么也不做。

有天晚上大约十点,我们在旅社里坐着,我问帕帕吉是否要喝些热牛奶。那段时间他常常在晚上入睡前喝一杯热牛奶。

"好,好,"他说,"你去拿吧。"

我拿着他的不锈钢壶出门找牛奶。我走向牛奶店时注意到一辆巴士正停在芭提雅旅店边,很多人下车。其中有一位斯瓦米看起来很眼熟。

我走到一个乘客面前问:"那是海达坎巴巴[①]吗?"

当时海达坎巴巴非常有名。他在全国有数万名弟子。我问的人肯定了我的猜测。

海达坎巴巴开始向诃利台阶走去,身后跟着随行人员。我感到一阵冲动,要跟着他走,尽管我当时正要去为帕帕吉买牛奶。从芭提雅旅店到诃利台阶有两三公里。我们走得非常缓慢。我忘了出门时的计划,直到凌晨一点半才意识到我彻底忘了给帕帕吉办事。

我沿着来时的路飞奔回去,大约两点回到了雅利安旅社。帕帕吉还没有睡。他肯定是一直坐着,等我回来。

"你去哪儿了?"他问,"买一杯牛奶怎么要花四个小时?"

我解释了一下刚刚发生的事。"我在买牛奶的路上遇见了海达坎巴巴和他的一群弟子。我感到一阵强烈的冲动要跟随他,彻底忘记了原来的计划,几个钟头后才又想起来。那时候,我已经在诃利台阶和他坐在一起了。我曾听说过他是一位证悟者,所以我跟着他,想看看他什么样。"

帕帕吉并没有责备我的晚归。他只是说:"好的。明天早上我们去看看他。现在睡觉吧。"

第二天早上,我们从雅利安旅社走到海达坎巴巴住的地方。帕帕吉本来还想让我指出巴巴来,因为他之前从没见过这个人,但结果毫

[①] 海达坎巴巴(Haidakhan Baba),印度修行导师,传说1970年6月化现在印度北阿坎德邦海达坎镇附近冈仁波齐峰山洞,被视为古海达坎巴巴转世,于1971年开始在全印度旅行传法,1984年2月14日离世。他宣称自己的使命是复兴"永恒之法"的教法(Sanatana Dharma,原始古印度教)而非印度教,认为一切宗教皆为一体,倡导过一种真实、简单、慈爱的生活。

无必要。我们一走近那里,帕帕吉立刻认出了他,因为这位斯瓦米在一大圈人的中心。帕帕吉毫不打算自我介绍。他只是远远地站着,非常专注地凝视海达坎巴巴有大约十分钟。那是一种目不转睛、完全不眨眼的凝视。

十分钟后,帕帕吉说:"走吧。这个人入门尚早,还欠火候。我们走吧,去喝杯茶。"

我们走去了隔壁的茶铺,再也没提过这个话题。

20世纪70年代初,帕帕吉还会饶有兴致地去看看别的斯瓦米在做些什么。他从不曾直接与他们冲突。通常,就像他看海达坎巴巴的方式那样,他只是站在一定距离外看着,然后走开,通常不会上前介绍自己。尽管我知道事实上他对哈德瓦和瑞诗凯诗所有斯瓦米的评价都低,他却只是把这些看法放在心里,从不去插手那些人在做的事。

20世纪70年代某个时候,我收到他从孟买寄来的一封信。信中说他见够了自称证悟的人,他再也不想去见了。

尽管20世纪70年代末帕帕吉似乎不再去拜会别的老师了,但这些人依然继续来拜访他。下一个故事很可能就发生在这段时期,帕帕吉在好几个场合都提过。

我当时住在哈德瓦的雅利安旅社,一名来自古吉拉特的八十岁的斯瓦米到旅馆前台询问我的房间号码。经理告诉他早晨六点我离开了房间,下午一点回来用过午饭,下午五点我再度出门了,很可能要过五个小时后才会回来。

于是斯瓦米就离开了,没有来见我。第二天他又回来了,继续问经理我是否在房间里。

经理说:"是的,他正好在。他住在三号,朝着恒河的房间。"

这一次他过来敲门见我。我开门时发现这位披着橙红僧袍的斯瓦米站在那里,脖子上挂着一串金刚菩提念珠。我向他致敬,邀他进屋,请他坐在我面前。

他自我介绍说自己是吉尔纳①、古吉拉特邦、中央邦(Madhya Pradesh)和拉贾斯坦邦(Rajasthan)共十三所道场的上师。还说自己是瑜伽士,教授《奥义书》《吠陀》《薄伽梵歌》《薄伽梵往世书》。

"所以,"他说,"请不要和我谈论任何上述话题,那只会浪费时间。我没有问题,除非你能说些瑜伽传统以外的或那些书中没有提到过的东西。我自己就是瑜伽士,已经掌握了能长时间住于三摩地的诀窍。你也许在报纸上见过我的照片,最近我刚在一间地下室入定了四十天。古吉拉特政府事先发现我打算这么做,还准备阻止我。他们对我说这样太危险了。妥协的结果是最终我同意入定时有医生在场,并且地下室的一面墙壁是用玻璃做的,这样大家随时可以观察到我的状况。

"所以关于瑜伽你没有什么能教我的了,我也没有兴趣去听经文注疏,因为我自己就在教这些。但是,如果你能说些新鲜的,我很乐意听闻。"

他继续对我说他现在正和八十名弟子搭乘他租用的两辆大巴去巴德里纳特和凯达尔纳特朝圣。

他解释自己是怎么听说我的:"我们都住在康喀尔路的古吉拉特

---

① 吉尔纳(Girnar),古吉拉特邦朱纳格特专区内五座山峰的总称,为印度教和耆那教的重要圣地。

马希拉寺。道场的创建人善塔·本太太（Smt Shanta Ben）是我的弟子。她给了我你的地址。"

在他对我说完自己是多么重要、多么有名后，我告诉他："我接受你开出的条件。我不会提到任何你已经读过的书，也完全不会谈论瑜伽、拙火或任何别的你没兴趣的话题。我有些新鲜的事情可以告诉你，但现在没法说，因为你带着这个装满各类见解的巨大包袱进了屋。所有这些见解都属于过去，所以把这个包拿出去，扔到门外，空着手再进来吧。"

他不明白我在说什么，所以我起身，开始把他朝门外推。当我把他推出房间时，坚决地对他说："只有当你把视为珍宝的旧垃圾都扔到外面了，你才能进来。"

他坐在门外，看上去非常困惑。我坐在室内的椅子上，隔着门廊看着他，凝视着他的双眼。大约有十五分钟我们俩都一言不发。

最后这位斯瓦米突然跳起来，冲进房间想要触碰我的脚。

我迅速移开他的手，对他说："这不合传统。我应该触碰你的双足，有三个理由：一、你比我年长二十岁；二、你很有学问而我是文盲；三、你是出家僧而我只是个在家居士。"

"我明白你的意思，"他说，"但如果你不让我触碰你的双脚，那是否至少能告诉我你是从哪里学到这种教法的？多年来我一直在教人。我读了所有修行宗派的书籍，但从没听说过这种教法。你是从哪里学到的？"

我没有回答他的问题，而是转变了话题，问他是怎么听说我的。

"我的一个弟子对我谈起你。她说：如果你在哈德瓦，打听一下他吧。他没有固定居住的地方。事实上，大部分时间他根本不在哈德瓦,因为他喜欢在喜马拉雅山区独自游荡。但如果他在镇上,你能向道场或达兰萨拉里的人问到他在哪里。在哈德瓦很多人都认识他。"

他接着说:"今天我有了非常不同而特别的经历。我什么时候能回来再见你?"

"你为什么还要回来?"我问道,"你还需要什么呢?你体验到的已足够了,不需要再回来了。"

他情绪激动。离开时,身体依然不受控制地颤抖着。

第二天,马希拉三摩吉寺的创建人过来问我:"你对那位斯瓦米做了些什么,他是对自己的学问那么自豪的人。许多富人——包括政府的高官都是他的弟子。他和我说:'这个人甚至不和我说话,但他的沉默带走了我所有的垃圾。他告诉我不要触碰过去,我看着他的时候,就从中解脱出来了。之前从没有任何人对我这样做过。'"

这个女人看起来相当困惑,她无法理解那位著名的斯瓦米到底经历了什么。

她继续说:"他决定不再进行任何朝圣了。他的弟子们已经自行上路,打算自己去巴德里纳特和凯达尔纳特。"

这位来自马希拉三摩吉寺的女子告诉我,斯瓦米第二天就回家了,他已经不想去喜马拉雅山区了。

许多人带着满脑子的垃圾来见我。垃圾是指他们从过去收集到的一切。这些垃圾中没有一样是有用的,所以我让他们全部扔掉。许多人想要讨论这类垃圾,他们认为理解垃圾就能让垃圾不那么臭,不那么烂。你可以整日都谈论垃圾,但谈上一整天,垃圾依然是垃圾。

相反,我对人们说"不要去碰它"。这表示"不允许心里出现任何过去的念头。带着一个干净的、新鲜的、不升起任何过去念头的心来找我"。如果有人能够做到这点,一次萨特桑就足以揭露实相了。"萨特桑"的意思就是和你的真实本来在一起。当过往的念头不再出现,真我就会自行显露出来。

1971年年中,帕帕吉接受了去西方旅行的邀请。约阿钦·戈瑞伯特,那位喝洗涤剂来净化自己的超觉静坐的老师,给帕帕吉买了去科隆的往返机票。德国科隆是他的家乡。他先行离开印度,为帕帕吉在那里举行萨特桑做些前期安排。

蜜拉也去了欧洲,但多少有些忐忑,因为她的护照和签证早都过期了。

上师陪着我到了德里,把我送上了飞机。一切都很顺利,完全没有人来打扰我。我还在暗自庆幸时,就到了孟买,国际旅客是在那里接受检查的。我没有意识到第一段旅程只是国内航行。检查证件后发现我的签证在两年半前就已经过期,而且护照也失效了,我被扣押了起来。我一再请求他们让我搭上飞机,但没人理睬我。我被告知会因非法滞留而被起诉,很可能要坐牢。我实在很担心,因为我忽然意识到自己甚至完全不知道上师的地址。如果我真有了麻烦,不知道怎么才能联系他。

最后,一名官员走过来,非常生气地问我:"你这些年都在印度做什么?"

"学习印度教。"我回答。我不想把上师牵连进来,免得给他惹麻烦,所以我没有说自己事实上做了些什么事。然后我毫无理由地做出了双手合十的姿势,开始用古梵文唱诵《薄伽梵歌》。我不知道这是怎么回事，只是感到有股力量占据了我，让我开始唱诵这些偈颂。整个警局都安静了下来，每个人都停下来听我唱诵。

最后，之前盘问我的那个人来到我面前，把我的护照摔在面前的桌上，说："你可以走了，以后不要再犯。"

出门时他说："我们大多数印度人都没有那么了解《薄伽梵歌》。你没有浪费在这里的时间。"

我在机舱门关闭前五分钟登机。航班飞往巴黎，到达后等着我的是另一场惊喜。父亲正在等我。我有好几年没有见到他了，也没告诉他我要回来。他的出现是因为有人打电话告知了他我的航班。上师知道我会乘那班飞机回家，打电话给我父亲，让他知道我要到了。

就在帕帕吉出发去欧洲之前，他的父亲帕玛南德在勒克瑙过世了。在我叙述此事之前，我想把时间略微往回拨，讲述一件较早前发生的事，那时帕帕吉家里好多人都认为帕玛南德死了。要说一下这背后的一个小背景，帕玛南德终其一生都在持诵"悉塔-罗摩"咒，希望能见到他最爱的女神。尽管帕帕吉一再告诉他不要去追求会显现和消失的神的形象，但只有在最后几年他才真的接受这些智慧劝诫。

以下是帕帕吉的讲述：

有一天结束了在纳希家的萨特桑后，我去短暂地探望了父亲，他已经病了一段时间了。那时我父母住在贡提河岸附近的布特勒路。

之后两天我都没法去见他，我忙于接待一位来看我的禅宗老师和其他许多人。

两天后的清晨我正在洗澡，一直看护父亲的妹妹开始敲我家门。

我知道一定发生了什么，因为她大喊着："马上出来！出大事了！你可以晚点再洗澡！"

我想不到有什么事如此紧急，都不能等我洗完澡，所以我喊道："什么事那么着急？能再等几分钟吗？"

她没有心情争辩，在门外焦躁地大喊："出来！出来我就告诉你！"

载她来的人力车还在屋外等着。她把我推上了车，在路上告诉我父亲夜里就快不行了。我的母亲、弟弟、弟媳妇和其他几名家庭成员已经在家里开始准备追悼会了。母亲相当生气，因为父亲临终时我不在场，按照传统，父亲死时，头应该放在长子腿上。父母家的屋门从里面上了插销，母亲不希望别的人进来发现长子居然在父亲临终那刻不在场。

我不在的时候，在场的家人已经把父亲的身体抬到地板上，在他右手上放置了一盏油灯，举行了临终仪式，然后把身体抬进了一个单独的房间。大家都等着我来。

我一进门，母亲就告诉了我所有的临终细节。在她说着自己丈夫如何离去时，每个人都开始哭泣起来。她打开门让我看尸体时，大家依然在哭。而当我们进屋时，却见到了最不可思议的一幕。父亲正坐在床上，非常大力地挥舞着他的拐杖，似乎在和某个隐形人打架。

他大喊："走开！走开！我不会和你走的！我要留在这里！"

母亲几乎晕倒了。她不知道自己见到的丈夫是谁，是死人还是鬼。

"你冲谁喊呢？"她略微清醒过来后，大声问道。

我父亲恢复了平静，说："众神和先祖们手拿着花鬘过来了。他

们走近我,说:'马车就停在外面,和我们一起去天国吧。'

"我拒绝了,我对他们说:'我儿子告诉我不要去任何天国,因为在这些地方生活很久之后,还是会再度转世回到这个地球,继续修行来达到证悟。'"我父亲不知道家人已经举行过临终仪式了,也没意识到还供着灯呢。等到他看起来已经恢复到平日的精神状态后,我们才告诉了他这些情况。

母亲把地板冲刷干净,给父亲端来了早饭。许多邻居和朋友都来探望父亲。他们都想见见这个临终拒绝去天国,并且有勇气违抗来接引的神明的人。我又多逗留了一会儿,以确定他已经完全恢复到健康状态。

他父亲在几年后真的过世时,帕帕吉陪在了床边。在临终一刻,帕玛南德终于向他的儿子坦露了自己对他的信心。我从未听帕帕吉谈过与他父亲最后的时光,不过俺·普拉喀什是这场父子相处时唯一在场的旁人,下面是他的叙述:

1971年帕帕吉的父亲病得非常严重,住在勒克瑙一家医院里。我想当时大家都知道他已时日无多。我陪着帕帕吉一起到了医院,那是他父亲在世的最后一晚。当时是午夜,大约两点半。帕帕吉的父亲躺在一间大病房里,里面可能有五十多张床位。我记得帕帕吉父亲的床位在病房当中的位置。他看起来非常虚弱无力,依靠静脉输液维持体力,身体似乎被绑在了床上。我们被告知针管让他太痛,他一直要把针拔出来。为了阻止他,医生把他的手脚绑了起来,让他碰不到针。医生还担心他会把整个输液设备拉倒摔碎。

别人想来探望他临终的父亲，都由帕帕吉来安排。他同意众人来致以最后的问候，但不允许任何一个人和他长时间相处。帕帕吉做了些安排，这样在最后几天里只有我和他两人可以任意留在医院。

在这最后一面中，帕帕吉用一种非常慈爱的方式告诉父亲有关即将到来的死亡。

"爸爸，"他说，"我感觉得到你正在经受严重的疼痛。你一辈子都骑着的这匹马现在非常苍老、非常衰弱了。你必须离开这匹马然后继续前进。如果你愿意，我现在就可以给你一匹新的马。没问题的，不用害怕。"

"我不是胆小鬼，"他父亲回答，"我没有什么害怕的。我不想要新的身体，但我知道我很快就要离开这具身体了。我知道我正在去见神的路上，我不会心怀恐惧。我的时间到了，我会站在他面前说：我是那位现在行化世间的证悟者的父亲。那个人才是宇宙的真正主宰。现在，没有人能评判我。我是宇宙之主的父亲。"

尽管他声音很轻，这番话说得断断续续，但其中带有强烈的骄傲。他知道他一辈子都和神生活在一起，他对死后会发生什么真的没有一丝恐惧。

他沉默了一会儿，但几分钟后脸上出现了快乐而安详的微笑。他似乎见到了些什么。

"看！看！"他喊着，"众神都在这里！我全都看见了！他们都在绕着我儿子转，向他礼拜！所有的宇宙都围着他旋转。我亲眼见到了！"

那双眼睛里蕴藏着何等的美妙啊！帕帕吉和我都看不到他所看见的，但他的眼神就足以证明他正在看着某种神圣的情景。

最后，当净相似乎开始消退时，他轻声说道："我真有福，能够见证我儿子的王国中的一小片风景！在这个宇宙中，还有别的父亲能这般有福吗？"

能见证这场奇景是我极大的荣幸。帕帕吉的兄弟姐妹们都坐在病房外。在这殊胜的时刻，只有帕帕吉和我在场。

那一夜的启示还没有结束。大约凌晨三点，我还坐在床边，靠着帕帕吉的加持，我亲眼见到了那殊胜的情景。现在，为了描述出当时的情境，我一加回想，它就又一次出现在我眼前，就好像是发生在昨天而不是二十年前一样。帕帕吉的父亲刚刚描述了见到整个宇宙，所有的男神和女神都围绕着他儿子的情形，如今则是我，见到了非常相似的一幕。

帕帕吉的父母帕玛南德和雅穆纳·提琵。

我见到了不可计数的男神和女神围绕着帕帕吉和拉玛那·马哈希旋转。在这些神祇背后，所有的星球也都围着同一个中心旋转。帕帕吉和马哈希戴着某种王冠，就是图画上印度国王戴的那种。整个场景都闪耀着强烈的金光。那是一种狂喜、妙乐的体验，彻彻底底占据了我。

过了一会儿，我听见帕帕吉的妹妹苏蜜特拉进了病房，我听见她大喊："唵·普拉喀什要摔倒了！抓住他！"

帕帕吉冲到我坐的地方，在我摔倒前抓住了我。他拉住我，把我扶好，抱住我然后让我走出了病房。我不想走，但帕帕吉强迫我不停地走动。我们走出了医院，在附近一些僻静的街道上走来走去。我想回到刚才见到的净相上，但帕帕吉非常坚决地把我从中拉了出来，跟我讨论我明天的行程。我之前已经和他说过了我要去坎普尔办些事。帕帕吉就开始和我谈论我要在那里做些什么，逼着我把注意力集中到他讲的话上。慢慢地，我的精神恢复了正常。在街上这么来回走了几分钟，谈论了一些日常琐事之后，我又能够完全控制自己的各项机能了。

当我足够冷静，可以跟他进行理性对话时，我说："帕帕吉，明天我并不是真的想去坎普尔。今晚在你身边见过这些之后，我感觉应该安静一阵子，好完全吸收今天发生的一切。"

帕帕吉不同意。"不，"他说，"你这阵子必须把注意力集中在俗事上。这里有五十卢比的旅费。回家，尽可能休息一下，然后明天去坎普尔把所有的事情处理好。尽快回来吧，你回来时我会再见你的。"

第二天，帕帕吉的父亲过世了，而我正在坎普尔。我仍然无比感激帕帕吉让我经历了那一夜，让我能拥有这样罕见而美妙的片刻，瞥见了他神圣的宇宙形体。

帕帕吉已经接受了约阿钦的邀请去德国。他考虑到自己不在的时候,不应让母亲沉溺于哀恸中,他主动去清理了父亲的遗物。整理过程中有了新发现,揭示了他父亲全部的虔爱与崇敬之心。

在我父亲去世后,我就准备动身去科隆,有些在哈德瓦和瑞诗凯诗与我共同生活过的人邀请我去。当时母亲独自住在贡提河边的家。我忽然有个念头,她不应该身处父亲的遗物之中。我感到房子里的东西会让她不断睹物思人,如果我把它们拿走,就能帮助她从悲伤中走出来。

我尽可能温和地对她说,我很乐意把家里所有的旧东西都带走,全换上新的,这样可以让她不用一直回想起过世的丈夫。她同意了。他们结婚有六十年,但她知道长期消极悲伤是没有意义的。

我雇了一个男孩帮忙,把父亲房间里的东西都整理了出来。之后我清理了他的普嘉房,处理掉了所有雕像、书籍、念珠等,这些都放在他进行普嘉的架子上。只有两样东西母亲想保留下来:一本父亲一直随身携带袖珍版的《薄伽梵歌》,以及他称之为"长本笔记"的日记。

一位奥地利女孩贝蒂娜·鲍默帮我一起整理这些东西。她发现了这本日记,翻开后却读不懂,因为日记是用旁遮普语、乌尔都语和波斯语写的。我扫了几页,发现了父亲用乌尔都语写的一首诗:

愚蠢的心,为何你无法保持平静?

你见不到你的儿子吗？

尽管他娶妻生子，

依然是即身解脱者。

如此之人难值难遇，在苦行僧中也是难得。

他既无贪欲亦无执着。

你真该羞愧！

也许他感到羞愧，是因为自己这辈子没有在修行上取得更多进步，而他的儿子在承担了所有世间职责的同时已经成为即身解脱者。我父亲在世的时候，从没对我表达过如此高的评价。

在长本笔记里的另一个地方，父亲写道，他有一次在十五分钟之内，头脑中没有任何念头。他说，在那段时间，他完全平静，前所未有的平静，然后慢慢地，头脑回来了。

父亲想要留在这种平静的状态中，但他不知道怎样安住。

在日记里他写着："要如何降服它？我应该问我的儿子。我去参拜过别的上师，但却没认出自己儿子的伟大。"

我对父亲说了好多次，不要再浪费时间去镇上跟人闲聊。

有一次他回答说："亲爱的儿子，看啊，如果神有个名单，记录着虔爱他的人的话，你爸爸的名字一定名列前茅。"

奥地利女孩翻开《薄伽梵歌》时发现了一张我的旧照片，是父亲生前常拿出来给他朋友看的。直到他死后，我才发现他常常把这张照片给所有感兴趣的人看，然后对他们侃侃而谈我有多么伟大。

听到帕帕吉说在父亲过世后他才发现父亲对自己的虔爱和尊重，

我很惊讶。帕帕吉的妹妹苏蜜特拉对我说帕帕吉十二岁时,帕玛南德就在一次家庭聚餐时站起身,向每个人宣布他的儿子就是他的上师。帕帕吉似乎对此毫无印象,也没有提过帕玛南德给他送来过许多弟子。

他住在勒克瑙期间,帕玛南德热衷于和别的弟子进行修行或哲学方面的辩论。然而如果他没有说服对手接受自己的观点,他就会让这些人去找帕帕吉,因为他知道帕帕吉有本事让人们见到实相,而这就是一切思维和争辩的基础。

除了他的母亲外,帕帕吉家里其他人对他证量的评价都要低得多。下一则故事中,帕帕吉叙述了他和弟弟堪特(Kant)在哈德瓦的会面。

我的弟弟堪特曾经在税务局工作。他干得很好,退休时已经是局长了。有一次他突然来哈德瓦见我。他到达的时候,我正在芭提雅旅店,也就是我住的地方,有十五个人在我这里。我请他一起住,但他不愿意。他来哈德瓦另有打算。

"我来这里会住在一位著名的瑜伽士那里,"他说,"他的道场在恒河边,靠近善提天寺前的平台,轮渡船就停在那里。你认识这个人吗?"

我并不认识他本人,但听说过他,因为哈德瓦镇上竖着不少大招牌在宣传这间道场和他的神通。

"这位瑜伽士最近在孟买,"我弟弟说,"一名富商介绍我认识的他。我很喜欢他,和他在一起很久了。我们很处得来,他邀请我来这里的道场住上几天,所以我来了。我需要一些生意上的帮助。我想这位瑜伽士可以改善我的财务状况。"

坐在我身边的一些人觉得不可思议,我的弟弟居然要找另一名瑜伽士来帮忙。

其中一个人说道："难道你不知道你的亲哥哥就是最伟大的修行老师吗？这就是为什么我们都聚集在这里。为什么你不让他来看看你的问题呢？"

我弟弟对我给出的建议不感兴趣。他不想保持安静，他想要很多钱。他对我赚钱的能力评价甚低，关于如何发财，我恐怕是他在世上愿意请教的最后一个人。

我知道弟弟当时正面临着一些财务困境。他在孟买郊区买了一家橡胶厂，需要新的机器设备让工厂开始盈利。他买不起整套设备，所以找了一位合伙人。这位合伙人投资了一大笔换取了工厂的股份。不幸的是，过了一段时间，他们在工厂需要投入多少钱才能开始盈利这件事情上发生了争执。合伙人想要做笔大投资，想要我弟弟投入同样多的钱。我弟弟拒绝了，说他支付不起，合伙人就说他不想在这间厂里占股份了。他想把股份卖掉还钱，股价就以当时他付给我弟弟的价格就好。这很合理，但弟弟没有足够的钱来买回股份。

这对堪特来说是件大事。他把所有能投的钱都投进去了，希望能给家里人带来工作机会和收入。他的大儿子已经是那家工厂的经理了，小儿子也打算通过会计考试后就开始在那里工作。可没有更多投资的话，工厂就将面临倒闭的危险。就像许多盲目的生意人那样，堪特认为修持密法的斯瓦米们能做一些神秘仪式来增加生意和收入。他已经来过哈德瓦，希望那位新结识的斯瓦米可以帮他致富。

我弟弟是个坚定的物质主义者，相信一切行为都能用赚多少钱来衡量。他常常问我为什么不通过教课来赚钱。他举出其他老师的例子，比如穆克塔南达，抱怨说我没有向来见我或听课的人收钱。他似乎认为我只要稍做打理，就能成为一名成功的斯瓦米生意人。

左为堪特，右为帕帕吉，1975年拍摄于哈德瓦。

我从没收过课程费用，参加萨特桑并不需要付钱。国外的人邀请我去他们的国家教学时，我会接受他们提供的机票和食宿，但从不向任何来听课的人收钱。

我弟弟常去穆克塔南达·斯瓦米在迦尼萨普利的道场，所以他知道如果稍微用点心思，就能在这种斯瓦米生意上赚到不少钱。

其他家庭成员的一些故事也会出现在之后的章节中。

1971年9月初，帕帕吉收到来自欧洲各地许多弟子的邀请。然而，他起初不愿意答应。在他离开印度前最后几封给阿比什克塔南达的信里，有一次他作了如下评论：

1971年9月18日
新德里

我于9月27日离开勒克瑙。行程就到科隆为止了，我不想去别的地方，因为那些人民对于上帝对他们的安排很满意，我不用去见。然而莫名地，我被推往了科隆。我不明白这股推力的目的，也不想知道。

我感到正在回应着神的意愿。尽管行程已经确定了，但我的心非常平静，可以接受任何突发情况，甚至决定了继续留下来。无论如何，就让我看着眼前展开的事情吧。我又为什么要挑这边或是选那边呢？

第六章
海外旅行（1971—1974）

1971年9月28日，帕帕吉飞抵法兰克福机场，受到弟子们印度传统式的迎接。

很多我在印度认识的人来到抵达大厅迎接我，全身伏地，进行礼拜。有些人还往我脖子上戴花鬘。这引起了一场不小的轰动，因为西方人从来不这样欢迎别人。一些常驻于机场专访抵达贵宾的记者也朝我们冲来，争先恐后地拍照。他们并不知道我们的来头，但我们的表现让他们很感兴趣。

一个迎接我的女孩笑着说："他们从没有见过这样的场面。我们的照片会上报纸的。"

向你的老师礼拜是很好的传统。老师本人并不在乎你是不是礼拜，但这样的习俗就给了弟子们机会，来降低自我，消除掉一些傲慢。当你在自己老师的面前谦卑礼拜时，他会接收你的一些缺点、过失，并回报你爱和自由。虽然这对弟子来说是极赚的买卖，但许多西方人还是觉得很难在老师面前卑躬屈膝。印度人则没有这个烦恼。如果看到自己的老师在路上走来，他们会非常高兴地伏倒在泥土中，拜倒在他足下。根据我的经验，西方人的头颅是不能轻易低下的。

我住在拉玛那道场时开始注意到这一点。有些外国人私下向我承认说他们很难在马哈希面前礼拜，因为这一行为并不符合他们的传统。在我看来，这只是他们的傲慢而已。他们所面对的是这个世纪最伟大的圣人，而他们傲慢的自我却拒绝承认这一事实。统治整个王国的印度大君们来到这里都会拜倒在他足下，但是外国人过来问候时，却只是点点头，或者站着合十①而已。

印度成为共和国时，萨瓦帕利·拉达克里希南②博士被任命为第一任副总统，几年后成为总统。他是国家最有名望的人，但20世纪40年代拜访马哈希时，他跪倒在马哈希足下，全身礼拜。这是我们的领导人——除了英国人之外，向我们伟大的证悟者们表示敬意的方式。

既然帕帕吉提到了拉达克里希南博士拜访马哈希的故事，我想简要地叙述一下他在道场时鲜为人知的一件事。

博士来访的前一天，有个法国学者来到拉玛那道场，他请马哈希

---

① 合十（Namaskar），印度人相见或者告别时的惯用礼仪，双手合十，微微弯腰致意。
② 萨瓦帕利·拉达克里希南（Sarvepalli Radhakrishnan, 1888—1975），印度哲学家、政治家。生于印度南部泰米尔纳德邦，他曾担任迈索尔大学和加尔各答大学的哲学教授，安得拉大学和贝纳勒斯印度教大学的副校长，牛津大学斯波尔丁东方宗教和伦理学讲座教授。印度独立后，他担任第一任印度共和国副总统，1962年当选为印度总统。

解释什么是摩耶①。马哈希无视他的提问。一小时后,他又问了一遍,得到了同样的回应。晚上在马哈希散步时,学者跟着去了山上,又一次请教摩耶的解释。马哈希依然没有对此做出任何回应。

翌日,拉达克里希南博士到达时,所有弟子都去大门迎接他。他被带到马哈希所安坐的大厅,就像帕帕吉提到的那样,拉达克里希南博士全身伏倒,在地板上礼拜。几分钟后,执事就带着他去参观道场了,所有人也都跟着一起走了,大厅里只剩下马哈希和法国学者。

当这两人终于单独相处时,马哈希看着学者说:"昨天你问了我三次什么是摩耶。人们为了求解脱而来到这里,但是过了一段时间,有更加有趣的东西或人出现了,他们就会纷起追逐。这就是摩耶。"

帕帕吉从法兰克福机场被接到科隆,约阿钦·戈瑞伯特特别准备了一所房子安顿他。之后不久,帕帕吉开始每日在那里举行萨特桑。

我第一次去时,约阿钦带我参观了巨大的客厅。他把所有的旧家具都收了起来,还把很多其他东西都丢到了门外的路边。室内做了大改动。旧墙纸换成了更加悦目的颜色。之前挂在墙壁上的所有照片都被取了下来,所有曾放在桌子、书架上的读物也都拿走了,甚至连桌子和架子都丢掉了。约阿钦不想留下任何旧日的痕迹。原来放旧家具的地板上安置了坐垫,这样访客就能围在我身边盘腿而坐。地方并不大,能坐下三十来人。我举行萨特桑的第一个晚上,因为来的人太多,挤不下,很多人不得不失望而归。戈瑞伯特想在莱茵河畔给我买

---

① 摩耶(maya),字面直译为不是(ma)那个(ya),意为幻相、幻觉,是它令世界显现。

一个更大的地方，但是我拒绝了。我的兴趣从不在于房产和道场上。

参加这些萨特桑的人来自德国各地。最初几周中，我遇到了从慕尼黑、杜塞尔多夫、法兰克福和柏林，以及从科隆当地来的人。工作日来参加萨特桑的大多数是住在科隆的人，周末来的求道者则来自德国各地。

约阿钦把我说的所有话都翻译成德语，因为来的很多人听不懂英语。不过，我很快意识到，他一定是添加了自己的评论，因为他翻译出来的话总是比我的原话要长很多。

我对他说："我用英语说了二十秒钟，但你翻译成德语后却要两分钟。为什么你要讲那么久？"

"这些德国人之前从来没有接触过你这样的教法，"他回答道，"你说得清楚、简单，切中要害，但如果我只是原封不动地翻译过去，恐怕这里大多数人都听不明白你在说什么。所以，我就在话里加了点德国调料，使你的谈话更有味道。这些调料能让你的话更符合德国人的口味。"

这不是我想要的。上师说出的原话是非常有力量的，如果你掺杂了额外的评论和解释，就失去了原话中的力量。我就这样跟他解释。

"你不需要去厨房里把我的话添油加醋一番。只要把我说的话说出来，不要加任何东西。如果你逐字逐句、妥当地翻译出来，我话里的真正意思就会明朗了。"

约阿钦做不到，他说："但这里会有谁能理解你？如果你说'你已经是解脱的了'，我也逐字翻译出来，会有人问：'"解脱"是什么意思？他在说什么？'所以我得同时做些解释。"

我不同意他的说法，但又没法让他改变他的习惯。真正老师的话语中有一种力量,能触碰到根器于此教法相应的听众的心。其他人的解释没有同样的力量。

约阿钦是个善良的孩子,但他偶尔会做出很奇怪的事情。我之前已经提到过我们一起在印度的时候,他曾企图喝下一桶洗涤液。我在科隆住了几天后,就目睹了他另一出怪行。我当时在房里休息,等着别人叫我吃午饭,突然之间听到一连串砰砰巨响。我第一个念头是"一定是街上有车子回火了",但我意识到这响声是从房子里传来的,不是外面。我到窗前查看了一下,确认这响声的确不是从邻近街道传来后,就走进客厅看个究竟。那里正上演非常奇怪的一幕:约阿钦、他母亲和父亲都站在餐厅的桌子上。约阿钦手中拿着一把步枪。

他向我喊道:"看看桌子底下是不是还有老鼠?我觉得我打到它了,但或许它还藏在桌子下面!"

他刚才朝着一只在客厅里乱窜的小老鼠胡乱扫射。在印度,家家户户都有老鼠,但西方人的家里出现了老鼠的话,似乎会引起巨大的恐慌。我看了看桌子底下,发现地板上躺着一只死老鼠。我想只要这老鼠还在,他们就不会下来,于是我拎起老鼠的尾巴,把它拿到窗口丢了出去。这一简单的举动却引起了他们一家更大的惊恐。

"你不该碰它!"约阿钦喊道,"你根本不知道它携带着什么病毒!现在我们必须带你去看医生打疫苗了!"

我抗议道:"它又没咬到我。它都已经死了,怎么可能让我得病呢?要是我手上沾到了点细菌,那我可以到浴室冲洗干净。我为什么要去看医生?"

约阿钦·戈瑞伯特、蜜拉和帕帕吉在科隆，摄于 1971 年。

他们不愿听我的。约阿钦联系了一个医生，为我预约了时间。我纯粹为了取悦他们就去了，心想他可能就是给我在手臂上打个破伤风针什么的。结果，医生坚持要在我屁股上打上一针。

我对他说："老鼠没有咬到我那里，你就不能换个地方打针吗？"

那人也不听我的。结果我就被打了针，还听了一番苦口婆心的说教，让我不要碰触可能携带致命病毒的动物。不同的国家做事方式不同。这是我第一次见识德国人的健康和清洁观念。

在瑞诗凯诗期间，帕帕吉已经接触到很多外国人的奇特习惯，但就算如此，他在德国最初几周还是遇到了很多意料之外的事：

有个来访的男人告诉我他是附近城市杜塞尔多夫的禅修老师，他邀请我去那边见见他带的成员。我就去了，发现他每带一堂四十五分钟的禅修课就要收一百德国马克。他对我很坦白，承认他只是像做生意一样经营中心。

"看看来这里的这些人吧，"他指着闭着双眼坐在地板上的众人对我说，"没人懂怎么禅修，连一点门道都没摸到。有些人带着女朋友来，整整四十五分钟一直手拉着手。有些人是老烟枪，上到一半就得出去抽一根。"

哪怕收费这么高，每个礼拜还是有三四十人来跟他禅坐。我问他是怎么做到让这么多人掏腰包每周来的，他就吐露了成功的秘诀。

"我只是个生意人，"他说，"我自己都不知道怎么禅修，也不知道怎么教别人禅修。我是把这个地方当生意来做。人们到这里后，我就给他们来一勺'圣水'，让他们在我身边安静地坐上几分钟。水里提前放了镇静剂，还加了一种化学品，足够让人在半小时内又快活又平静。他们都把这水当成加持品喝下去，误认为之后自己是在美妙地禅修。每星期他们都再来，想再次体验一下，我就再收他们每人每星期一百马克。这是极好的生财之道。"

我不再惊讶于为什么他能每周吸引这么一大批人来了。我很快发现人们对东方的禅修有巨大的兴趣。我在德国并不出名，但我的萨特桑上经常有五六十人参加，甚至一个房间里都容纳不下。大多数德国人白天工作，所以我的萨特桑时间是晚上七点到九点。从九点到十一点，不管谁想要私下讨论修行的话题，都可以来找我。

虽然来的人数众多，但并不是每个人都是为了修行而来。

有个女孩打电话到我科隆的家中，说："我可以来看你吗？我并不是要来参加你的禅修课，而是为了私事，不过我想你可以帮帮我。"

我告诉她:"我们每晚上七点到九点都有禅修课。如果你提前半小时来,我们可以聊聊。"

她准时到达,跟我说了她的希求。

"有个从慕尼黑来的金发男孩子,他每个周末都和女朋友来参加你的萨特桑。她在读戏剧学校。我自己有个男朋友,已经同居七年了,但是我现在不怎么爱他了。他是从杜塞尔多夫来的。我觉得现在是甩掉他的好时机,我爱上了那个来自慕尼黑的男孩子。我想要你安排我们换一换。告诉那个女孩子,那个戏剧学校的学生,如果她让我得到她的现男友,她可以得到我的前男友。这个交换对她来说应该很不错,因为从杜塞尔多夫来的男孩子很帅,我保证她会喜欢上他。"

对我来说,这可是件新鲜事。在印度我们没有这种交易:"你把老婆给我,我欣然笑纳。"那个慕尼黑男孩和他女友是很好的学生,我很喜欢他们。他们俩每周都来看我,提的问题都很好。我看得出他们都是严肃的求道者。我不觉得他们会对这个女孩的建议感兴趣,但我也不觉得介绍他们认识会有什么害处。

"我可以介绍你,"我对她说,"你可以自己说出提议,让他们来决定。"

"不,"她说,"最好是我能先见见这男孩本人。然后,我会带我的男友给那女孩,介绍他们认识。这么安排更好。"

她看上去一脸天真无邪,所以我很惊讶她肚子里正谋划着这么一场交易。我后来发现她是英国人,不是德国人。她的父母把她送到了德国一所医学院学习,因为他们认为德国大学的教育质量更好。

我告诉她:"在对你没有进一步了解之前,慕尼黑的男孩是不可能接受你的。你为什么不来这里参加几堂萨特桑呢?他喜欢禅修。如果他看到你也对禅修感兴趣的话，他或许就会对你也产生兴趣的。"

她就开始来参加了，几天之后她转而爱上了禅修。她的面容变得非常美丽，并且每天都来我举行萨特桑的屋里禅坐上两到三个小时。我派给她一些活做，让她帮助新来的人，她很快就将那个慕尼黑男孩子抛诸脑后了。

虽然我前几年已经在瑞诗凯诗接触过很多外国人，但在德国遇到的那些人的性行为和习惯还是偶尔会让我惊讶。十四五岁的女孩子可以和男朋友发生性关系，他们的父母似乎也不介意。有些父母甚至允许年轻的男孩女孩在家里同床共枕。

我住的房子里有两个青少年：一个大概十三岁的女孩，一个十八岁的男孩，但我几乎看不到他们的身影。早饭时间他们不在，晚饭时间他们也经常不在。我问招待我的主人，他们的父母，为什么他们总是不在。

"我女儿有个男朋友，她经常晚上和他一起睡。我儿子有个女朋友，所以他也常常不在家，去她那里过夜。他们有时候午饭时回来，但早、晚饭时常常不在。"

他们的母亲似乎并不担心她那十三岁的女儿去她男朋友家与其同床。我对此保持沉默。这不是我家，我也不该插手。我只是想："这是欧洲，什么都不一样。"

每天我都学到一点有关德国风俗习惯的新鲜事。有一天，我接了个电话，打电话的人是一个几乎每天都来的弟子。

"今天我会晚一点到，"他说，"我的父亲过世了。"

我提出要去参加葬礼，但他说没有必要。

"你不必麻烦，"他说，"我自己也没有计划要去墓地。殡葬承办人带着他的几个助手,会负责落棺入土的。"

"但是在墓前不是要做某种法事或者仪式吗?你不是必须在场的吗?"

"不必不必,"他说,"我已经付了钱给殡葬承办人来处理这一切。用不着我,他和他的助手会举行仪式的。"

我从来没听说过有什么葬礼是家庭成员把一切都委托给专业的殡葬人员处理,而自己连个面都不露的。我换了个话题。

"他是什么时候过世的呢?因为什么原因?"

"哦,"他回答说,"实际上他还没有死。医生说他可能会在今天早上七点半死亡,所以我根据这个预测做好了所有的安排。几天前我就雇好了殡葬承办人,因为我知道父亲快要过世了。坟墓已经挖好了,一切都准备妥当了。"

"但要是他不死怎么办?"我问,"那这个墓穴和所有这些雇来的殡葬人员怎么办?"

"这个医生很可靠,"他回答,"如果他说我父亲会在七点半死亡,那么这事就很可能发生。无论如何,我希望他是对的,因为雇这些殡葬员很费钱。我是按小时付费的,不想让他们瞎站着一整天都没事干。仪式结束后,我们要和所有的亲戚一起大吃一顿,完了之后我就能来参加萨特桑了。我现在打电话来只是要告诉你,我会晚到一点。"

他在预计的时间准时出现,并告诉我所有事情都按计划进行了。他的父亲死在了指定的时间,遗体被交给了殡葬员埋葬。

我希望他父亲是真的死了,而不是到了预定的时间他把人交了出去,好节省葬礼的费用。我之所以会这么说,是因为有人给我看过一则德国报纸上的故事,说有些人还没咽气就被埋葬了。有一条穿过墓地的公路需要拓宽，就不得不把一些遗体挖起来埋到其他地方去。挖出来的有些棺材盖子松开了，工作人员发现了棺材盖板内部有抓划和踢打的痕迹。而且，有些尸体并不是平躺的，膝盖弯曲成了一个角度，表示这些不幸被掩埋的人曾经奋力挣扎试图要逃出去。这就是著名的德式效率：当人还活着的时候，葬礼就已经预定好了，葬礼仪式要尽快完成，好节省殡葬员工的薪酬，因为他们是按小时计费的。在印度，我们让人自然死去，等他们的寿限自然到来时，我们会全部亲自参加葬礼。

印度不是一个富有的国家，但是我们对自己的家族成员表现出了更多的敬意。我在德国时，一天有人告诉我有个婴儿被装在塑料袋里扔在了我们房前的街上。婴儿还活着，婴儿的妈妈只是想摆脱他。这种情况并不罕见。几个外国人告诉我，他们现在还遭受着感情创伤，因为他们是被父母遗弃或丢掉的。

蜜拉从比利时赶来帮助组织帕帕吉在科隆的萨特桑。我问她，根据他讲述的最初在西方碰到的一些事来说，她是否觉得帕帕吉遭受了某种文化冲击。

"哦，没有，"她回答，"我不觉得他真的被震惊到了。他之前就曾经在瑞诗凯诗和一些怪人相处过，所以他对西方已有所预期。他早就得出了结论，认为所有的外国人都有点不正常。他并不会对他们的行为妄加判断或批评，而是好像被逗乐了，他遇到的那些外国人表现得很是精彩。"

在科隆几周后，帕帕吉前往比利时住了几天，拜访蜜拉的家人。在返程路上，他决定去柏林见自己的几个亲戚。

帕帕吉和蜜拉在比利时，蜜拉母亲的房子就在附近。摄于 1971 年冬。

我的外甥移民到了德国，开了一家商店卖印度货物。他娶了一个当地的女孩，在那里定居了下来。过了段时间，他的母亲，也就是我的妹妹苏蜜特拉也搬到了柏林，和他住在一起。我在德国期间，他俩也都在，我就去看望他们。

我们一起吃了顿丰盛的印度晚餐，饭后上了自制的奶糖酥。远离印度万里之外，还能吃到印度甜品，真让我惊讶。还有几个外派的印度员工也受邀来吃饭，虽然在座的每个人都是印度人，但他们谈论的话题都是关于德国和德国风物习俗的。苏蜜特拉的孙子孙女都是作为德国人被带大的，文化的影响如此巨大，以至于带他们去印度探亲时，他们一点都不喜欢印度。

他们第一次到德里时，一个孩子说："妈咪，我不喜欢这个国家。牛群在街上拉屎，到处都臭烘烘的，又脏又吵。为什么我们不能回德国去呢？那里又漂亮又干净。"

他们后来待了二十天，但很不开心。

晚饭后，我们都出去在城里散步，因为我想看看深夜的柏林。我曾经听到一个说法："夜晚巴黎，深夜柏林。"我想看看为什么柏林的深夜那么有名。

走了几分钟后，我发现一些包裹被放在商店外面的地上。我问外甥为什么有这么多包裹被丢在外面。

"一定是有人白天订购了东西，但没有来取。店主就像这样把东西放在街上，附上顾客的姓名。订了东西的人可以在方便的时候随时来取。"

这真是非常奇怪的经营之道，我很震惊。

"那么店主怎么收到钱呢？"我问。

"顾客下次去店里时会付的。"

我之前从来没有遇到过这么信任他人的人。没有人偷包裹，显然这些顾客也很靠得住，都会随后上门来付清账单。

那是深夜了，大概已经过了十点，但还是有很多人在街上逗留。在一条街上我们碰到了一位女孩，她在人行道上狂喜大笑。我很喜欢她。看到人们笑的时候，我总是很高兴，特别是他们毫无理由的笑。这种笑最棒了。但我享受她的笑声没多久，因为才过了几分钟，就有一辆警车开到她的身边，跳出了两个警察。这个女孩处于狂喜中，她笑着，偶尔在人行道上跌跌撞撞走上几步，但她并没有给任何人制造麻烦。她附近只有我们这几个人，我们对她的行为当然也没什么反感。实际上，我们相当欣赏。

一个警察走上前，问她："你是谁？"

她咯咯笑了，说："我不知道。"

"你从哪里来？"

她大笑起来，说："我不知道。"

"你要去哪里？"

"我不知道。"

一个警察打开了她的包，把她的身份证拿了出来，盯着看了几秒钟后，他们把她拎起来，塞进警车扬长而去。

"哦，"我对自己说，"这就是'深夜柏林'。"

我无法理解这些警察的行为。她并没有骚扰任何人，也没有因为笑声而打搅到别人。在她附近只有我们这几个人，而我们都很欣赏她的样子。

第二天我问了一个德国朋友，为什么这女孩会被逮捕。我描述了那晚事情的经过之后，他神情严肃地说："她不守规矩。在这个国家，这种行为是不被允许的。"

帕帕吉在萨特桑上说过很多次这个故事。通常，他并不解释这个女孩的狂喜之笑，但有一次，他承认这是因为他们两人在人行道上相遇后她有了灵性体验，才导致她如此表现。蜜拉当时也在场，所以我询问她所见的经过。

我们正沿着街道走，欣赏着景色。夜已经深了，但很多地方依然开着门。上师停住了脚步，指着站在人行道上的一个年轻美丽的少女。我觉得她好像是在等街边一家快餐店她点的东西。

他指着她，说："看那个站在那里的女孩，她的脸多么美丽而天真啊！"

她身上的某些东西让他迷惑不解，或者吸引了他。他一直非常奇怪地盯着她，好像是想看进她的心里，去找出更多的答案。他说起过多次，说她很美很天真，还说为女孩的纯洁而震惊。

最后我们还是继续往前走，但是才走了几步，就发现这个女孩子开始大笑。刚开始她只是微笑，然后开始咯咯笑，最终放肆地发出彻底狂喜的大笑，帕帕吉每次讲到这个故事就会提到这个大笑。就像他所说的，最后开来一辆警车把她带走了，因为公共场合的狂喜行为在西方是绝对不受欢迎的。我认为上师仅仅是看进了她的心，去看她内在是怎样的，但他给予了她强大有力的注视，碰巧激发了她的大笑。她有一颗纯净无邪的心，所以轻易就能把她推进一个快乐狂喜的状态。

帕帕吉回到科隆，但并未久留。几天后他告诉约阿钦他想会见基督教修士。

我告诉他，我希望能找出可能的觉悟者，觉得或许可以从基督教修道院入手。我很好奇，想知道现在的基督教里是否能产生觉悟者。评价宗教和灵性修持的最好方法就是看看它们的成果。虽然知道这种可能性并不大，但我想在某个这样的机构里，或许有一个拉玛那·马哈希或者尼萨迦达塔·马哈拉吉[①]隐身其中，不为人所知。

我要求约阿钦为我安排一些活动，包括去会见基督教的修行僧。

[①] 尼萨迦达塔·马哈拉吉（Nisargadatta Maharaj，1897—1981），出生于印度孟买的贫穷人家，三十四岁遇到了上师悉达罗摩湿瓦·马哈拉吉（Siddharameshwar Maharaj），对上师所言的"你就是超梵"确信无疑，因此开悟。悉达罗摩湿瓦属于"九师传承"（Navnath Sampradaya）中的支系因敕格里（Inchegeri）传承。尼萨迦达塔·马哈拉吉一直居住在孟买的狭小公寓中，20世纪50年代他开始收徒传法。1973年他和求道者的问答录《我是那》（*I Am That*）一书出版后，产生巨大影响，吸引西方的求道者不远千里而来。1981年因喉癌辞世，享年八十四岁。

我想要亲眼看看他们的宗教和修持给他们带来了什么样的体验。

拜访的第一站是德国北部一所著名的修道院——玛利亚·拉赫[①]修道院。帕帕吉会见了那里的几位修士，和其中至少一位有了次很好的萨特桑。蜜拉向我描述了记忆中的会面场景：

我们见了修道院院长，他先邀请我们参加一个宗教仪式，上师似乎很享受某些美妙的唱诵。随后我们被介绍给一些修士，有了一次很好的萨特桑，因为见到的人当中有一个在上师的临在中有了深刻的体验。我记得这人知识渊博，很有学问，非常聪慧，但是在萨特桑时他放下了骄人的才智，允许上师进入他的内心。从他的脸上我能看出他正融化在爱中。这人一定是虔诚的基督徒，看到他在上师的临在中有这样深刻的体验，真让人高兴。

之后帕帕吉回到科隆，向在印度的阿比什克塔南达·斯瓦米写信汇报了自己的活动。

1971 年 11 月 1 日

科隆

[①] 玛利亚·拉赫（Maria Laach）修道院，位于德国莱茵兰-普法尔茨州的一座本笃会修道院，始建于 11 世纪末，遵循本笃会分支克吕尼修会的会规，是欧洲中世纪盛期隐修会的代表。修道院的拉丁文名称为 "*Abbatia Mariae Lacensis*" 或者 "*Abbatia Mariae ad Lacum*"，意为拉赫湖畔的圣母玛利亚修道院，这也是其德语名称的来源。修会教堂建筑宏大，外加周边环境优美，湖光山色同建筑相映生辉，很早就成为各种艺术品描绘的对象。

昨天爱宫真备·拉萨尔①神父从玛利亚·拉赫修道院到科隆来看我，他是东京大学的教授。他在那个修道院里带禅修课，那里有一个神父提议或许他有兴趣和我见面。我们谈论各类话题谈了六小时，然后他离开去了荷兰。他读过你的书。

关于欧洲，你说的情况或许在十多年前是对的，但我发现如今已经时移俗易。基督的国土已经忘记了他是谁。他们骄傲地谈禅、瑜伽和黑天，虽然有些人仅仅满足于抽抽大麻。这里也有些嬉皮士不抽大麻，他们会整晚唱诵"诃利　罗摩，诃利　罗摩，罗摩　罗摩，诃利　诃利"②。他们并不是真的在修行印度教，只是厌恶这里的社会和生活方式。

每天早上八点到晚上十一点之间，有五六十个人来看我。晚上七点到九点，我带一个禅修班；每天晚上九点到十一点，是提问和私人对谈时间。

所有那些参加了二十五天禅修课的人都发生了非同寻常的变化，现在他们都是很好的求道者。还有几个哲学家从慕尼黑或其他很远的地方来看我。有时候我喜欢和他们谈论基督和《圣经》，他们显得很

---

① 爱宫真备·拉萨尔（Makibi Enomiya-Lassalle，1898—1990），德国神学家、耶稣会会士。1929 年他作为传道士前往日本，进而对日本佛教修行产生了兴趣，1940 年他成为广岛的牧区长，1945 年在核弹轰炸中受伤，后回到德国。1956 年他开始跟随日本的原田祖岳禅师（1871—1961）学禅，1958 年出版了《禅：迈向觉悟的道路》（*Zen: A way to Enlightenment*）一书后，教廷命令他不得继续这方面写作。原田祖岳圆寂后，他跟随其弟子山田耕云（1907—1989）学禅，二人合作吸引了很多天主教修士和修女参与禅修。20 世纪 60 年代末，爱宫真备被授予禅师称号，开始在欧洲带领禅修。他同时也保持了对基督教的信仰。
② 诃利　罗摩（Hare Ram），诃利是毗湿奴的名号之一，罗摩是毗湿奴的化身。"诃利　罗摩"是常见的印度教咒语。

犹豫，并不喜欢谈及此类话题，不过当他们闭上眼睛、盘腿而坐时，他们是愉悦的。

11月初约阿钦租了一辆车，带着帕帕吉去了瑞士和意大利。路上，他们拜访了巴伐利亚（Bavaria）尼德拉尔泰希（Niederaltaich）的一个修道院，帕帕吉和其中一位修士有了一次很不错的会面。蜜拉当时也在场，她在写给B.D.德塞的信中这样评论这次会面：

那个基督教修士真的很出色。我们到他所在的德国南部修道院访问了他几天。他是有福的。上师将他的爱和心给了他。这个修士现在就和我们都一样，被他的美妙"俘获"了。

帕帕吉、约阿钦和蜜拉从尼德拉尔泰希开车去了瑞士的洛桑，因为有个在瑞诗凯诗和帕帕吉同住过的男孩居住在那里，男孩家人邀请他去做客。

20世纪60年代后期我住在瑞诗凯诗的时候，有个叫蒂埃利（Thierry）的男孩来看我，他二十出头，深受精神分裂症之苦，任何常规治疗都不起效。他父母送他来看我，当作最后的希望，因为他们听瑞士有人说起在我身边，有些人治愈了慢性病。蒂埃利和我住了一年多，他回到瑞士的时候，看起来彻底正常了。出于感谢，他父母邀请我到他们洛桑的家里居住。
我知道蒂埃利的家族很富裕，但我还是被他们奢华的生活震惊了。他们给我提供了一个顶层的公寓房，就在莱蒙湖（又称日内瓦湖）岸边。大概每一个小时，整个公寓会旋转三百六十度。当公寓恰好朝向最佳的角度时，我会用蒂埃利父母借给我的望远镜久久地欣赏湖光山色。

蒂埃利的父亲靠制造汽车发家。他有家很大的工厂，雇用了上千名工人，但是他并不幸福。他晚上无法入睡，总是担心着生意上的事情。

有一天他来找我，说："我儿子跟我说了很多你的事。他长篇大论地向我讲到智慧、觉悟和自由，但我对这些都没兴趣。我只想晚上能睡着觉。你能帮我吗？我在吃药，晚上夜深的时候还总得喝点酒，想着能有助于睡眠，但似乎都不管用。就算躺下几个小时还是睡不着，老是想着第二天工厂里要面对的各种问题。"

帕帕吉在蒂埃利洛桑的家中吃晚餐，他身边的男孩是蒂埃利的弟弟。

我想他只是需要暂时放下工作和操心的事儿，就对他说："明天到我这里来，我教你怎样入睡。我们可以开着你的车去最近的森林，然后好好散步。你走路走累了，我们就躺在森林地上，美美睡上一觉。你不需要吃药或喝酒，只需要忘掉你的工厂，忘掉一天，和我一起出去好好散步。"

他同意了，但是到了说好的时间，我去找他时，他却说："我不能去。工厂刚刚出了件大事，我走不开。"

后来我又去叫他，还是得到了同样的答复。我们一直就没能散成步，在我做客的那段时间里，他也没有解决晚上好好睡上一觉的问题。他是一个可悲而压抑的工作狂，财富并没有带给他任何快乐或满足，但他就是意识不到问题的根源正是他的忙碌和生活方式。

某天晚上他和我在晚餐桌上进行了一场讨论。他听说过印度的种姓制度，于是说道他是多么不赞同这样一种人为的种族区分。

"在我眼里，所有人都是平等的，"他说，"我不认为人们一生下来就该被分成三六九等。"

那时这人的一个用人，一个做清洁打扫的男孩正好在房间里走过。我指着这个男孩，问蒂埃利十八岁左右的妹妹，她是否愿意嫁给像他这样的好男孩。

"他是个英俊的男孩子，"我说，"他会成为你的好丈夫的。"

她气炸了："我才不会嫁给这样的人呢。他只是个清洁工。我结婚的话，要挑选我自己阶层的有钱帅哥。"

我哈哈大笑，对她父亲说："看来你们这里也有一个种姓制度。这里的商人做生意，到了孩子该成家的时候，他们就从自己的社会和经济圈子里寻找合适的人选。世界各地都是一样的：工人配工人，商人的孩子配其他商人的孩子。你或许不赞同,但世界就是这样。"

蒂埃利听说我计划造访修道院和修行僧,他知道当地有几个,于是很快就为我做了安排。其中一人是住在四十公里外的隐修士。我们开车去见他,但那人的侍者告诉我们这个时间不见客。我解释说自己是个印度教徒,大老远从印度来拜见基督教修士,因为我想和他们聊聊他们的体验。侍者让步了,说他会再试试帮我们安排时间。隐修士的房门打开了,一股浓浓的雪茄烟涌了出来。烟味又浓又臭,我都没法进屋。

"我能在外面见他吗?"我问,"要是进去跟他见面的话,我觉得很快就会透不过气来的。"

"不行,"侍者说,"他从不出门。他整天都待在那里,门窗紧闭。"

"那么,我进去后,能不能开开窗户和门?"我问,"我们交谈的时候,有点新鲜空气会比较好。"

回答又是"不"。

"他喜欢里面有烟味。他整天都在吸烟,晚上大多数时间也在吸。他说这有助于在禅修的时候保持清醒和警觉。"

这倒是一种新的调息修行,我闻所未闻。在印度,瑜伽士调息时需要坚持呼吸清洁、纯净的空气。这个修士却更偏爱雪茄烟味,还要关紧门窗加强效果。我没见他面就回家了,我不想自己肺里充满他呼出的雪茄烟。

蒂埃利安排我去拜访另一家修道院,距离洛桑大概八十公里。在那里,修道院的院长请我给修士们作个讲话。为表示感谢,我给他们讲了一下我对基督教的一些观点。因为我并不认为他们会欣赏解脱或者其他印度教话题。我讲完后和在场的几个修士聊了一下,我觉得相谈甚欢。

两三天后,我打电话给这个修道院院长,想问我是不是可以再去拜访,因为上次拜访与修士们的会面很愉快。接电话的是其他人,我说明自己身份后,请求和院长通话。

"对不起,"电话那头的声音说,"你不能跟他说话。他病了。"

"那么我可以跟另外哪个人说一说吗?"我问道,"我想安排一下再来你们修道院。"

"不行,"对方说,"这里每个人都病了。你没法跟任何人说话。"

在印度,如果朋友生病了,我们总是会前去探望的。

我对接电话的男人说:"很遗憾听到这个消息,我马上就会来看望大家的。"

我想不通怎么可能突然之间每个人都病倒了,连电话都不能接。我寻思着:"或许他们吃了同样的东西食物中毒了?或许他们全部得了流感病倒了?"

电话那头的声音突然变得非常惊慌。

"别!别!"他高喊道,"你不能再过来了!"

我就想这可能是某种传染性流行病,所以不允许外人前去探望。

"那么大家得的是什么病?"我问,"是不是传染性很强,所以都不允许朋友去探望?"

那人回答说:"不是身体上的疾病,是心理和情绪上的。大家的精神都非常低落。你跟我们讲了耶稣和基督教之后,大家都病了。我们不习惯听到这样的讲话。如果你再来一趟的话,我们可能要病得更厉害了。"

我不记得自己说过什么冒犯基督教的话,我讲的基本上都是上帝之爱。但一定还是触犯了这些修士的观念，因为已经过去三天了，他们还全体痛苦得不能自拔。那时，我已走访过了数家修道院，已经开始明白这些地方的人全是静不下来的。有很多仪式、法事，但我找不到一个人拥有真正宁静的心。我走访过的大多数地方，修士们都忙着干活、酿酒或者制作其他产品，为他们尊贵的修道院赚钱。这和外面的世界一模一样：不停辛苦劳作来赚钱，没留下多少时间来保持宁静和默然。

进行这场讲话时，蜜拉也在场，我问她帕帕吉讲了什么如此冒犯到了这些修士。

她笑答："的确，他谈到了上帝之爱，但是他也明确指出，仪式和外在的宗教形式对于真诚地寻求上帝来说，往往是一种障碍。和修士们说这些或许并不恰当，因为他们整个人生都围绕着各种法事和仪式打转。"

在洛桑和蒂埃利一家逗留了几天之后，帕帕吉继续前往意大利北部，他被带去一个位于蒙特维格利奥①的修道院，靠近博洛尼亚。

我到的时候，看到几个穿着修士袍的男人放飞了笼子里的鹌鹑。鹌鹑四处飞翔，享受着自由。我让司机停下车，想知道这些善良的人是谁。我想他们一定是买了这些鸟到森林里放生，因为在印度有些人会这么做。我不会说意大利语，所以让司机去问问这些人是谁，在做什么。

---

① 蒙特维格利奥（Monteveglio），距离博洛尼亚二十公里外的小镇。

修士们告诉他:"这是一种仁慈之举。我们不想把鸟儿一直囚禁在笼子里,所以给它们一个机会可以到处飞一会儿,然后再抓住杀掉。这样它们就能活得更自然些。它们被圈养在这里,是逃不掉的,我们想吃的时候就来这里抓一只。"

我站在那里,注意到还有六名修士手持长竿,他们到这里就是来抓那天要吃的禽类的。

我前往修道院,有人向住在那里的所有修士介绍了我。只有一个叫阿尔方索(Alphonso)的神父能说流利的英语。他带我们去了他们的教堂,聆听了一场持续很久的弥撒。按照惯例,修士和修女们要列队走到圣坛前接受圣餐。我提前被告知不应该跟着他们一起走,因为面包和酒只分给受过洗的基督徒。这场弥撒似乎持续了好几个小时,要是能在结束时给人发块面包那该多好,因为我真的很饿,但我知道这块面包是只能给那些正式接受了天主教会教义的人享用的。

弥撒结束后,我们在某个大厅集合。有人向大家介绍我是来自印度的灵性导师,所以大家想向我提问。我以为他们会问我关于印度教或者觉悟的问题,但他们却让我诠释一下《圣经》中的几条经文。我告诉他们,无论他们问什么我都乐于回答。从长期的经验中我发现,当人们问我有关宗教经文的问题时,合适的回答就会从我嘴里冒出来。这些回答并不是源自任何对著作文章的知识了解,或者源自任何正式的研习。它们只是从真我中流出。曾有几次,我甚至可以说出让专家们都深为困扰的偈颂或文句诠释。当你允许真我言说时,总能出现正确的答案。

一个年长的修士开始质问:"为什么基督在十字架上高喊?为什么他会喊'我的神,我的神,为什么离弃我'?"

之前已经有其他基督徒问过我这个问题。我相信圣父是有意破坏他和其子的关系，这样在他死亡的时候，耶稣可以脱离一切关系的挂碍。但是，我也从经验中得知，这么说常会让基督徒很不安。所以那天我给了另外一个答案，觉得更适合当时的情形。

基督徒喜欢把他们自己视为绵羊，由一个神圣的牧人引导。他们从来不认为自己是狮子，能够随心所欲地自由行走。所以通常当我和正统的基督徒对话时，我给他们的是绵羊的答案，因为我知道狮子的答案会让他们不安。既然他们是主我是客，我就不想太冒犯他们。我记不得自己具体说了什么，但那一次，就算是我的绵羊答案还是让他们心烦意乱了。

更多的提问随之而来："你对于童贞女生子是怎么看的？为什么耶稣的门徒在他最后时刻背弃了他？为什么彼得否认自己是基督的追随者？为什么上帝要让耶稣经历这些不必要的痛苦？比如说，为什么他任由耶稣拖着沉重的十字架去往行刑地？"

问题提得很咄咄逼人，但对每一点，我都给予了回答。我的回答并不能让他们心服口服，因为我不能提供权威的、有章可考的依据。

如果我给出一个不同寻常的回答，有人就会说："你这番说法的经典印证是什么？这个说法出自哪里？"

他们是那种只有在我能证明自己的回答符合某条历史悠久的经文或论著时才愿意接受的人。对他们而言，《圣经》是最终的权威，如果我反对上面写的东西，他们就不愿意接受我的观点。

讨论变得炙热起来。他们开始要求我举出我说法的经典印证，但我只是告诉他们，我自己的体验便足以为证。

当时，我对其中一人说道："《圣经》并不是一本书。你不应该只是将它视为一本书。它将圣父之语传达给圣子。它并不是让你们讨论用的文字集合，它来自神的直接心传。"

这话似乎一下子触动了某位年长的修士，之前他一直没有加入讨论。他起身离开了房间，几分钟后带着一本很大的希腊古书回来了。

他朗读了几段书中的话，然后翻译成英语给我听，翻译成意大利语给其他修士。他说的恰恰重复了我在讨论时提到的一些话，一字不差。甚至我说的"《圣经》不是一本书"的话也在里面。他们都不再和我辩论了，开始翻阅老修士带来的书。最后他们不得不承认，我之前说的话可以在公认的经典中得到证实。他们个个目瞪口呆，因为他们知道我没有学过希腊语，也没有任何基督教神学的背景，但是我却能说出这些话。

我早早上床睡了，可是修士们翻阅着这本古籍久久未眠。几小时后，阿尔方索神父进来看我，跟我说我那晚所说的话几乎全都能在这本古书中找到。我从来没读过这本书，因为那是希腊语的，实际上我现在甚至记不起来书名是什么了。但我就是能大段大段引用它，能让这些学者相信我说的是正确的。

和很多其他的修道院不一样的是，这所特定的修道院并不是完全靠俗家基督徒的供养运作的。有些常住者之前是高学历的职业人士，在做修士前有一些积蓄。我在那里遇到几个之前做教授和律师的，他们把过往收入的大部分都捐给了修道院。这座修道院建于几百年前，很古老，但是生活设施依然很原始。虽然拥有很充裕的资金供他们花销，但修士们刻意维持着简单的生活。他们从附近的一口井中汲水，每次要用拖拉机运送大量的水。而且他们不用电，照明靠的是蜡烛。然而，他们的清贫是刻意打造的。他们买蜡烛花的钱可能要比电费贵得多。而且如果他们装了自来水的话，就可以省下用拖拉机每天运水的费用了。实际上，他们在原始的生活方式上浪费了大量的金钱，因为他们觉得这种生活方式对修行有利。

我在那里住了几天。周末时，有个年轻女人来和修士们谈话。院长迎接她的时候，握着她的手握了很久。我想，这些周末来的访客是他唯一能够碰触女人的机会。然后其他所有的资深修士都上来以同样的方式问候她。他们都做到了跟她说"你好"时握手不放长达二十秒钟。因为她是个漂亮女子，每个人都想要握她的手。

我心想："或许该轮到我了。"但是却没有。这些不得不装了七天不碰女人的修士们独占着她，甚至都没把我介绍给她。

在这间修道院里还发生了一件很滑稽的事。我向一些人提到印度教的几位伟大圣人时，其中有个人不甘示弱地起身，特意拿来一本意大利文的书，里面收录了基督教圣人的简短生平。通过翻译，他们念给我听。其中一个故事听着很熟悉，实在是太熟悉了，我都忍不住笑出了声。

"这个很有意思，"我评论说，"这位圣人还健在吗？"

"哦，不，"他们回答，"书上说他很久之前就过世了。"

"这是我的生平，"我说，"其中有些人名被改掉了，但这绝对是我本人的故事。所有发生在这个人身上的事情，都发生在我身上，和书上记录的顺序都一样。"

我后来搞明白这是怎么回事。阿比什克塔南达·斯瓦米写了我的生平故事，然后寄给了他在欧洲的几个基督教朋友。其中有个人把一些人名改成了意大利名字，并把故事背景改成中世纪的欧洲。在改写中，他还宣布我是一位基督教圣人。

帕帕吉开始带着相当开放的态度探究基督教，但是在欧洲修道院的遭遇却使他相信这个宗教没有产生觉悟者，也没有这个能力。如今，旁人向他问起基督教时，他通常会开口炮轰基督教所施加的精神束缚。下面这一段 1994 年的抨击很有代表性：

世界上每个人其实都活得像只绵羊。这个世界的所有人口形成了一群群的羊，被不同的牧羊人看管着。我可不是在开玩笑。基督教的创始人就被他所控制的绵羊们称为"好牧人"。

牧羊人的作用是什么？是确保他管辖的绵羊不从羊群中跑散。世界上有五六个大牧羊人，每人拥有的羊群数量都以百万计算。这些牧羊人是世界主要宗教的创始人。所有的绵羊都被打了烙印或者涂上分类记号，以便牧羊人们知道每一只羊是属于哪个羊群的。这些记号是什么呢？就是牧羊人灌输给他羊群里所有羊的概念和信仰。绵羊是非常温顺的动物，它们拥有从众心理，不会独立思考，相反，只是跟着前面的羊而已，前面的做什么后面的就跟着做什么。

照看上亿羊群是件大差事，所以牧羊人需要很多牧羊犬来维持控制羊群。这些犬是谁呢？就是神父，跑来跑去吠叫着，好让自己那群绵羊都朝着指定的方向移动。

偶尔有一只绵羊会反抗。它会看着那群牧羊犬和其他的羊，暗自思索："我不想这样生活，我想要自由，我要走自己的路。"

这些罕见的羊趁着牧羊人不注意的时候溜走，踏上自己的道路。它们心里会有个感觉指引着自己去追寻真正的自由。有些会丧命，有些会因害怕而回到自己的羊群里，但是有极少数毫无畏惧地走着，并达到了目的地。

我不认为待在羊群里的羊有哪只达到了真正的解脱。从生到死，它们都听从牧羊人和牧羊犬的指引和提醒。教堂的弥撒、仪式、祈祷等等就是为了让你觉得羊群的创始人是多么伟大、你能在他的群体里是多么幸运而专门设计的。

这些大牧羊人对他们的羊群说："现在你或许很悲惨，但只要朝牧羊犬让你走的方向去走，我们向你保证，死后你就会很幸福。"

这一切是一个多么巨大的谎言！为什么你要等到死了之后才能幸福呢？永恒无尽的幸福就在这里，就在当下，只要你抛弃这些神父、家长和社会施加给你的所有概念。当你抛开了你持有的一切概念后，就会发现自己正坐在天国的王位之上。牧羊人施加在你身上的概念和修法并不能帮助你靠近天堂，反而使你永远地离开了它。不要听牧羊人的话，不要害怕牧羊犬。做一只狮子，走你自己的路。不要让任何人施加什么信仰或者修法到你身上，说什么这些能在日后带来成果。如果你想要天国，可以在此时此地就拥有，只要放下头脑里的所有想法和概念就行。

以上这段话是说给一位耶稣会神父听的。我不知道帕帕吉是否在他出访欧洲时也做了这样的开示，如果他这样说了的话，一些修士听后病倒也就不足为奇了。

在蒙特维格利奥短暂而饶有趣味地停留之后，帕帕吉继续前往罗马，11月下旬到达。蜜拉说帕帕吉非常喜欢罗马，因为这是欧洲唯一一个能让他想起印度的地方。

别人带我去看罗马的所有景点，包括圣彼得大教堂，那里最主要的教堂。罗马到处都有很美的绘画和雕塑。人们带我去过欧洲各个地方的画廊和博物馆，好像大多数地方都挂满了裸女画。罗马则不同——绘画和雕塑大多是裸男。罗马人似乎更喜欢欣赏男性的肌肉，而非女性的曲线。

有人带我去某个地方看一幅图画，画的是一个头朝下被钉十字架的基督教圣人。他们告诉我他不想头朝上被钉死，所以主动要求这样被钉①。被钉十字架已经很惨了。为什么还要这样头朝下让自己遭受更多的苦痛呢？

基督教教导你说受苦是好的。神父们告诉你："在这个世界你受的苦越多，在死之后你就越快乐。"

所以，很多基督徒故意寻找能让自己尽可能受苦的环境。如果你想要知道怎样哭泣、不幸，基督教就是最适合你的宗教。在欧洲旅行期间，我和很多基督教学者、神父交谈过，没人教导或者相信快乐是人类的真实本性。他们反而宣扬说人类的本性是原罪，不幸和受苦是无法避免的，是这辈子活在世上逃不掉的。印度教教导的却恰恰相反。我们认为人的本性本来纯净，快乐是人的真实本质，幸福就在这个世界上，就在现在，就在当下，而不是在什么天国。

游览了罗马，在梵蒂冈参加一场弥撒之后，帕帕吉、约阿钦和蜜拉继续前往亚西西（Assisi），于12月1日到达。他们下榻于当地一

---

① 此处指的应该是耶稣的门徒彼得。圣彼得在罗马传道，当时正值罗马皇帝迫害基督教，于是彼得殉道，他要求行刑者把他头朝下钉在十字架，因为他认为自己不配和耶稣一样。

家旅馆，很快卷入了一场和邻居的冲突中。

我正坐在亚西西的旅馆房间里，突然之间，我开始毫无任何理由地大笑。大笑一旦开始，就停不下来，我就这么笑了好几个小时。那天晚上，我好像听到有人在砰砰地敲我们的房间门。那时候约阿钦和我在屋里，于是我就让他开门看看是谁。

他说："不是的，上师，不是有人在敲门。是住在隔壁的人在敲墙壁。他正敲着墙壁，朝你怒吼呢，他叫你不要发出噪声。"

"我已经付了房费，"我说，"在自己的房间里，我想笑就笑，和他有什么关系？他在他房间可以随心所欲，我也可以在我房间里随心所欲。现在，我想做的就是笑。"

"但他在强烈抗议。我该怎么办？"

"什么都别做，"我回答，"就让他发出他的噪声，我也发出我的。"那天晚上，我继续笑了一个通宵。

第二天早上，旅馆的经理来找我，说："你隔壁的房客向我投诉说你一整个晚上都在吵他。他声称你的笑声让他头痛欲裂，没法入睡。我也听到你的笑声了，但我没关系。相反，我喜欢听人笑，我喜欢听到人们自得其乐。你的快乐很有感染力，我只是听到就变得非常快乐。"

这样突如其来的发笑在我身上出现过几次。20世纪70年代，有次我正在勒克瑙的一所房子内举行萨特桑，突然就大笑起来，停不下来。房间里的每个人都一起笑，笑了一整天，可能有七八个小时吧，我们所有人都笑啊笑啊……我记得当时正在烧水，要给大家泡茶的，所有人都忘了这事，水就烧干了，水壶都烧坏了。但没人注意到，我们全都忙着笑呢。

笑是人类天赋的能力。在动物世界中，我们是独特的。其他生物会汪汪叫、哞哞叫、咩咩叫、咯咯叫、啾啾叫等等，但只有我们会笑。为什么要压抑它呢？

帕帕吉经常评论说无缘无故地笑通常表示心念不在。念头消逝时，就剩下了无念的喜悦和快乐，这一状态常常就表现为自发而不可控制地笑。我在1993年会见帕帕吉时向他请教了这个问题：

大卫：当所有头脑的问题都没了之后，就会自发地产生大笑？

帕帕吉：当然，当然。在一个人摆脱自己所有麻烦后，他就只会笑、只会跳舞了。所有问题的解决方法就是去跳舞、去笑就好了。

那些不笑的人，他们脑袋里有想法。他们看上去很正经，有很多问题。他们有想法是因为任何问题和烦恼出现之前你得先有念头才行。你要知道，会烦恼的是念头。那么就把你的问题都付之一笑吧！有任何麻烦出现，就付之一笑！如果你笑，它就消失了，它会跑掉，会飞走。

古时候，有个圣人住在山顶。在午夜，满月的夜晚，他开始笑个不停。村里所有人都被吵醒了，摸不着头脑："这个出家人怎么了？"

他们爬到山顶，问他："尊者，发生什么事了？"

圣人大笑着回答："看啊！看啊！看啊！看啊！有一朵云！有一朵云！"

看到云的人很多，但谁会因此而笑？只有无念的人会。他见到的任何东西都会给他笑的机会。因为他看着它时，他就成为那个东西本身。云朵在那里,月亮在云后面。如果你没有心念,单是看到这个就能让你发笑了。

大卫:所以你看到世界的时候,大多数时候就是在笑它。你认为这一切就是个大笑话?

帕帕吉(笑着):我只开玩笑。还有什么其他可做的呢?我不研读任何经文,我从来不研读任何经文,我也不引用任何经文。我只开玩笑!

当他在亚西西旅馆房间时,帕帕吉有了个梦境或净相,指引他去了附近一个坟墓。

那晚上,我做了一个非常清晰的梦,它是如此清晰,或许说这是一个净相更为正确。在梦中,我看到自己某一前世的身体就在附近。我知道这是三世之前。我在梦中看到了那具身体确切的位置,也知道该怎么去那儿。约阿钦和我住在同一个房间,我把这事告诉了他。

我说:"明天,我们就去那里看它。并不远。"

"需要找个向导吗?"他问,"我们不会说意大利语,对这地方也不熟。"

"不用,"我说,"我头脑中已经有了一张地图,能带我们去到那里。"

之前在印度南部的时候,这样的事情也出现过。那一次的梦境让我知道了我原来的道场和灵祠所在。梦中我得到的信息非常准确,依此找到了正确的地点,虽然之前从来没有去过那里。

第二天,我们三个人依着我梦境中的信息,步行前往埋葬圣方济各①的教堂②。我知道自己就是被送到了这个地方。我站在他的墓穴边时，感觉地下那具身体就是我自己的身体，我感受到了巨大的痛楚，因为我直觉感到它正在被虫子咬噬。我现在这个身体的神经正感受着旧日身体的痛苦。这感觉很奇怪。

1994年帕帕吉在写给我的书面回复中，补充了一些信息：

在亚西西的那个晚上，我梦到自己曾经的身体被埋葬在几英里之外。我找到了自己的坟墓，发现那具死尸躺在那里，正在被虫子咬噬。我还是能够感受到身体的痛苦，同样能感受到对死尸的执着。或许这个执着就是我之后那次转生的原因。

我问蜜拉对与帕帕吉同往亚西西的经历还记得多少。

蜜拉：亚西西是那种似乎浸润并充满了虔爱氛围的地方，有点让我想起了沃林达文。上师也感觉到了这一氛围，对我说那里让他想起

---

① 亚西西的方济各（意大利文 Francesco d'Assisi，1182—1226，英文通常称为 St Francis），意大利亚西西布商的儿子，为晋升贵族加入了亚西西军队。1205年，放弃财产和家庭，清贫地进行隐修。1208年起开始讲道后，许多人跟随他修道，1209年方济各和其追随者的团体获得教皇英诺森三世批准，方济各会正式成立。1212年他协助圣女佳兰成立了贫穷佳兰隐修会。1219年去埃及传教，后造访圣地耶路撒冷。
② 此处即亚西西的圣方济各圣殿（意大利文 Basilica di San Francesco d'Assisi）——圣方济各安葬之地和方济各会的母堂。它被列为世界遗产，也是意大利重要的天主教朝圣地。这座圣殿始建于1228年，建在小山的一侧，包括上教堂和下教堂，安放圣方济各遗体的墓穴，以及附属的修院。

曾去过的好几个印度圣地。我们在镇上随意走动，看了所有游客都会去的地点。回到旅馆时，上师说不知为何感觉到和圣方济各有着非常密切的关联，这是他在我们参观了埋葬他的教堂后说的。

大卫：他站在墓前时，发生什么事了吗？你看到了什么？

蜜拉：他静静地在那里站了很久，脸上有一种非常投入的表情，所以我知道他身上正发生着什么事情。这是只有在他拥有非常特殊的体验时才有的表情。当时他没告诉我们发生了什么，直到回到旅馆房间时才告诉我们说，这是他以前的身体。当他提到在那里感受到的痛苦时，似乎深深地被回忆触动了。我想对他而言这是一个很大的体验。

大卫：埋葬那身体的教堂里，除了你们之外还有其他人在场吗？

蜜拉：没有，只有我们。那里非常宁静。我在那里注视他的时候，我想他一定是有了某种净相，因为他脸上的表情就和他亲睹神祇时一模一样。

大卫：你在那里有没有什么特别的体验？

蜜拉：1969年我和上师在勒克瑙的时候，我在一次净观中见到了圣方济各。那时我很惊讶，因为我没有基督教的背景。我知道圣方济各，但在那个净观前，我对他并没有什么特别的兴趣。在上师身边，我有过几个净观，但是圣方济各的这一个与众不同，因为完全没有预料到。其他时候我只会看到印度神祇，这些体验通常发生在和他们相关的地点。帕帕吉经常会见到净相，有些接近他的人似乎也能看到。在他身边会发生很奇特殊胜的事情。在亚西西，我开始看到圣佳兰①,但我没有在意。在一些和圣人或者神祇有关的圣地,陪着帕帕吉的人通常很自然就会开始看到和当地有关的圣人或者神祇的净相。在亚西西我感到非常狂喜,感觉到我和这个地方有一些关联,但和帕帕吉在一起时,我在其他地方也有类似的感觉。

大卫:他似乎对于某些前世有着非常清晰的记忆。他有没有说起过他在亚西西那一世的事情?

蜜拉:没有。我曾经听他在几个场合说起过在(圣方济各)陵墓时的净相,但我从来没有听到他提过那一生的任何记忆。有一两次,我听到他说,"他是位真正的圣人",但我从来没听他解释过原因。

自从1969年开始,帕帕吉和蜜拉就以夫妻相处。蜜拉直觉感到在帕帕吉拜访圣方济各墓的那天晚上自己受孕了。我向帕帕吉问及此事时,他也肯定她是那一晚受孕的。把帕帕吉不同寻常地造访圣方济各墓、蜜拉的净观和当天受孕这些事联系在一起,我问帕帕吉是否他和蜜拉之间的某些旧业使两者在亚西西结合,结出了果实。我在不同场合问了两次,但没有得到过回复。

在亚西西的重大事件后,帕帕吉和同伴们向北而行。有个女孩曾在瑞诗凯诗和帕帕吉同住过,她的父母邀请一行人去奥地利小住。大家在帕多瓦②逗留了一天,参观景点,然后开车向阿尔卑斯山北上。

---

① 圣佳兰(意大利文 Chiara d'Assisi,1194—1253),英文常写作 St. Clare 或记作 Santa Clara,中文也有译作圣嘉勒。出生于亚西西的贵族世家,16岁时听到圣方济各的讲道后毅然离家出走,在隐修院出家修行,她是圣方济各最早的追随者之一。她担任亚西西的方济各所创立的属于方济各会传统的女性修会贫穷修女会的第一任会长。在她去世后,该修会被命名为佳兰隐修修女会。
② 帕多瓦(Padova),意大利北部的一个城市。

正值隆冬，阿尔卑斯山区的道路都覆盖上了厚厚的积雪。我们的轮胎没有绑上链条，所以常常打滑，穿越美丽风景的一路都很惊险。我注意到其他很多车都在轮胎上绑了链条，打滑的次数就比我们少多了。我向约阿钦指出了这点，建议先停车去买铁链。我们停在就近的五金店，约阿钦买了一条普通的长铁链。他并不知道绑汽车轮胎需要的是特殊的链子，我也毫不知情。我们把链条绕在车子轮胎上，想开车上路。结果当然不行，我们根本没法动弹。一个过路人指出了我们的错误，然后我们去掉了铁链。

我们最终的目的地是萨尔茨堡（Salzburg），抵达之前，我们在一个完全冰冻住的大湖前停了下来。车上其他人想教我溜冰，但我们到达湖边的时候，当地人警告我们不要溜，因为冰层还不够厚。他们给我们讲了几个恐怖的故事，说的是有人想要在这里滑冰却因冰破而死。听到这些已经足够了，我们欣赏了一会儿风景后继续上路。

我有贝蒂娜·鲍默这个女孩的地址，她在印度参访过我，但我们到达萨尔茨堡时，我们却没法根据她给的指示找到她家。好几次找路都徒劳无功，我建议司机去问一下过路的人。他问的第一个是位正走在我们车旁人行道上的妇女。

他非常礼貌地问她："您是否可以告诉我这个地址在哪里？我们找不到。"

她的回答充满了攻击性，说他如果不知道自己在哪里的话，就该去买张地图。这让我颇为震惊。我没法想象在印度会发生这样的事情。不管怎样，我们还是听从了她的建议，在附近的商店买了城市的街道图。当我们在路边研究地图的时候，我们目睹了一起严重的车祸。一个带着三岁女孩的妇女正朝自己停着的车走去，有辆车从背后驶来撞倒了她，她受伤跌倒在地。和她在一起的那个女孩似乎没意识到妈妈出了大事，只是静静地盯着地上流着血的身体。这让我很意外。在印度，如果一个母亲受了这样的伤，孩子们一定马上就哭起来了。

女子周围聚拢了很多人，但没人出手帮忙。她就躺在车来车往的马路当中。既然似乎没人愿意把她移出危险区域，我就走上前去，想抬起她。围观的人大力阻拦，告诉我已经有人打电话叫了救护车，在专业救护人员到来之前，我不该碰她，要是移动她的话，可能会让伤势恶化。最后救护车总算来了，带她去了医院。在印度，这种情况下受伤的人很少能有幸得到职业救护人员的帮助，所以我们就只能把他们搬离马路，等医生到来。这是那天我学到的第二堂课，知道不同国家的风俗习惯是完全不同的。

在萨尔茨堡贝蒂娜·鲍默的父母家短暂逗留之后，帕帕吉、蜜拉和约阿钦开车返回科隆，结束了漫长的汽车旅行。

在此之前，帕帕吉收到了住在巴塞罗那的弟子安瑞克·安圭拉的邀请。因为开车路途太远，所以他在12月下旬搭乘飞机前往。蜜拉在比利时和家人共度数日后，也飞去巴塞罗那和帕帕吉会合。约阿钦则留在了科隆。

我在《帕帕吉传》上卷"矿场经理"一章中提到了安瑞克·安圭拉。他来印度时身为本笃会修士，后来经过当印度苦行僧和佛教僧人的短暂插曲后，他成了名义上的穆斯林。

我在德国和瑞士旅游时，安瑞克写信给我："如果您能来和我们相聚，我父母会非常高兴的。我跟他们讲了很多您的事情。"

我接受了邀请，回科隆后不久就去了那里。安瑞克到机场来接我，带我去了他家。

两三天后，在吃早饭的时候他母亲不露面了。安瑞克告诉我说她突然生病了。

"我们去看看她吧，"我说，"我们去看看她怎么样了。"

这是印度的习俗，如果家人或朋友生病了，你马上就该去看望一下。

"我们不能去，"安瑞克回答说，"我们没有约好时间。如果我们想去看望她，得跟她的女佣约个时间。要是我没有提前和这个女人约好时间的话，连我都不能去看她。"

"你可是她的儿子啊，"我难以置信地说道，"你需要用人的允许才能看望生病的家人？"

"是的，"他说，"这就是这里的习俗。哪怕是在她健康的时候，除非我事先得到了她女佣的允许，否则我连她的房间都不能进。"

事实上，这一趟欧洲之行让我大开眼界。在印度我可从来不会想到西方家庭的生活是这样的。那天安瑞克的母亲决定单独待着，就连她丈夫都没能见到她，因为他无法通过女佣得到必要的许可。我们后来发现，当然也是通过女佣发现的，她病得并不严重。她只是声音嘶哑，决定卧床休息一天。

我告诉安瑞克我想见见基督教的修行僧。他是打听这件事的恰当人选，因为他曾经有几年住在基督教修道院里。安瑞克所在的蒙特塞拉特（Montserrat）修道院是巴塞罗那附近的著名修道院。他依然认识里面的负责人，联系之后，他说或许可以安排我们和一个住在主社区外的隐修士会面。

我们到了那里，被引见给神父巴兹利奥（Basilio）。他说已经从几个和我在印度有过接触的修士那里听说过了我，这让我很吃惊。他说——我觉得是开玩笑的，说我在他几个修士身上产生了颠覆性的影响。

"他们去印度的时候还是称职的天主教徒，"他说，"当他们见了像你这样的人回来后，脖子就戴上了金刚菩提子念珠，念着'唵'字咒，而不是'万福玛利亚'。"

我和院长以及一些修士一起吃了午饭。我记得席间上了大量的红酒。他们要给我斟酒，但我拒绝了。我从不喝酒。豪饮红酒似乎是欧洲修道院的习俗之一，几乎每个我参访过的修道院里都会有人请我喝酒。

我向几位被介绍认识的人提了些问题："你是否曾经见过上帝？如果不是在你清醒时的肉身状态下，那在梦中或者定中见过吗？"

我倾听他们一一作答，却发现没有一个人，哪怕修道院的负责人都没有见过上帝或者耶稣，甚至在梦中都没有。他们对我的提问稍感意外，因为他们似乎并不认为见到上帝或者耶稣是正当的修行目标。

我问一位年长的修士："你似乎并不把见到上帝当一回事。但是如果你的一位修士向你汇报他见到了耶稣现身，你会有什么反应呢？你会给他什么建议？"

"我们对这种情况必须小心谨慎，"他说，"的确这样的事情时不时会发生，但通常发生在精神不稳定的人身上。精神分裂症患者常常声称看到了上帝，或自称为上帝，但我们不能把他们的话当真，因为他们是疯子。就我的经验而言，声称看到耶稣的人通常患有精神疾病。"

午饭过后，他们带我到处走了走，介绍了一些修士给我认识。那里有一尊美丽的玛利亚雕像,我非常喜欢。在我游览的时候,有个修士走近我,十分真诚地问我能否帮他见到耶稣基督。

"我偷听到了你们今天早些时候关于看到耶稣或者上帝的谈话。我听说你虽然是印度教教徒,但却见过耶稣。我一直很想亲眼见到他。你能帮我吗?"

只要有人问我这个问题,我总是会说"好的",因为如果有人强烈地渴求见到上帝,如果他相信他会出现,那么他就会显现。我邀请这位修士,我想他的名字叫费尔南德斯(Fernandez),去我在巴塞罗那举办的萨特桑。他接受了邀请,也得到了他上级的许可。

蒙特塞拉特修道院似乎对其他宗教抱有很开明的态度,最后别人带我去见我要拜访的艾斯塔尼斯劳神父(Father Estanislau)时,我发现他墙壁上挂了一个巨大的"唵"字,架子上摆着拉玛那·马哈希的照片。他住在高于主修道院的一间小屋里,要么坐缆车,要么走上大概七百级的台阶才能到达这里。我坐缆车上山,下山的时候走台阶。

艾斯塔尼斯劳神父已经提前得到消息知道我会来。我进屋时,他问:"是彭嘉吉吗?"

"是的。"我回答说。

"很好,"他说,"我想见见你。我在考虑要不要去印度找你,不过现在就没这必要了。"

我们一起坐了一会儿,这是一次非常好的会面,真正的寂静的会面。我一直在努力寻找一个在世的基督教密契者,找了很久,终于在蒙特塞拉特修道院的隐居所里找到了。我这一生见过很多基督教徒,但这一位无疑是最好的。我们并没有相处很久,因为没这个必要。大概十五分钟后,我便告辞下山了。

蜜拉陪着帕帕吉上山,但两人会面时她并不在场,因为进屋前,帕帕吉让她在艾斯塔尼斯劳神父的小屋外等候。我问她此行的印象。

蜜拉:我们坐缆车上去看他,即使下了车,还得走上很长一段路,他住在一个非常偏远的地方。帕帕吉进屋的时候,我在屋外大概三米远的地方等候。我看到了他墙上挂着的"唵"字,我想他脖子上也挂着个有"唵"字的吊坠。

大卫:帕帕吉一出小屋就跟你讲了会面经过吗?

蜜拉:他们一起走出小屋,互相拥抱。两人脸上都带着灿烂快乐的笑容,所以我知道他们的会面很不错。上师走进他的屋子时,我听到艾斯塔尼斯劳神父说:"是彭嘉吉吗?"我听到上师回答:"是的,我一直在等你。"

大卫:你觉得他这么说是什么意思?

蜜拉:真我在等着他。我想这是一次必然要发生的会面。上师一看到他时就明白了。

大卫:艾斯塔尼斯劳神父是怎么听说帕帕吉的呢?对他有什么了解?

蜜拉:上师后来告诉我,他在神父房里看到了阿比什克塔南达·斯瓦米的书。艾斯塔尼斯劳神父说自己是在书里读到他的,但是那个时候不确定上师是否还在世。当他发现上师肯定还活着的时候,就计划去印度找他,可帕帕吉率先找到了他。这是他们之间唯一的一次会面。艾斯塔尼斯劳神父再也没去过印度。我们走下山的时候,上师把整个会面的经过都告诉了我。很明显他被这次相遇打动了。

大卫:似乎这次见面很短暂,后来他们再也没有安排重聚。你觉得这奇怪吗?

蜜拉：不。上师后来告诉我,这是那种不同寻常的会面,只需要发生一次就好了。在那次短暂的相遇中,不管他们之间有什么要做的,都已经完成了。

帕帕吉其实试着通过邮件和他保持联络,只是不久后艾斯塔尼斯劳神父就离开了修道院。帕帕吉试图通过他在蒙特塞拉特修道院的地址联系他时,另一名修士代为回信,说艾斯塔尼斯劳神父已经离开修道院,也辞去了神职,正步行前往以色列朝圣。当我为此书搜集资料时,我发现他已经在日本定居了。我写了好几封信给他,询问他对和帕帕吉会面的印象。终于,我收到了他秘书所写的回函,只有两行西班牙文："艾斯塔尼斯劳神父记得和彭嘉吉有过一次很好的会面,但他无法提供回忆描述,因为他已不再回复信件。"

造访蒙特塞拉特修道院之后,帕帕吉回到安瑞克在巴塞罗那的家,他很快陷入了一场家庭纠纷。

他们家还有一个儿子,是一个叫詹姆斯（James）的心理学家。我到来之后不久,他母亲开始抱怨他还是单身。她就像大多数母亲一样,希望自己的孩子能结婚成家。

"看看这孩子,"她指着他这么说,"快三十岁了,却没有结婚。他是有什么毛病啊? 我八岁就有了第一个男朋友,这孩子二十八了,还没能给自己找个女人。我甚至从没看到他跟女人说过话。每次跟他提这事,他就告诉我他不感兴趣。'我想要自由,'他说,'让我自由吧。'"

他家里人想敦促他与一户人家联姻,但他不乐意。詹姆斯宣称如果家人强迫他结婚的话，他就自杀。之前他曾因抑郁症发作过几回，结婚这一想法又引发了几次新的发作。

安瑞克的母亲把我纳入她的游说队伍中，劝说他结婚。我觉得这不关我事，但我还是劝他接受这场婚姻。

"过了一段时间，"我对他说，"你或许会发现自己对新婚妻子开始产生依恋。只要你习惯之后，婚姻并不那么糟糕。很多人不用自杀也活过来了，某些人甚至乐在其中。"

他收回了自杀的威胁，举行了婚礼。几年之后我又拜访了他们家，发现詹姆斯和他的妻子有了一个男孩。全家人看上去都很幸福。

帕帕吉在巴塞罗那举行了几次萨特桑，蒙特塞拉特修道院的修士们出席了其中的几场。我问蜜拉这些修士对帕帕吉的教言是何反应。

蜜拉：他滔滔不绝地谈论起《圣经》和基督教，让大家很吃惊。有些人请他解释具体的《圣经》段落，他都给出了非常好的答案。

大卫：他的回答在你听来言之有理吗？是否能让修士们满意？

蜜拉：我认为他回答得极其精彩。如果听他说话，你根本想不到他其实对基督教一无所知。他想解释清楚一些《圣经》中的话语所蕴含的不二之意，尤其是那些称上帝为"我在"的说法。并不仅仅是他的解释让人印象深刻，在上师身上有一团内在的火焰，能以某种方式与听者交流。他们中很多人已经失去了对上帝的热情，他们的灵性火焰已经不像之前那么炽热了。上师重新点燃了几个人的火焰。当然，这些人中有好几个之后又升起了疑虑，因为他们无法把上师说的和教会的传统教导融合起来，但在他的临在中，听着他的话，他们肯定被他的内在火焰触动了。

在巴塞罗那停留期间,有人向帕帕吉说起了亚维拉的德兰①的事迹。他表示想参观这个城市,想去看看她生活过的遗迹,安瑞克、蜜拉和另一名叫作菲利普(Felipe)的男子开车带他去了那里。

这次行程中,我特地提出要去看一看那些和伟大的圣人有关的地方。我听说德兰曾经见过耶稣,这立刻吸引了我。在印度我们曾有很多圣者能够面见神祇:蜜拉柏面见黑天,图卡拉姆见到了他的祜主毗塔拉,等等。如果你对某尊神祇的形象怀有浓烈的爱,那么神祇就会以那个形象展现在你面前。能发生在梦中,也可以在醒位以净相的形式出现。

我去了亚维拉,参观了圣德兰的故居。这是个很简朴的地方,有些文章说她日常用的东西依然保存在那里。我看到有些西班牙文小册子出售,就让安瑞克买了一本,因为我想多了解一些她的生平和经历。

他翻译了一则故事读给我们听,讲的是她虔爱某一特定的耶稣形象。有一天那个形象现身了,走向她,拥抱并亲吻了她。她马上跑去

---

① 亚维拉的德兰(St Teresa of Avila,1515—1582),旧译德撒或圣女德肋撒。亚维拉是西班牙中部的一座城市。圣女德兰二十岁时加入加尔默罗会修院出家,通过祈祷、侍奉而有了与神相应的体验,后参与改革了加尔默罗会的十七座修院。在她死后四十年,于1622年被教宗册封为圣人,1970年,教宗保禄六世敕封其为教会圣师。她的《灵心城堡》(*El Castillo Interior*)、《自传》及《全德之路》(*Camino de Perfección*)等著作,是西班牙文艺复兴时期文学以及基督教神秘主义的重要组成部分。

告诉了她的修行指导师十字若望①。

"我太快乐了!"她一到就喊道,"耶稣终于向我现身了。他向我大笑,带着笑容走向我,然后亲吻了我。我一直等着耶稣现身等了这么久。今天终于发生了!"

圣若望非常狐疑。"我不认为这真的是耶稣,"他说,"耶稣不会笑,他肯定不会拥抱、亲吻女性。在你面前现身的一定是什么魔鬼。"

这是面对喜悦与快乐经验时典型的基督教回答。耶稣在《圣经》中从来不大笑或微笑,所以如果因为你对他的虔诚,一个微笑或大笑着的耶稣形象出现在你面前,教士们会对你说:"这是来诱惑你的魔鬼。"因为耶稣哭喊、受苦过,所以看到他哭喊、受苦的形象是可以的。但如果你是个女子,你的耶稣在你面前现身,给了你一个结实的拥抱和亲吻,那就千万不要告诉教会神职人员,否则会惹上麻烦。

一个大笑、微笑、拥抱的神有什么问题?如果神就是爱本身,为什么他就不能在你面前展现成为一个快乐微笑着的模样,给你一个结实的拥抱?

很多很好的虔诚基督徒被神父们泼了冷水,他们被教导说这个世界是一个受苦的世界。如果有人今天在听我说话,我会告诉他们:"别被愚弄,去相信耶稣是悲惨的,为了和他相似,你也得悲悲惨惨的。看进你自己的心,找到上帝的真相。那个心并不属于任何宗教。进入那个心,找到永远安住其中的神的宁静与妙乐。如果你走进了心,你不会看到耶稣在哭泣。相反,快乐与爱会带着微笑欢迎你。它

---

① 十字若望(San Juan de la Cruz,1542—1591),天主教改革的主要人物,西班牙神秘主义者,加尔默罗会修士和神父,其著作被认为是西班牙神秘文学的高峰。1726年本笃十三世封他为圣人。

们会亲吻你，紧紧拥抱你，你将永远不会再从那个地方离开。"

我游历了整个欧洲，与基督教徒见面，造访他们的教堂和修道院。最后我得出了结论，没人能够通过基督教见到上帝。如果你想长期抑郁的话，那么基督教就是适合你的宗教。如果这正是你所要的，那么去教堂吧，去学习怎样心怀愧疚和凄凄惨惨吧。但如果你想要宁静与快乐，那就把你所有的念头都抛掉，直接走进天国——它在你之内，在你自己心内。

很显然，帕帕吉不把自己和基督教的初次交道视为一个巨大的成功。除了艾斯塔尼斯劳神父，另外只有两次和修士们的会面还不错：一次在玛利亚·拉赫修道院，一次在尼德拉尔泰希。

帕帕吉对造访过的任何机构都没有好印象。当我问他在这些地方他都说了些什么，并要他进一步解释时，他给了我以下的答案：

我造访了西班牙的基督教修道院，包括蒙特塞拉特。我也造访了玛利亚·拉赫修道院和在德国、瑞士、意大利的其他机构。如果请我在这些地方演讲的话，我通常会谈到上帝的爱。每一次，回应都是负面的。

帕帕吉在巴塞罗那结束了欧洲之行，1972年1月，他飞回印度，计划在恒河岸边独居一段时间。蜜拉回到了比利时，试图获得能允许她在印度长期逗留的签证。官僚程序非常耗时、复杂，她花了几个月都没能拿到签证。那时候，她已经确定怀上了帕帕吉的孩子。帕帕吉邀请她前往印度，在勒克瑙生下孩子，但蜜拉被告知在怀孕晚期坐飞机并不安全。她待在了比利时直到孩子出生，随后很快就飞到了印度。母女俩在1972年10月初飞到德里时，她的女儿穆克蒂[①]刚好出生二十天。帕帕吉去迎接她们：

我们在德里，住在我姐姐苏蜜特拉家。蜜拉告诉我想让孩子在恒河圣河中浸浴，但是我说："我们必须先去勒克瑙，我母亲想要看看孩子。"

我们去了勒克瑙，母亲热情欢迎了我们所有人。这情况有点不寻常，但母亲尽力确保让蜜拉和穆克蒂感觉到现在已是我们家的一员了。我们在勒克瑙住了大约十天。后来有个我母亲的弟子邀请我们去瓦拉纳西住几天，他是电力局的主监察长，在那里有座房子。我们接受了邀请，在他家住了几天，他家地理位置很好，就在卡舍毗斯瓦纳萨寺[②]附近的恒河岸边。我见了几个在贝拿勒斯印度大学[③]工作的老朋友，然后他们为我们买了车票前往哈德瓦。

我们在哈德瓦下了车，我在迦梨·坎布梨瓦拉寺[④]找了个房间，当时那里基本都空着，因为房间没有窗户。斯瓦格道场信托机构负责管理这些房间，某个理事好心允许我住在那里。

[①] 穆克蒂（Mukti）在梵语、印地语中意为"解脱"。
[②] 卡舍毗斯瓦纳萨寺（Kashi Viswanatha Temple），卡舍是瓦拉纳西的旧称，毗斯瓦纳萨是寺庙供奉的主神，意为"宇宙之主"。此寺是湿婆的十二座圣光林伽圣寺之一。因为其醒目的金色尖顶，其中三个圆尖顶是纯金打制，所以又被俗称为黄金寺。
[③] 贝拿勒斯印度大学（Benares Hindu University），1905年印度国民会议提案通过，以研究印度民族传统文化（印度艺术、文化音乐、梵文）而募集资金兴建的，是亚洲最大的大学之一。贝拿勒斯即瓦拉纳西的印地语音译。
[④] 迦梨·坎布梨瓦拉寺（Kali Kambliwala），以圣者迦梨·坎布梨瓦拉（1882—?）之名命名。圣者体恤前往喜马拉雅山朝圣的信徒之苦，建立了迦梨·坎布梨瓦拉寺，为过往朝圣者提供食宿，圣者得到了巨额资金捐助，但他所拥有的只是一条黑色毯子，坎布梨瓦拉之名即从此来。

过了段时间后，蜜拉的母亲——我称她为德噶（Durga），来和我们同住。之前我在比利时和西班牙都见过她。这是她第一次来印度，是为了来看我和她新生的外孙女。接下来的六个月中，我们四人安静地在瑞诗凯诗生活。每天我们都会在恒河沿岸长时间散步。德噶带来一辆婴儿推车，解放了我们所有人，因为穆克蒂还不能自己走路。

蜜拉描述了他们共度的那个冬天：

蜜拉：我们在10月上半月抵达了哈德瓦，开始时住在一个达兰萨拉里。那时刚入冬。我们生活很简单，基本上不见人。过了段时间，我们搬去瑞诗凯诗的毗塔拉道场，为接待我母亲的到来做准备。那里的设施更完善些。后来我母亲和我们住了大概六个月。有时我们会在恒河岸边为外国人及求道者举行萨特桑，但大多数时间都在独自生活。

大卫：你母亲是怎么看帕帕吉的？

蜜拉：我从印度回去，母亲第一次见到我时，她对从我身上看到的变化甚为感慨，她愿意相信我是遇到了一位真正的上师。她自己一直在灵性上探索，但总认为自己可以不靠一个活生生的老师而找到真理。在比利时，我带上师去见她，他深深地折服了她。后来我们住在巴塞罗那的时候，她也来和我们住了几天。她在葡萄牙有房子，大部分时间在那里度过。她就是从那里出发到巴塞罗那的。在西班牙她认帕帕吉是自己的上师，所以就来印度看我们。她想尽可能在上师身边，与他分享我们的人生。之后上师在1974年去西方时，他在我母亲葡萄牙的住所住了三个月。

大卫：帕帕吉有次告诉我，她在瑞诗凯诗的时候，有个瑜伽士试图勾引她。

蜜拉：是的，很好笑。她充满了活力，总是到处跑来跑去，东查西探。在某个道场，一个瑜伽士答应教她某些秘密的瑜伽坐法，说是能给她带来很多力量。他把她带到了他的地下室，关上了门，对她说她必须要脱光衣服后才能做这些瑜伽坐法。她拒绝了，他就想抓住她。

她把他推开，说："我是你的母亲！你必须把我当作你的母亲来对待！"

瑜伽士要的不是妈，他别有所求。最后她把他推开，跑上台阶，逃走了。

大卫：发生这事的时候她几岁？

蜜拉：她六十多岁了，但还是相当美貌。这个瑜伽士比她年轻至少三十岁，但仍然觉得她很有魅力。

大卫：她整个冬天都是和你还有帕帕吉一起度过的吗？

蜜拉：不，她总是去其他地方远足，尤其是第一个月过后。她也想去看喜马拉雅山的不同地区。她在普尔刹提住了一个月，只在白天才来看我们。

大卫：此次印度之行你和帕帕吉相处了多久？

蜜拉：直到1973年6月为止。我们拿到了两次签证的延期，但那之后就没法再延期了。那个时候有个奇怪的规定，如果你作为游客在印度已经待了几个月，就必须离开印度，等满同样长的时间，政府才会允许你返回。我待了九个月，所以我必须离开印度九个月，才能被允许重返。6月，我和母亲及穆克蒂离开，回到欧洲。上师留在了印度。

大卫：在欧洲的几个月你做了些什么呢？

蜜拉：重回西方的时候，我对上师充满热情，我想告诉所有人他是多么伟大，我想告诉所有人我在他身边的经历。有些朋友给了我一些钱，所以我能在欧洲到处旅行。我遇到西方的老师们，比如让·克莱恩[1]和为无为[2]，我向他们提到了上师，鼓励他们在他下次的西方之行时去见他。我最后到母亲在葡萄牙的住所待了几个月，等着上师抵达欧洲。我知道他很快就会到，所以就不自己费神回印度了。他通知了我抵达西班牙的日期，我去机场接他，在后来的欧洲之行中全程陪在他身边。

在蜜拉离开之后的最初几个月，帕帕吉在卡纳塔克邦度过，见了隆达和附近地区的弟子们。10月，他去了瑞诗凯诗，冬季大部分时间在那里度过。他订了春天前往欧洲的机票，1974年4月10日飞抵巴塞罗那。这一趟旅程主要由菲利克斯·克罗勒·加西亚（Felix Coral Garcia）资助和安排，他是帕帕吉在上一次欧洲之行中遇到的西班牙建筑师。

很多人想见我，所以就在一个叫安东尼·布莱（Anthony Blay）

---

[1] 让·克莱恩（Jean Klein，1912—1998），法国的灵性导师。他曾经在"二战"中参与法国的抵抗运动。1954年左右他前往印度学习瑜伽和不二论，得到一位不二论的导师维拉拉嘎瓦查·饶（Pandit Veeraraghavachar Rao）的指导。三年后他回到西方，成为灵性导师。

[2] 为无为（Wei Wu Wei），原名为Terence James Stannus Gray（1895—1986），出生于英国爱尔兰的名门望族。他早期曾对埃及学、剧场、舞蹈等感兴趣，发表了一些著作，之后他的兴趣转到了哲学和形而上学，并在亚洲各地旅行。1958年，他首次以笔名"为无为"发表了阐述禅宗、道家和不二论的著作，第一本著作为《指月：行道之思考》(Fingers Pointing Towards the Moon:Reflections of a Pilgrim on the Way)，"为无为"是取道家"无为"之说。1974年，他改笔名为"O.O.O."发表著作。

的人开办的瑜伽中心安排了萨特桑。他在西班牙是颇为知名的作家和瑜伽老师。他的瑜伽中心很大,有几天参加萨特桑的人数超过了一百五十人。我还在一个叫杰米(Jimmy)的医生的公寓里举行过萨特桑。那里也挤满了人,有一次这间六楼的公寓里挤进了大约八十个人。

最早来见帕帕吉的人中有卡尔洛斯·希尔瓦(Carlos Silva),他是吉杜·克里希那穆提①的弟子,在布洛克伍德公园学校②工作,这是1969年在英国创办的克里希那穆提学校。他在自己的《第四运动》(*The Fourth Movement*)一书中描述了与帕帕吉在1974年的相遇,以下摘录出自此书:

有人告诉我彭嘉那天已经到了。第二天我就从英国飞到了巴塞罗那。那是周五,只有我妻子索菲亚(Sofia)知道这趟旅程……我的两个朋友米盖尔(Miguel)和安娜(Ana)在巴塞罗那机场等我。他

---

① 吉杜·克里希那穆提(Jiddu Krishnamurti, 1895—1986),被认为是20世纪最具影响力的灵性导师之一,是向西方全面阐述东方哲学智慧的印度哲人,备受近代欧美知识分子的尊崇。十三岁时他被通神学会(Theosophical Society)领养,被认为是未来的"世界导师"。1929年,克里希那穆提宣布解散他设立的"世界明星社",并发誓再也不成立任何组织。他一生走过访全球七十个以上的国家演讲,他的演讲被辑录成超过八十本书,并被翻译成超过五十个国家的语言。
② 布洛克伍德公园(Brockwood Park)学校,1969年克里希那穆提为实践自己的教育理念而创办的学校,位于汉普郡乡村,在伦敦西南六十英里处。学生数量不多,接收十四岁到十九岁间的孩子,克里希那穆提认为只有年轻人和年长者能够清醒地意识到他们深受国籍、宗教、偏见、恐惧和欲望的制约,对这些制约有所觉察,才可能提升自己的心灵。他在印度和海外建立的几所学校都贯彻了他的这种教育理念。

们兴奋地告诉我有多幸运，因为彭嘉吉取消了一个会面，空出时间来等我到达。我们走进他们家的时候，他正在等我。我们握了手，静静地坐了二十分钟或半个小时。

我泛起微笑，继而放声大笑。笑声越来越大，变成了发自下腹部的大笑。我敞开了笑，毫无缘由。就是这样笑着，无比地快乐，我突然间很震惊地发觉自己脸上的肌肉其实没有动，我嘴巴是闭着的。当我意识到这点时，我们俩的眼神相遇了。他的眼神中，幸福在舞蹈。我们站起身，带着深深的爱紧紧地拥抱在一起。这是充满爱意的拥抱。彭嘉是一个强壮高大的男人，动情之时他甚至把我抱离了地面。自始至终，都是我的心在如此快乐地大笑。是"心"。我们最终坐了下来开始谈话。那个时候我还是陷在某些"克里希那穆提式的论理"中。我马上问他是怎么达到他目前的境界的。

作为回复，帕帕吉讲了自己的人生故事，从自己在拉合尔无视芒果牛奶饮料说起，讲到与拉玛那·马哈希的决定性会面。卡尔洛斯继续说道：

离开公寓去参加大家禅修的时间到了。禅修地点在安东尼·布莱的书房。我每天都去那里看他。我们会先静默一个半小时，然后不管谁想提问，就问。这样的聚会每天有两次，来参加的人数是二十五人。每次我们见面时，彭嘉都会问我哪天回伦敦，是几点。他每次都问，这很奇怪，我不明白为什么他每天要重复问那么多遍。我的回答总是一成不变："周五下午三点。"一周时光飞速而过，几乎是不知不觉间，我就要动身前往巴塞罗那机场了。当我拥抱朋友告别时，我开始感到了相当不同寻常的事情。那是一道无边的爱的巨浪，可这么说让我很不好意思。为什么我要害怕称呼它为爱呢？它是如此强烈，以至于让我身上发烫。我甚至能够看到一团非常微细的微尘云……

起飞时，卡尔洛斯自问："谁是这架飞机的驾驶员？如果遇到了真正的危险，他会怎么反应？"

卡尔洛斯说，对此的回答是一个直接的体验："立刻地……如同实相，没有任何言语。只是看，如是而在。"

对此卡尔洛斯进行了如下详细的解释：

语言从来不是真相。语言是符号，是幻相。当语言指向对象时，就有一个形象与对象相配。当我们说"玻璃杯"，就相应有一个玻璃杯的念头，但是我用的"看"一词，却没有指向一个对象。它跟实际上的看或者看的动作没有关系。语言从来不是真相。既然现在这个时刻，我只能用语言和你沟通，我会说飞机的驾驶员是神，更确切地说，是神性。这个神性是"飞机的驾驶员"。这些并不仅仅是我现在写下来的头脑中的话，完全不是这样的。我实际上正在看着、经历着这个。并没有一个有别于神性活动的"我"。我就是那个。只是那个。每个我见的东西，或内或外，无论是闭眼或睁开，都"染上"了金光。更让人惊叹的是，这个新的存在或者说维度的状态并没有离开我。甚至就在这一架满载乘客的飞机内，各种平凡无奇的活动中，所有一切依然是神性的活动。我有些遗憾，因为其他人无法看到他们就是那个。每个人都"提着自己的行李"，却没有意识到他们已在"飞机"上了。可以将之比作有人在一架飞机内往前走，试图比其他人先到达。每个旅行者都被自己的烦恼所累，陷在苦恼中，充满了无尽的痛苦和庸庸碌碌。每个人都提着大包小包数不尽的行李，非常沉重，恰恰因为它们是如此虚无。

飞行近两小时后，我们到达了伦敦希斯罗机场，这一新状态的强度还是丝毫没有变化……

我一到家（布洛克伍德公园学校，距离伦敦两小时车程）之后，就把从巴塞罗那机场回程后发生的每件事都用打字机打了下来。这其实是给彭嘉吉的一封信。我的妻子索菲亚将它翻译成了英语，然后由我寄往西班牙。虽然写信给彭嘉吉实属多此一举，但我非常高兴能和他交流，并感谢他在发生的事情中的作用。我想要承认他的影响，想要感激他的爱-力之举，虽然没有任何言语能道出这一点。

这种感受持续了大约五小时，之后就平息下来成为一种更普遍的平静和满足感。在等待帕帕吉回信期间，他继续着布洛克伍德公园学校的工作。他每天的工作之一是清洗克里希那穆提的车。克里希那穆提通常会亲自过来帮忙。

他（克里希那穆提）首先用水管冲湿整辆车。我事先已经准备好了水和肥皂，克里希那吉①喜欢多些泡沫。我还在桶里加了点煤油。我们拿着一块海绵开始，先把它浸在肥皂水中，然后按照顺序从上往下擦洗。和他一起这样干活时，我的心如沐春风。那一次我们正在洗车，擦到车的一角时，我们面对面碰上了。

---

① 克里希那吉，对克里希那穆提的尊称。

他单刀直入地问道:"为什么你去见了别人?在这里没找到你要找的'面包'吗?"

他并不是责备,这些话也不同寻常。这是真正的爱。我十分震惊,目瞪口呆,因为他不可能知道我去过巴塞罗那。我一句话也说不出来。他继续说了下去,并没有要等我回答的意思。

"如果是另外一个人让你觉悟了,那么你自己或者那个人也可以扑灭这道觉悟之光。一个人必须自己觉悟自己。如果是这样达到的,那么没有人,甚至你自己,能够熄灭这道光。觉悟需要一个人自己的精进、努力和激情。"

他说话时神情极其严肃。他说这些的时候,流出的爱强大无比,我站都站不住。

6月初,卡尔洛斯收到了帕帕吉的回信:

我最深爱的神圣之友:

……在收到你的信之前,我就很肯定你是绝对敞开和有智慧的,并且已经完全准备好了,只要听到它一次,就能抓住实相。这会发生在一些非常成熟的求道者身上。他们对实相有过一次清晰一瞥,然后就会寻求上师的指导来加以稳定。

你前信中表述的体验是层次非常高的一种,值得称道。你解释的方法也很独特,深情又易懂。

我为你感到高兴,希望和你保持联系,这样你就可以确定安住于实相中,实相也永住于你。

愿此寂静永久印上你的心。我给你我的爱、快乐和祝福。

在我回印度之前是否有可能再见到你？我在 6 月 15 日左右会去法国，会在信里告诉你旅途见闻。在这之前，你可以把信寄到我以上的地址。

请把你的体验记录在本子上，一边写，一边每周寄一份给我。我确信一旦心的门扉被推开后，你会有更深层的体验。

致以问候、深深的爱和拥抱。

你的真我　彭嘉

按要求，卡尔洛斯把体验记录寄给了帕帕吉。6 月 10 日，已旅行到法国的帕帕吉给了他以下的回复：

我最深爱的，

我正准备出发前往法国，你的信带给了我巨大的快乐！等我到达后，会写信和你细说，我会通知你我何时到巴黎，这样就能和你见面了。可以在巴黎，或者我甚至可以去你那里一天。

你拥有这一极其殊胜的至高神秘体验，对我来说并不出奇。它本身是一种完全抽象的体验，我根本就不该称它为体验。它是全部存在，是存在本身。我为你感到极其高兴，我的爱子。

你来见我是为了什么，我很清楚。我在你内心看到了，当你看进我的时候，你看到了。虽然我在对其他人说话，但我一直和你在一起，甚至当你回家后，在机场甚至在飞机上，我都和你在一起。我一直和你在一起。

在 1974 年 6 月 4 日来自布洛克伍德的信中，你给出了多么美妙的解释啊！你极其精确地描述了你的真实所见。这一体验并不逊色于任何一个国家任何一位伟大圣人所经历过的。

你的朋友（米盖尔和安娜）不再到机构的每日静坐课上来看我了。或许我的方式对他们来说太过头了。我不在乎。欢迎每个人都能随其所愿走自己的路。

我真高兴能听到你的体验。如果你允许的话，我可以把它发到印度，给我的弟子们看看，因为在我们的宇宙家庭中又多了一个兄弟，他们会非常高兴。他们会给你写信的。

随后帕帕吉回复了卡尔洛斯在他信中提出的几个问题：

"不管我做什么，'那个'都在"——这就是体会到了本然存在。

"我担心'那个'会消失"以及"我能觉察到害怕直视恐惧的那种害怕"，这仍然是很棒的。要能恒常稳固（在真我中），就需要解释清楚。当我有更多时间的时候我会解释的。

"意、心与身之间没有分离。"看到这里，我真想马上飞过来拥抱你，直到海枯石烂！

请就这方面多写一些。你已经成就了值得成就的。或者说没有东西要成就了。如你本然即可，你本来就是。不要担心，"我和你同在"。

我们必须见面。请告诉我，当我去巴黎时能否见到你。

向你致以我的爱。

向谁致爱呢？向我自己的真我，
卡尔洛斯的真我

彭嘉

帕帕吉和卡尔洛斯安排在那个夏天在瑞士萨嫩（Saanen）见面，克里希那穆提将会在那里做一系列演讲。

当卡尔洛斯读到帕帕吉的评论说在机场与他在一起时，他想起了帕帕吉曾频繁询问他出发的日期和时间。那一年后来在瑞士的时候，他问起帕帕吉是否有意选择那个时刻给了他体验，帕帕吉肯定确实如此。

帕帕吉在巴塞罗那的最初几天中，卡尔洛斯并不是唯一一个拥有非凡体验的人。因为有很多人前来拜访，帕帕吉让一个巴塞罗那弟子吉亚内湿瓦（Gyaneshwar）给在印度的弟子们发消息，因为他自己没有空做。以下是吉亚内湿瓦的第一份通告：

我们未能及时通告尊贵上师来到我们中一事，因为自从1973年11月吉祥之日就开始等候上师的欧洲弟子、信徒们，络绎不绝前来拜访。

上师的永恒之爱如同圣河恒河一样流淌到了我们心中。祜主之名，他的游舞（神性之展现）、圣者们的故事和上师印度弟子们的故事恒常萦绕在我们的心间。

在西班牙，许多人已接受到他的加持。他最亲近的弟子之一妮维瑞提（Nivritti）的体验就是明证。

过后几天，上师会亲笔给他的孩子们写信。

随此通告附上的是妮维瑞提第一人称的回忆，讲述了帕帕吉对她的影响：

这整个世界似乎都从我脑海中消散了，所有人都睡着了，我觉得只有自己，漂浮在死亡之海上。我的灵魂只安定在你之内。当我不再在你的身边时，我只想哭泣，深深哭泣，想要再次靠近你。

哦，上师！你偷走了我的心。我不知道该怎么做。我只能想着你，并且哭泣。如今我处在你的牢狱中。人们跟我谈论他们的工作生活，但我毫无兴趣。我什么也不说，只是微笑，记着你的爱。

但现在我独自一人，我在哭。我的父亲！我什么都不再想要，除了和你在一起，对我来说什么都不再有意义。只跟我谈论神。让我看到他。我只要神，我亲爱的上师。

1974年帕帕吉在巴塞罗那举办萨特桑。

你让我疯了。你偷走了我的心。不要离开我,如果留下我一个人,我会死。如果你愿意,我会去死,但是不要离开我,不要离开我!

我感到神已经来见我,触到了我的灵魂。我还能要求什么呢?我只想要和他在一起。我想要和你在一起。我想要在你的怀中死去。我的上师!

从现在开始,你将是我的一切,我的父亲,我的母亲,我的妻子,我的儿子,我的朋友,我的神。

我疯了,被吞没了。你摧毁了我对日常生活的兴趣,现在当我说话时候,我只看到你。当我听什么、看什么的时候,也只有你在。我只看到你,只听到你。

每个晚上能处于你的临在中,是多么的喜乐!在你身边,只活在你心中,在神的心中。真是至福!

谢谢,上师。我是你的新娘,毫无保留。我整个存在现在都属于你。我不求什么,什么都不要,只要永远住在你的心里。

十天后,吉亚内湿瓦发给帕帕吉印度弟子的第二篇通告中包含了以下这篇不具名者的叙述:

今天早上,我正从上师住处开车去办公室。我的体验多么美妙!能够亲眼看到上师之身遍于十方,这非常奇妙,我突然间感觉到它变得越来越巨大,而我处于中心。

这不是那个看到这一宇宙形象的观者的我,恰恰相反。我彻底充满了,如同本然(as It Is)。这是我自己的更大的形体,但更加精微、辉煌。无法判别这是在内还是在外。

谢谢你，我的主！

我住在您之中，我一切所见都在您之内。

我依然在车里，突然听到了某处传来的"唵"声，不是从内也不是从外，是自发的。这个声音听起来越来越清晰，从源头流出。然后从我的发声器官中自然涌现出了音乐。

一切都在上师之内发生，这是那么明显！上师是唯一的存在。其他一切都发生在上师的心内。

在一个瞬间，我感知到了所有一切所见，还有见者，都是上师。现在，所有这些变得越来越精微并且消失了，让我身处忧伤之中。然而我的思维依然专注在之前的境界之上。

谢谢你，谢谢你，上师！我听命于你。你已经征服了我。我没有任何可问的，没有任何欲望。我在你的恩典轨道中。谢谢，哦，上师！找到你，我已经积聚了所有的一切[①]。谢谢你。

敬请原谅我蹩脚的英文，

我的母语是西班牙语。

谢谢。

在那些早期的萨特桑上，至少还有一人也有过非凡的经历，但后果却相当不幸。帕帕吉谈到参观孟买精神病医院的经历时，也提到了这个故事：

---

① 原文为"Having found you, I have added all the rest unto me"。这位弟子的英文不太好，所以不太明白此句的意思，或许指的是找到了帕帕吉之后，她已经得到一切需要的东西。

我走进大门，看到很多大笑或微笑的人。他们中有些人走上前，用灿烂友好的微笑来欢迎我。一开始我还认为自己一定是在哪里见过他们，只是记不起来了，因为他们问候我的那种笑容是人们对亲密的至交才有的。直到后来我才从一个精神病医生那里了解到，这些人之所以被关起来，是因为他们一直微笑或者大笑个不停。

如何判别一个人疯了还是没疯，精神病医生会告诉你毫无理由一直大笑或微笑的人是疯子。我可不同意。我会说不审视自己念头的人是疯子，这才是真正的疯狂症状。这整个宇宙是个巨大的疯人院，挤满了疯子，因为他们对自己头脑内的种种念头毫无控制之力。这个世界上谁才真的睿智，真的正常？如果你在整个世界中仔细搜寻，找得够久的话，或许能找到一两个正常人。其他人都只是囚禁在巨大疯人院里的病人而已。

说回孟买精神病院的这些人。我不知道他们是真疯了还是没疯，但以我个人经历来说，我知道如果一个人当众毫无理由地笑得太厉害，那就有被关进精神病医院的风险。实际上，大概是在二十年前，有个参加我西班牙萨特桑的人就是这样。

那时候我在一个名叫安东尼·布莱的人经营的瑜伽中心举行萨特桑。他有次来印度时在勒克瑙见过我，那时他就邀请我去他那个在欧洲的中心举行萨特桑。这里有些西班牙人或许听说过他，他在当时是相当有名的灵修老师，写了几本书，在很多地方都有中心。我举行萨特桑的地方在巴塞罗那。那个厅很大，能容纳大约一百八十人。每天晚上六点到八点，我就在那里举行萨特桑，或者带禅修课。

在一次萨特桑上，有个我从来没见过的男人走过来，在我面前礼拜。这行为本身就不同寻常，因为欧洲人没有这个习惯。而且当时，我一度不鼓励人们在我面前礼拜。

这人起身后就开始大笑大叫。在大笑间隙,他会大喊:"我是耶稣!我是耶稣!我是上帝!我是上帝!"他并没有逗留很久。几分钟后他就跑出了房间,仍然喊着:"我是耶稣!我是耶稣!"

那天晚上结束时,我问安东尼·布莱这个男人是谁。

"我不认识他,"他回答,"从没见过他。他不是我们中心的成员。我们在外面放了一块标志,写着'欢迎所有人'。他或许只是看到那个标志就走进来了。"

我想知道他是谁,因为我向来喜欢有人站起来,不容置疑地宣称"我是上帝"。一个知道自己真面目的人能够站起来,并宣称这一真相,因为这是他的自证体验,但在西方当人们做出这种举动时,就会惹来教会以及民事当局的麻烦。任何一个不停地宣称已经明白了自己与上帝无别的人,都有可能被关到精神病院去。在印度,我们并不会对这类宣言大惊小怪。实际上,我们的经文鼓励我们说"我是梵",去体验这话的真相。

既然没人知道这男子是谁,不知道他从哪里来,我只能放手不管。但是半夜时我接到了一个陌生女人的电话。

"我丈夫告诉我,他要去参加一个印度人举行的演讲,演讲定于晚上六点在安东尼·布莱的中心举行,可他现在还没回来。我给中心打了电话,但那边没人认识我丈夫。接我电话的人建议我致电你,因为你是做演讲的人。他的名字叫佩德罗(Pedro),是一位教授。今天晚上你见到他了吗?"

我并不知道有叫佩德罗的,但我觉得他可能就是那个喊着"我是耶稣!我是上帝!"而后突然离开的男子。我在电话中向女人描述了这个男子的情况，她也认为那可能就是她丈夫。我没法帮她，因为我根本不知道他离开萨特桑后去了哪里。

第二天一大早，她又打电话给我，说："我半夜接到了警察的电话。他们告诉我说发现有个男人在高速公路当中跳舞。他们说他在距离这里一百二十公里的马路当中停了车，绕着车跳舞，喊着：'我是耶稣！我是上帝！'他没法回答警察的任何提问，不过他们检查了他的驾驶执照后确认了他的身份。

"警察告诉我：'他没法照顾自己，请马上过来领走他。他根本不可能自己开车。带上另外一个司机来，你需要一个人来开车，另一个人来控制他。'

"我看到他时，被他的样子吓坏了。我们是体面人家，我丈夫是大学里的音乐教授，但当我看到他的时候，他就像个酒鬼一样在自己车上跳舞，或绕着车跳舞，向每个经过的人高喊：'我是上帝！'

"因为我是他的妻子，警察让我为他负责，但是我告诉他们：'他不再是我丈夫了。我不知道这个男人是谁。他甚至都认不出我，也根本没有注意到我在场。我不想和这样行事的人继续生活了。'"

"那他怎么样了？"我问，"他不可能还在那条路当中跳舞吧？"

"我拒绝把他带回我们的公寓，他明显是疯了，所以我开车带他去了当地的精神病院，把他留在那里了。据我所知，他现在还在那里。"

我打电话给布莱先生，告诉他发生的事情。既然佩德罗被他妻子遗弃，我想就该由我们出手帮忙了。我知道他没疯。我知道他又跳又笑是出于一个完全不同的原因。

布莱先生告诉我："你无能为力。他们不会允许你进医院的，因为你不是亲属。这种情况下，只允许家庭成员去看望病人。"

我又打电话给那位妻子,恳请她去医院,因为她是唯一一个能见他面的人。我解释说这只是一个暂时的体验,是由强烈的快乐引起的。你第一次喝烈酒,如果喝了超过一两杯而身体还未适应,你也会又跳又唱。就是这样,不是吗?我向这个女人主动提出帮忙,因为我知道她的丈夫是因为突然之间沉浸到快乐和狂喜之海中而处于震惊的状态。

她听完了我的解释,但依然强硬地拒绝再跟他有任何关联。

"我不在乎他是怎么进入这种状态的,我也不想知道理由。我不在乎这是暂时的状态还是开悟了。你说他很快就会恢复正常,或许如此,但我还是不会把他带回来。我完全无法接受他昨晚做的事。我永远不会允许这个男人再次回到我家。他的大笑狂舞已经向我证明了他有发疯的倾向。我没法再相信他了,因为我永远无法知道什么时候他又会开始像这样表现。"

"但他很快就不会这个样子了,"我说,"再过几天,他就会恢复正常。现在他需要有人来照顾他。你是他妻子,是唯一一个能看望他的人。你不能因为他出于快乐而过度兴奋就抛弃他。"

她不听我的。"我不想再和他打交道,我怕他。他之前从来没有说过上帝。我们彼此非常相爱,结婚十三年来,他从来没有过这样的举止。现在参加了你的一次禅修课,他就在路当中大喊大叫,声称自己是上帝。我可不想和上帝住在一起。我想要的是和举止得体的正常男人生活。我不能带他回去,因为我根本不知道他什么时候又会旧态复萌。"

所以,这是西方的一条社会规范。如果你高兴到在街上又笑又跳,就会被当作疯子关起来,你出院后,还会被以前的亲朋好友排斥。在印度,我们尊敬有这样行为的人,特别是如果他们直接体验到了神;但在西方,这样的人从不被社会接受,也不被教会接受。

帕帕吉鼓励任何在他身边有觉醒体验的人以唱歌跳舞的方式来庆祝，或者以任何感觉适当的方式表达出来。他在欧洲见过至少两个人因为在他面前有狂喜的体验而被捕了，但这并没让他改变看法。

下面这段评论是帕帕吉对萨特桑上的一个男子说的，那人有了深刻体验后还是非常含蓄内向地坐着，静静地。帕帕吉告诉这个男人应该"学会庆祝"，接着作了以下评论：

有这个体验的时候，有些人跳舞，有些人唱歌。并非事先计划过，也没有排练，只是自然地发生了，因为当事人无法抑制突然之间向他揭示的快乐和宁静，顷刻间就爆发并抒发了出来。

一次，有个女子开车载着我从她家去往我孟买的住所，路上大概有二十英里。她是个印度人，住在佛罗里达，她儿子在海湾[①]工作，是个注册会计师。她正开着车，突然间有了这个体验。她并没有像你一样安静地坐着。她在路当中停下车，打开了车门，开始在车顶上跳舞。这是真正的庆祝方式。当那个时候来临时，你的体验会促使你站起来跳舞。甚至连一分钟都等不得。这个女子并没有等开到我家，而是马上停下车，在车顶上跳起舞来。当你和妻子在蜜月之夜走进卧室时，你会对她说"现在时间不合适，我们迟一点"吗？

这让我想起了一个叫罗德（Rod）的英国人，20世纪80年代他来纳希看我。那天他突然带着行李出现，我让我儿子苏仁德拉在附近的帕尔宾馆给他安排了住宿，告诉他可以待会儿来我家一起吃午饭。

---

① 海湾，指波斯湾。当时很多印度人去波斯湾的阿拉伯国家工作。

他几乎是立马就来了，参加了下午一点左右结束的萨特桑。在萨特桑上，他说自己在英国和美国已经见了许多老师，其中有一个毗婆舍那[①]的老师让他来勒克瑙见我。

一开始他只是问问题，那种大多数新来的访客都会提的问题。但突然之间，没什么明显的理由，他就中止了提问，站起身来，开始绕着房间跳起舞来。他欣喜若狂，根本没法回答别人问他的任何问题。过了一会儿，他跑出了房子，沿街而舞。他跳来跳去，在空中挥舞着双手，完全无视周围任何事物。在妙乐中，他没留心道路当中的下水道检修孔，踩了个空，径直栽到了洞里的污水中。就算是这样也无法阻止、减弱他的狂喜。他爬出了检修孔，满身都是又臭又烂的污水，继续沿着街狂喜地跳下去。那就是这一瞬间来临时的样子。即使掉到勒克瑙的污水沟里弄脏了全身，也不能熄灭这一喜悦。

这一戏剧性事件发生在1988年6月初。罗德稍微平静下来一点后，帕帕吉让他写下自己的体验，并每天记录发生在自己身上的事情，作为日记。我在帕帕吉的书籍中找到了这一日记的复印本。以下是罗德叙述的这次体验及其后续的摘选。

早上我告诉彭嘉吉见他之前的经历，只想要解脱的经历。他说的大意是："你非常幸运。这只发生在非常少数的人身上。如果你找到了一个珍宝，就必须礼遇它、珍视它、与它做朋友。"然后他说："朋友是个容易误导的词，因为它暗示有两个，但其实只有一个。"

[①] 毗婆舍那（Vipassana），内观、观法或正观。不向外求而深自内省，使内心趋向于真理之观察，亦指佛教一般之实践修行。（《佛光大辞典》）

我感到又轻松又兴奋。我想去山上待一会儿，但彭嘉吉让我别要巧克力（这样的小甜头），而是要去拿一百美元大钞。他说："去山上并不能给你自由，因为你会带着自己旧有的头脑去。"

他充满慈爱地看着我，说他能看到我越来越闪光。我能感到自己确实如此。听到他的教授，我表达了自己的妙乐，上师说他也为我高兴。有很奇妙的神秘事情正发生在我身上。发生的时候，上师充满慈爱和慈悲地碰触我、摇晃我，然后问我还好吗。他把手放在我肩膀上，给了我一片水果。哦！……

上师对我说："你觉得自己受得了这个自由的体验吗？"我说："能！"然后上师说，这会是对身体系统的一大冲击。我不觉得他是故意想吓我。他只是想说身体必须能够承受得了。然后他说："在这种体验之后，有些人疯了，有些人卡在狂喜和幸福中，而第三类，最好的一类，他们保持寂静。"

没有什么需要我做的！我是世界上最幸运的人！嘉　嘉　罗摩[①]！命运将我置于一位完美上师的脚下。嘉　嘉　罗摩！这甚至比完美还要完美。这完完全全令人惊叹、不可置信。嘉　嘉　罗摩！

我把这个告诉了上师，他容光焕发。这就是他想要听到的、读到的东西……

我为面前这崭新的展露而激动。我想跳跃，跃入这未知之中。现在没有什么需要我做的了，没有要做的努力、没有要去的地方、没有要记住的东西、没有要遗忘的东西……我的心什么都不抓。我内在深处感受到了非常奇妙的东西。我感觉不到要完成或达到的任何需要。

[①] 嘉　嘉　罗摩（JAI JAI RAM），唱诵、礼赞罗摩名号的常用咒语。

没有从"这里"离开的需要，这是最为重要的，是我最渴望的。当我渴望真理时，是真理本身在说话。坐在你脚边我感受到了至福。我还能何去何从？一种神秘与奇妙的感觉，没什么需要解决或者理解的了。当真理通过我的心说话时，我彻底被加持了。除了"现在"，它还能在什么其他时间说话呢？只有我停止观看时，它才显现。"就在当下"的感觉是越来越强——以及此刻的圆满……

我们在公园里散步时，念头纷至沓来，但是对它们，是有着觉知、觉知、觉知的。正在发生的，是臣服、臣服、臣服，然而臣服的是谁？只有真我。突然强度骤升；能量冲上来，好像箭一样集中到了我的第三眼。我的理智好像在臣服，此后我开始疯了一样地摇动，但是您，我神圣的上师喊道："不！"我立刻就被带出了这种不受控制的疯狂。你说："保持正常，觉察本来之美。"啊！这真是无与伦比的美妙！

发生了这么多，但我知道事情还没有结束。上师说，在一年后会发生些什么。但我仍然能感受到未知世界向我敞开的喜悦。多么奇妙，多么美丽，多么不可置信。

在神性游舞中，上师、罗德、彭嘉吉和真我舞进并舞出彼此。为何要把顶礼彭嘉吉足下变成一种仪式呢？但这仍然是一个美好的传统，是真我向真我致意的美妙方式。我在公园里向你顶礼时，你说这是我做过的第一个真正的礼拜。

念头不再那么抓得住我了。我先前给你写信，说我所有的念头都是神性的，我还是这样觉得，这就是为什么它们并不能困扰我。

罗德的叙述显示长时间的平静中点缀着一次次狂喜，狂喜中他偶尔会因为太过兴奋而失去对自己身体的控制。谈到这些爆发，罗德评论道："圣疯是身体内的神性，但处于不可控制的状态。"帕帕吉感觉他需要休息一下，好让身体适应发生的事情。

观察罗德一段时间之后，我觉得他留在勒克瑙没有好处。有一天我带他去了住家①，我认为他需要在外面多花点时间锻炼。他没有欣赏花园美景，却开始在草地上翻滚、尖叫。很明显，这次体验触发了他神经系统的一次巨大震动，我认为继续待在勒克瑙会让情况变得更糟糕。我想在喜马拉雅山区住几天会对他有所裨益，就让我儿子带他去火车站，给他买了一张杜恩特快的车票。他本来就已经在筹划去山区。他之前告诉过我，他带了许多暖和的防水衣物，因为计划要去拉达克②登山。

他从拉达克的列城写信给我，说他非常喜欢那个地方。我回信给他，告诉他一周后我会去哈德瓦，他不必回勒克瑙来看我了。大概一个月后，他去哈德瓦看我，一起住了段时间，然后跟我去了勒克瑙。在勒克瑙和我待了一段时间后，我让他回英国，向他的朋友们讲述在他身上发生的事。过了一段时间，他写信给我，说英国没有人能理解他。他之前是老师，但在信中他告诉我，这体验深深改变了他，他再也无法继续工作了。他说需要和我再待一段时间，问能否在下一个冬季前来印度。我邀请他来。那一次，他就只是安静、平和地坐着，没有表现出任何第一次来访时特有的狂野症状。既然他似乎已经相当适

---

① 住家（the Residency），原文并未注明是何处，译者猜测应是 the Residency Inn，住家宾馆，是一家在勒克瑙的宾馆。
② 拉达克（Ladakh），位于克什米尔东南部，青藏高原的西部边缘，海拔为三千至六千米，曾是古丝绸之路必经的重镇，首府列城（Leh）。

应这一体验了，我最后就让他去美洲，告诉他之前的老师们他在勒克瑙发生的事。

在巴塞罗那逗留了大概两周之后，帕帕吉应邀前往马德里举行萨特桑。在他抵达马德里不久后给毗纳亚克·普拉布的一封信中，他写道："很多人想和我一起到印度，但我没那么多地方，我也不想再折腾出更多的地方来。整个宇宙都是我的家。我去哪里都好像是户主一样住着。宇宙之父很好地照顾着我。我是他的儿子。我对此很自豪。"

有个来自马德里的建筑师，安瑞克·诺瑞嘎（Enrique Noriega）先生参加了我在巴塞罗那的萨特桑。他邀请我去马德里几天，给那里的弟子举行萨特桑。他告诉我，他的妻子康素爱萝（Consuelo）也想要见我，想要问我几个话题。我去了那里，在他家举行了萨特桑。每天大概有十五个人来。

有一天，安瑞克接了个电话，来电的是马德里大学的瑞维拉（Rivera）教授。此人曾经应印度政府之邀在印度做过演讲。他打电话来问我是否能下午五点去大学，见见几个教授和学生。我接受了邀请，因为这是见到一大群人的机会。当时有一条禁令，禁止超过十五人在私人住所集会，所以我在安瑞克家的萨特桑人数也限制在那个数目内。但在大学这样的公众场所，这条法规就不适用了。安瑞克知道这个教授，建议我不要去。

"瑞维拉教授不喜欢印度人，"安瑞克说，"我听说他对印度有过许多粗鲁的言论。他邀请你或许只是因为可以当着他所有学生和教授同行的面羞辱你。"

我不会逃避这类挑战。我如约而至,发现有大约一百人出席了我的演讲。讲台上有三把椅子。一把是给我的,一把是给教授的,第三把是给一个西班牙女人的,她一直帮忙把我的回答翻译成西班牙文。

教授站了起来,做了一些介绍性的讲话。西班牙女子翻译给我听,我就明白了他看不起印度和印度人。

1974年,帕帕吉在马德里。

"我对这人的背景一无所知,"他如此开场,"但我知道他来自一个非常贫穷的国家,这个国家向西方乞求食物和金钱。让我们看看这个从乞丐之国来的人,是否能带来什么我们还未曾有的东西。

"我来问第一个问题。彭嘉先生,谁更伟大,佛陀还是耶稣?"

我马上意识到他在试图给我设陷阱。他想让我说其中一个宗教更好,这样就会得罪另一个,然后人们就可以跟我争论。所以,当他问我这个问题"谁更伟大,佛陀还是耶稣"时,我只是看着他,非常平静地说:"我。"

在那个"我"中,佛陀和耶稣都不是更伟大的。"我"大于其他一切。这个回答不知为何停止了他的心念,摧毁了他所有的对立态度。他张开双臂拥抱我,热泪盈眶地亲吻我。

然后他对其他老师和学生说:"这个人能回答你们所有的问题。任何你们想问的都可以问。"

我和这些新人们对谈,度过了美好的夜晚。他们对我、对证悟和印度的灵修传统一无所知,但仍然提出了一些很好的问题。那晚结束时,瑞维拉教授邀请我第二天去见他的妻子。她也是大学里的教授,但没能出席我的问答环节。

第二天早上,他驱车大约三十英里,带我去了一座美丽的花园,那是为弗朗哥将军建造的。我们在一座精心修剪过的花园里,坐在椅子上一起吃早餐。他们都是教授,就提了很多智性的问题,不过他们一定是很满意我的回答,因为后来我在马德里期间,他们天天来看我。瑞维拉教授正在写一本书,叫作《东方西方》(*Oriente Occidente*),他告诉我会在书中叙述和我的会面。

建筑师安瑞克希望我留在马德里,定居在那里。在我逗留期间的某一天，他带我去了一个地方，在离马德里不远的森林里。他对我说："我想在这里给你建造一所房子或者一个道场，这样你就能长久和我们在一起了。"

我不想被拴在某个特定的地方，所以拒绝了他的请求。

安瑞克的妻子康素爱萝是克里希那穆提的忠实追随者。她与克氏本人认识，还参加了他在欧洲许多地方的很多开示。康素爱萝根据自己对克里希那穆提教义的理解，向我提了很多智性上的问题。她很喜欢我的回答，想要到印度和我待一段时间，但她有两个年幼的孩子，所以无法出门旅行。虽然她是个好人，对灵性有着认真的志趣，但她的情绪非常不稳定。我在那里的某一天，她歇斯底里症发作，开始摔盘子，并丢出了厨房窗户。没有人能控制住她或让她安静下来，连她丈夫都不行。

我第一次听到瑞维拉教授批评印度时，想当然地认为他可能是个基督徒，看不起印度的宗教思想。后来我发现，他其实对西方基督徒把信仰强加在第三世界国家上的手段无比厌恶。

我得到了他的信任后，有一天他对我说："彭嘉吉，我想带你去看看我们当地的一个剧院。我想你或许会对他们上演的剧目非常感兴趣。"

我回答说："我不是很喜欢剧院演出。我来欧洲是为了别的目的。我来是教禅修，教人们怎么找出自己真面目的。所以我才接受了你的邀请，到大学演讲。"

"这是一种不同的演出，"他说，"并不对公众开放。这是在大学里的剧院，传道士们在那里受训，好表演给贫穷国家的人民看。我之所以被允许进入，一方面是因为我是大学里的教授，另一方面是因为我也偶尔在印度演讲。他们想教会像我这样的人怎样对潜在的皈依者产生最大的情绪影响。"

我接受了邀请,前去参观传道士的受训过程。正如瑞维拉教授所说的,他们由演员们来培训,以便在传教时能让人看上去、听上去很有信服力。

比如,指导者会这么说:"印度的人喜欢灵性老师们在传法时变得非常感性。如果你在朗读《圣经》经文时哭了,那就会对你留下比较好的印象。但如果你没法自然地哭出来,那么朗读的时候,擦点柠檬汁或者洋葱汁在你眼睛里。当你双眼开始流出泪水的时候,观众会非常感动,他们会认为你是处于狂喜状态中。"

然后他给人们演示怎么把柠檬藏在手里,如何神不知鬼不觉地擦到眼睛里。老师说最好的方法是把柠檬汁挤在手帕上,擦擦眉毛或者擤擤鼻子的话,是没人会怀疑的。这就是传道士们被教导的方式。他们没有对神的内在体验,能让自己自然哭泣,所以就只能教他们作弊。

这是捕获新人的一种方法。另一种方法就是在新人还是很年幼的儿童时就把他牢牢抓住。在印度,基督教组织把贫穷、低种姓家庭的女孩子接收进来,答应照顾她们、教育她们。她们十来岁时就被鼓励进入国外的修道院,继续培训。但当同意并去到这些机构后,她们就发现自己主要被当成了用人。如果这潜在的改宗者已经是个成年人,他们就会用食物来贿赂。我在果阿附近的石头堡工作时,传道士会每周分发糖、面粉和豆子给来参加教堂仪式的人。在西方,人们上教堂的比率已经持续下降几十年了。很多人真心想找到上帝或者觉悟,他们中的一些人正转而追随其他宗教。我在欧洲旅行的时候亲眼目睹了这种状况。

帕帕吉在马德里进行了大约两周的萨特桑。他似乎找到了对策绕过"禁止超过十五人"的规定，因为在 1974 年 5 月 5 日，他寄了下面这封信给室利·B.D. 德赛先生：

马德里

我亲爱的儿子，

我这些天在马德里，但是蜜拉电话告诉我有几个男孩临时从法国来（巴塞罗那）见我。所以明天我就得回去了。这里每天有大约一百人参加我的演讲。他们给我提供了一所大房子，作为我长期的住处和禅修中心。

这个地方的人非常好。几天之内，很多人就有了体验。吉亚内湿瓦会从巴塞罗那写信告诉你具体情况。

帕帕吉在马德里时遇到一位艺术家，想要画他的肖像画。他讲述了两人的相遇，并继续谈到了在欧洲遇到的其他艺术家。

我的一次萨特桑之后，有个女子走近我，问她是否可以画我的肖像画。

"我需要单独和你坐下来，大概要六小时。"她说。

我不想在她画画的时候什么都不做，干坐着浪费这六个小时的时间，所以我告诉她："我们在这里每天举办一个小时的萨特桑。你到时候可以来，我回答大家提问的时候，或者他们禅修的时候，你就可以做你的工作。"

她同意了，一周左右完成了画作。每个人包括我都很喜欢，但她并不满意。

"一张照片向你展现一个人的外在看起来是什么样的。"她解释说，"但是肖像画应该展现内在。你或许喜欢，但就我而言，这是张失败之作，因为我从没能感受到你内在究竟是什么样的。正因如此，我无法把我的理解传达到画作上去。在你之内有个什么东西是我无法捕捉的。我对这幅画并不满意，但你想留下的话就悉听尊便了。"

我收下了这幅画，甚至带回了印度，现在挂在勒克瑙我的家中。我喜欢这个女子对画的态度。她不只是想复制我的脸，更想找到它背后的真实，这样就能把其中一些精髓传达到画中去。对她而言，每次坐着画画一小时就是真正的萨特桑，因为她把全部注意力都集中在面前这个老师的真实本性上了。

我在欧洲四处游历时，还遇到过其他几位艺术家。我第一次去欧洲时遇到了一位德国艺术家，他给我讲了个很有趣的故事。

"我去看一个展览，"他说，"因为我有一些画在那里展出。我并不怎么出名，那时我的画售价非常低。我会以很低的价格快速卖掉。有一幅小画作，画了一个非常丑的女人，我并不指望能卖出高于十马克的价钱。她闭着一只眼，鼻子是歪的，我极尽所能把她画得又老又丑，满脸皱纹。

"在展出时，有个女人走过来，在我面前把钱包倒了个空，她说：'这是我带的所有的钱，只有口袋里还剩了些零钱，那是我坐公交车回家的车钱。够买这幅画吗？'

"她指着那幅丑女人的画。

"我看着面前这堆钱,说:'这可有好几百马克。你不必出这么多,我只要十马克,剩下的你留着。'

"'不,'她说,'我要把所有的钱都给你。我原本没打算要买什么画,只是来城里购物,纯粹出于好奇才到这里来转转。可是一看到这幅画,我心想:"这是我见过最好的女性画像。"因为我心里面知道我就是这个样子的,所以我喜欢它,而且就内在而言,我知道所有的女人都是这样。女性的终极形象就是这样。我必须拥有它,我想倾尽所有买下来,因为这样我就会更加珍惜它。'

"'我就以这么贵的价格把画卖给了她,她开开心心地回了家。'"

这是一个非常奇怪的故事,我到现在依然不知如何解释。为什么这个女人想要盯着这么丑的东西看?为什么她认为它非常传神?为什么她明明知道十马克就够了,但还是愿意花光所有的钱来买画?我给几个人讲过这个故事,但没人能出让我满意的答案。

另一位艺术家相当有名,邀请我去他巴黎的公寓。他是艺术教授,也是克里希那穆提的弟子。我一走进他的公寓,就看到面前墙上挂着一幅他的作品。我搞不清楚作品表达的是什么,就直接问他:"这是什么?"

"我不知道,"他回答,"工作的时候我是不用头脑的。我工作时没有念头或者企图。我不是想要做出什么或者完成什么。我只是随它去,让我的双手做它们想做的。完成后,我说不出作品的含义,因为我创作的时候并没有给予它任何意义。这只是我双手创作的那一刻,对我状态的反映。"

我喜欢这个无念艺术的想法,但没法说我喜欢完成后的作品,因为他给我看的所有作品都是用旧烟蒂做出来的。他闲暇时,会去巴黎的大街小巷溜达，捡别人丢下的烟蒂。等到集够做一个新作品了，他会站在画布前，停下自己的头脑，任由自己的十指把抽过的烟蒂固定上去，形成看似随机混乱的图案。这个人相当出名，甚至说服了人们出大价钱买下这些作品。我无法欣赏，因为他整个公寓弥漫着陈腐的烟草臭味。我尽可能早早离开了。

后来我发现他改用了木块。他会拿一块块的木头，像孩子堆积木一样，摆放在地板上。有时候他还会加上几块石头。这样的装置在巴黎的画廊展出，很多都卖出了大价钱。

大多数我遇到的艺术家都说自己的画表达或者反映了他们的精神状态，但是我看不出两者之间有多少联系。举个例子，在我第一次旅欧时，在萨尔茨堡遇到一位艺术家，他给我看了些自己画的漂亮野生动物的图画。飞鸟似乎是他的专长。当他不作画的时候，就和妻子激烈争吵、拳脚相向。我也见到了他妻子，她告诉我自己常常被打，但在他的那些画作中，丝毫看不到他凶暴脾气的痕迹。

在欧洲看到的那些艺术作品，我没法说能理解或者欣赏多少。或许我的品位太不一样了。我喜欢跳舞，喜欢歌唱，但极少喜欢艺术作品。我在印度时喜欢在雨中载歌载舞。我会独自去山中，独自一人跳舞、唱歌，来抒发我内在的喜悦。

帕帕吉在5月的第二个星期回到了巴塞罗那，去了安瑞克·安圭拉的农场做客，后者曾在1971年邀请他去巴塞罗那。帕帕吉在给毗纳亚克·普拉布的短信中，说了以下这个故事：

巴塞罗那

我挚爱的圣子，

在印度你认识的安瑞克·安圭拉和何塞·特瓦（José Tewar）带我去了他们的农场。和他们待了几天之后，我今天回来了。他们有个非常巨大的七百公顷的农场，彻底机械化了。他们种小麦、玉米、大麦和牛的草料。安瑞克娶了一个僧伽罗（Sinhalese）女孩，她哥哥是易卜拉欣·乔塔（Ibrahim Chhota），他来勒克瑙见过我。她现住在莱瑞达省的彭市①。何塞很快会写信给你的。我给了他你的新地址。安瑞克想到印度瑞诗凯诗和我一起住九个月，剩下三个月就待在自己的农场里。现在他不是很喜欢待在基督教文化的社会中。我发现他因为学习吠陀，彻底雅利安化了。他在大学里一周教两次梵文。我回家之前，他都和我在一起。他的农场离巴塞罗那有两百公里。

很多人准备好了要陪我去印度。或许他们认为我也和其他那些灵性导师一样，在印度有着大道场。那些导师游历了一趟欧洲，就载满绵羊而归。他们得意扬扬、爱好卖弄，热衷于清点被成功劝服归顺他们的绵羊的数量。我告诉人们，等我从印度写信给他们吧。

在巴塞罗那期间，有人邀请帕帕吉到伊维萨②岛住上几天。

某次巴塞罗那的萨特桑上，几个嬉皮士信步走了进来，他们很喜欢所听到的东西，就邀请我去伊维萨岛一起住上几天。出于好奇，我

---

① 莱瑞达省（Lerida），又称 Lleida，是西班牙的一个省，位于西班牙东北部。彭市（Pons）是莱瑞达的一个市。
② 伊维萨（Ibiza），位于地中海西部，是西班牙巴利阿利群岛的一部分，位于主岛马略卡岛西南。

接受了邀请，因为我想看看他们是怎么生活的。那个时候，岛上几乎每个人都像是嬉皮士。他们喜欢那里，因为警察不找他们麻烦，很多人甚至没有签证，警察也睁一只眼闭一只眼。与我相处的人跟我解释说，他们是传统的嬉皮士，也就是说，他们已经建立起了自给自足的公社生活，井井有条。有妇女的产科中心，有一所学校和托儿所来教育孩子。学校由一个身材高大丰腴的美国女孩管理，我非常喜欢她。他们是一些天真的年轻人，由衷地相信有一天他们会统治世界。

我问蜜拉为什么帕帕吉会接受这个特别的邀请。

他对欧洲的每件事情都非常好奇，想第一手了解人们是怎么生活、怎么想的。我想他去伊维萨岛是因为听说那里有许多年轻人离开了自己富有的家庭，甘愿过简单贫穷的生活。我们并没有在那里停留很久，或许也就待了几天。帕帕吉也举行了萨特桑，但他很快就意识到那里的嬉皮士们还没准备好接受他的教法。于是我们离开那里回到了巴塞罗那。

蜜拉的态度或许有点悲观，其实此后，当帕帕吉和克里希那穆提在瑞士萨嫩举办萨特桑时，有几个伊维萨的嬉皮士也去了。

帕帕吉从巴塞罗那北上前往巴黎，住在悉塔家，悉塔就是几年前去瑞诗凯诗寻找"不可见的上师"的女子。帕帕吉描述这次做客：

我们到达了悉塔的公寓，位于离巴黎大约三十公里的帕莱索[1]。

---

[1] 帕莱索（Palaiseau），巴黎西南的一个市镇。

我们见到了悉塔和她的男朋友。他信奉鲁道夫·斯坦纳[1]，不喜欢我对悉塔说的一些东西。

只要我一开口对她说点什么，他就会拿出一本鲁道夫·斯坦纳的书，说："你说的不对。看，斯坦纳讲的完全不同。"

过了一段时间，我被他惹毛了。"这些萨特桑并不是给你的，"我说，"如果不喜欢我讲的，你可以去别的地方。"

这只是激起了他更大的敌意。

悉塔和她的男朋友已经同居了很多年，但他们从没办过正式的结婚仪式。我很快发现这个男孩不想结婚。

我问悉塔："你已经和这个男孩同居好几年了。你一定是喜欢他的，否则你不会还和他住在一起。你们为什么不结婚呢？"

"他不想，"她回答说，"他不喜欢结婚。"

我叫这个男孩罗摩，因为他妻子是悉塔。我质问他："为什么你不想娶她呢？你和她已经住了好几年了。你一定是喜欢和她住在一起，否则你们不会在一起这么久。"

"我现在拥有我的自由，"他回答，"如果我娶了她，她会开始控制我，指挥我做事情。现在，如果我想和其他女孩约会一下，我就可以搞定，她也没法抱怨，因为我们没有结婚。"

我见到他是这副做派，对他非常生气。我们大吵了一架，最后我把他赶出了公寓。我气得不行，都忘了这是他的公寓而不是我的，我只是来做客的，并不是主人。不管怎样，我把他赶了出去，砰地关上门，锁了起来，这样他就进不来了。

---

[1] 鲁道夫·斯坦纳（Rudolph Steiner，1861—1925），奥地利社会哲学家、教育家、建筑师。

他对自己被赶出公寓毫无准备。那时夜已经深了，他穿的衣服很单薄，车钥匙也没带，所以他也没法开车到朋友或者亲戚那里过夜。

悉塔不想他被冻着。"为什么我不能至少把车钥匙给他呢？"她问道，"这样他可以坐在车里，开着暖气，或者开车去其他地方过夜。"

"不行，"我回答，"他待你非常不好。就让他冻一会儿，他受冻的时候可以想想自己是怎么待你的。"

我把车钥匙带回了我的房间，放在口袋里，这样她无法趁我不备拿钥匙给他。

"明天早上你上班的时候，我会把钥匙还你的。在这之前就由我收着。"

第二天，她拿了钥匙去上班。她是一名老师，她学校里的孩子有各种问题需要特殊教育。

那天早上稍晚的时候我离开公寓去散步，看到门上钉了一张纸条。纸条上写道："谢谢您，上师。我们现在要去结婚了。"

他在街上哆嗦着度过了那一整个晚上，哪怕这是他自己的公寓，他都不敢要求我们让他进来。悉塔出门上班时，他道了歉，求她嫁给他。

那天后来我碰到他的时候，他所有的敌意消失一空。他甚至承认了我的教授是有些道理的。

"我在外面吹着寒风时，"他说，"我脑海里开始浮现你说的一些话，我突然意识到它们颇有道理。我开始能理解你说的话了。"

印度有一个传统，上师能够通过眼神、言语、触碰，或者仅仅是安静地坐着就能传递他的教授。此外还有一种方式，就是有时候弟子需要被好好揍一顿，才能够理解给他说的话。罗摩被好好揍了一顿后，明白了这次教授。

我在他们的公寓里主持了一个印度仪式。传统的印度婚礼上要生圣火，举行名为雅甲和护摩①的仪式。我不想招来当地的消防队，以免打断仪式，所以在主持仪式的时候，我让罗摩和悉塔关紧了所有门窗。这对新人绕着火走完七圈的时候，我唱诵了相应的咒语完成了仪式。这是二十多年前的事情了。两人的结合很美满。他们仍然在一起，已经有三个孩子了。

蜜拉告诉我这是帕帕吉主持的第一个婚礼。在随后的年岁中，他以同样的传统方式主持了好些弟子的婚礼，虽然现在是由一个具格的婆罗门僧侣来负责唱诵适当的咒语。

帕帕吉接下来叙述了帕莱索公寓的一些不便：

不管我住在哪里，都喜欢每天长时间出门散步，最好是处于自然景色中。我当时所住的地区都是碎石铺成的道路，纵横交错，举目望去几乎看不到任何绿色。我想去其他不被连绵不断的沥青和水泥覆盖的地方散步。

"附近有公园吗？"我问，"有没有我能在早上散步的公园，而不

---

① 雅甲（yajna）和护摩（homa），吠陀的火供仪式，一边唱诵咒语，一边将供品投入火中，供奉给神祇。后吠陀时代的火供仪式称为护摩，现今护摩和雅甲两词可以互用。

是在被汽车烟雾毒害、被噪声震聋的地方？"

他们想不出附近有这样的地方，但是答应在放假的时候带我去其他地方。

"下个周六，"他们说，"我们带你去田园散步吧。"

所以我不得不等上几天，等着能去散步。接下来的周末，他们开车八十英里带我去了一个森林，但下了车开始散步时，我们看到了一块大告示牌，上面写着："禁止入内。任何进入此地者将被起诉。"

"这就是你们唯一能找到的地方？"我问，"我们开了几小时的车，就是为了来到这么一块被栏杆围起来的私人领地？"

"不，"他们说，"我们要带你去的地方在附近。这块地原来的主人去了美洲。现在荒废了，等着出售。我们可以到处走动，无人打扰。"

她带我去了附近很小的一块地，大概只有这个萨特桑大厅那么大（长十五米，宽十米）。她脱下鞋子，开始绕着这个小小的花园跳舞。

"这不是很棒吗？"她问，"能赤足碰触到大地母亲，不是很美吗？"

我一辈子都在印度，基本上是赤足走路，所以我也不觉得有什么了不起。这些都市人为了能够享受在大自然中散步的乐趣，不得不周末驾车开上八十英里，我觉得这真的很悲哀。现代城市的居民们住在一个充满了苯、烟雾的环境中。住在他们所谓的文明都市里，让自己患上癌症和其他疾病，如果需要呼吸一点新鲜空气，就得开上好几小时的车。

说到在巴黎的散步，我必须提一提另外一件事。在过去大约三十年间，我的膝盖一直有问题，用膝关节支撑全身力量的时候就很疼痛。所以我和弟子们出去散步的时候，有时候我要靠在离我最近的那个人的手臂或者肩膀上，这样关节就不会因为承重而疼痛了。但我在巴黎这样把手臂放在悉塔丈夫的肩膀上的时候，他震惊了。

他一把推开，说："在这里你不能这样。所有人都会觉得我们是一起出来散步的同性恋。在这个国家的公开场合中，正常男人是不会相互勾肩搭背的。你可以搂住我妻子的肩膀，没人会在意或觉得奇怪，但你不能这么搂着我。这附近大家都认识我们，如果朋友看到我们这么做，就会开始说闲话了。"

在巴黎短暂逗留之后，帕帕吉和蜜拉南下，住在阿尔代什[①]一个名叫莫利斯·瑞（Maurice Rey）的弟子家中。我向蜜拉问及帕帕吉在那里的情况。

蜜拉：那是个非同一般的地方。我感觉上师非常喜欢那里。莫利斯有一栋非常大的房子，花园很宽广。或许不该用"花园"这个词，因为它大得足以被称为公园，这样说才更准确。我们得到了很好的招待。很多在印度就已经认识上师的法国求道者前来看他。随后的旅程中我们好几次都回到了这个地方，上师明显非常喜欢这里。

大卫：你在那里的时候，安排了与让·克莱恩的会面。

蜜拉：是的。他是那时西方最为知名的教导不二论和觉悟的导师之一。我之前向他提起过上师，以为他可能会有兴趣一见。他住在普罗旺斯艾克斯地区附近一个叫作圣让（St Jean）的地方。我想安排会

[①] 阿尔代什（Ardèche），法国中南部的一个省。

面的人应该是伊万·阿玛尔,他在20世纪60年代后期就在哈德瓦认识了上师。那是一次晚餐聚会,出席的有上师和让·克莱恩,以及这两位导师各自的一小群学生。

大卫:发生了什么?

蜜拉:弟子们就各自导师的教法发生了争论,但两位导师本人基本上都不说话。虽然让·克莱恩教的是参问真我,但在解脱方法上和上师很不相同。

后来,让·克莱恩要求他的弟子离上师远点,他说帕帕吉是个危险人物,教的东西很危险。后来他来找我,直接规劝我离开上师,因为我要是还跟他在一起,就会有巨大的危险。

让·克莱恩的个性在那天晚上似乎发生了奇怪的改变。我在他脸上看到了以前见他时从没见过的敌意和蛮横。他似乎在上师身上看到了让他害怕的东西。他没说为什么,却明确地对在场的所有人说为了他们的安全,他们不应该再和上师有所接触。这是非常奇怪的反应,因为他之前显得十分平静、沉着。总的来说,我对他的表现和这趟会面非常失望。这并不是一次成功的会面。

在法国南部时,帕帕吉接受了弗雷德里克·勒博耶[①]的邀请去他家住上几日,他是最先提倡在水中自然分娩的人。

[①] 弗雷德里克·勒博耶(Frédéric Leboyer, 1918—),法国产科医生,著有《无暴力分娩》(*Pour une naissance sans violence*)一书,以推广自然宁静的分娩方法而知名。这种将新生儿生在温暖的水中的分娩法,被命名为勒博耶分娩法。另著有《香塔拉》(*Shantala*)一书,介绍了印度传统中对新生儿的抚触按摩技术。Shantala 也是湿婆配偶的别名,意为宁静、柔和。

我当时不知道的是,勒博耶医生已经在全世界都很出名了。他的水中自然分娩技术在富人以及名人阶层成为一种时尚,很多名人请他为他们接生。他的书《香塔拉》中有很多孟加拉女孩在水下分娩的照片,成为20世纪70年代早期年轻女性崇拜的经典。

我到他在法国南部的家拜访他,看到他的家里是如此脏乱,立刻感到很惊讶。我以为一个习惯在无菌、整洁环境下进行精细手术的医生,应该懂得怎样清洁打扫他的房子。

我们相处得很好。他在巴黎有一套公寓,邀请我们下次去那的时候拜访他。

"我能为你安排美味可口的食物,"他说,"印度大使的妻子是我的学生。她来自喀拉拉邦(Kerala),知道怎么做南印度菜。下次你来巴黎的时候我们可以一起吃正宗的蒸米糕和薄饼。"

我们来访时,他正忙于写作一本新书。他给我看了几章,标题是诸如"如何走路""如果坐""如何站立"之类的。

"这些在人两岁左右自然就会了,"我对他说,"为什么还需要你教呢?"

"他们学得并不正确,或者后来养成了坏习惯,"他回答说,"教导大家如何更有效地做简单的动作,那么很多身体问题都可以解决。这就是我写这本书的原因。"

他对不二论也很有兴趣,几年前就已经在印度有了师父。我和他交谈后,发现他整个人生都被自己不幸的童年定了型。他的母亲不喜欢他,而且毫不掩饰自己的反感。他20世纪70年代初期见了尼萨迦达塔·马哈拉吉,和他谈了自己的心理问题。他们的对话出现在《我是那》一书中。

我翻出这一章,找到了帕帕吉提到的这篇对话。勒博耶向马哈拉吉概述了自己的一生。

我母亲无法给我安全感,让我感到被爱,而这对于儿童的正常成长是至关重要的。她是个不适合做母亲的女人,充满了不安感和神经质,缺乏自信。她觉得我是个负担,承受不起。她从来就不想让我出生。她不希望我长大,希望我回到她的子宫,不要被生出来,不要存在于世。她抗拒我人生中的任何变动,强烈反对我任何想跨出她习惯的狭小领域的努力。我小时候敏感又温柔。比起其他一切事情来,我最渴望的是爱,但我却得不到这种母亲本能的爱。儿童对母爱的渴求成为我一生的主动力,而我从没能摆脱出来。对快乐的孩童、快乐的童年这个主题我非常痴迷。怀孕、分娩、婴幼儿,这些都无比吸引我。我成了知名的产科医生,并在无痛分娩法的发展上做出了贡献。

接下来是一段很长的对话,最后勒博耶问尼萨迦达塔·马哈拉吉:"为什么我整个一生都这么不快乐?"

马哈拉吉答道:"因为你没有深入你存在的最本源处。因为你对自己彻底无知,所以遮蔽了你的爱和幸福,你要去寻找你从未失去过的东西……"

我问蜜拉是否记得去勒博耶家做客的情景:

我们住在莫利斯家的时候,他到阿尔代什来看我们。他在那里的时候，有很多次萨特桑非常棒，因为他知道怎么激发上师给出精彩的回答。他智力过人，对印度传统有着广博的了解。在那时，西方很少有这样的人。我记得他对自己的早期生活耿耿于怀，觉得是他母亲的行为使他遭受了创伤。和他长谈了几次之后，上师或多或少也同意他。他整个人生模式都是由这些早期经历而铸就的。他喜欢穆克蒂，给她拍了很多照片，说想在下一本书中用上几张。但我从没看到这些照片被印出来过。

他和上师在一起时并没能超越自己精神上的问题，但他还是深感佩服，把上师介绍给了自己好几个朋友和熟人。我们在法国南部的时候，很多人由于勒博耶医生的推荐而来看我们。

在法国南部住了数周后，帕帕吉前往瑞士去见卡尔洛斯·希尔瓦，就是那个在巴塞罗那到伦敦的航班上有了非凡体验的布洛克伍德公园学校的老师。帕帕吉还计划参加那一年7月克里希那穆提在萨嫩的几场演讲。卡尔洛斯之前三个夏天都在萨嫩，他描述了帕帕吉到达后几天的情况。他所提到的大部分新人，不是布洛克伍德公园学校的老师就是学生。

我们之前就邀请过彭嘉吉，在克里希那穆提在萨嫩举行演讲时去那里待上几周。住宿方面，我们租下了冯·古鲁宁格太太家的一层楼。这是我们连着第三年在她家住宿了。到了1974年时，已经感觉这好像是住在自己家，没有任何不便。

1974年，卡尔洛斯·希尔瓦和帕帕吉在瑞士萨嫩。

某一天下午，彭嘉抵达了萨嫩的小火车站。能再见到他真是太好了。我又再次有了一位朋友，一位不会离开的朋友。这是我自从巴塞罗那上飞机之后第一次看到他。对我而言，也意味着他会带来艰巨的内在工作。彭嘉吉是一个极具力量的人，毫不吝惜地使用他的力量。他就像艘破冰船一样前进，没有什么能阻挡他。他会毫不停顿勇往直前。对严肃而专注的求道者而言，他就是真相，是所有伪装的终结。

他很喜欢那个住处。地势很高，能看到萨嫩山谷的美景，一直能望到格施塔德[①]。有时候我们一起去参加克里希那穆提的演讲。这是他第一次听他演讲。他的唯一评论是："为什么他那么费劲？"那一年的演讲缺乏力度，让人感觉克里希那穆提没能像平常那样"妙语

[①] 格施塔德（Gstaad），瑞士萨嫩的一个村庄，是阿尔卑斯山的滑雪胜地，景色优美。

连珠"。

有个叫让·米歇尔·拉波德（Jean Michel Laborde）的人，他之前是布洛克伍德的数学老师，几乎每天都来住处。索菲亚打电话告诉他彭嘉和我们在一起，而从第一天起，让·米歇尔就爱上了彭嘉。那年，让·米歇尔没去参加克里希那穆提的演讲。他是一个温柔安静的年轻人，人很善良，是个认真的求道者……

在萨嫩我们每天下午都和彭嘉吉会面：让·米歇尔、我妻子索菲亚、莱斯（Lais）、卡罗尔（Carol）、鲁本（Ruben）和他母亲、迈克（Michael）、马修（Matthew）和其他人。我们会相当自然地保持静默几小时。其他时间我们就在山谷里沿着萨嫩河长时间地散步。走到机场后，我们会观赏滑翔机。几架飞机轮流携带滑翔机飞入空中，在大约一千米的空中放下，滑翔机就在天上像鸟儿一样自由滑翔开来，然后随着气流慢慢降落。这样重复不停，直到天黑……

在萨嫩，我们无间断地与彭嘉在一起向内用功，充满了热情。就像是自发的自行车比赛，每个人的兴趣轮番拉动着所有人。我认为彭嘉对大多数人来说是无法承受的：他太强大，太有力，要求太高。

帕帕吉对参加这些演讲有自己的回忆：

当时我在瑞士萨嫩参加克里希那穆提的演讲。一个认识的意大利人坐在我旁边。在每次演讲的最后，克里希那穆提会允许听众提问。这个男人举起了手，他有一个非常重要的问题。

轮到他的时候，他说："根据今天早上的公告，这个帐篷里有八百个人听了你的演讲。其他人坐在外面，有同声传译，所以每个讲欧洲主要语言的人都能够听懂你在讲什么。我的问题是：'除了你之外，还有谁受益于你今天和以前所有的演讲？'这是一个严肃的问题，因为我认真学习了你的著作。我读了你所有的书，在不同国家听过你的演讲，但我还是不能说自己从中获益了。进一步说，我还没发现任何一个通过听你演讲或者读你著作而真正得到改变的人。"

克里希那穆提看了他一会儿，但没有回答这个问题，所以我的朋友又再重复了一遍。

"请让我知道是否有一个人真正从你的教导中受益。你周游世界，与数以百计研读过你言教的人见面、交谈，试图让他们付诸实践。但是否有人直接体验到了你所讲的真理？"

这一次克里希那穆提说："如果你还未曾受益，这不是我的问题。"

我喜欢他的回答。真正的老师没有想完成什么的意图。他并不在意自己教授的结果。如果你认为"我要这样教授，才能让其他人觉悟"，那么你的教法永远不会成功。只有在不打算要结果的时候，教法才会有效。真正的老师并不关心人们是否从他的教法中受益。某种力量促使他去说，但那个力量对结果不感兴趣。

演讲结束散场时，我对那个意大利男人说："你说的不对。听了这些演讲，你已经真实地受益了。"

"没有，"他说，"我完全没有感受到任何益处。"

我试图让他从另外一个角度来看待："今天在这里的其他每个人，要么已经觉得自己受益了，要么就是希望能够在未来受益。只有你认为你没有受益。这个结论，就是你听了这些演讲、看了所有书之后得到的好处。听了这些演讲之后，你最终明白了，听类似这样的演讲是得不到任何好处的。"

他大笑起来，然后勉强同意了我的说法。

这人研读了克里希那穆提全部的书，因为他想理解克氏想说些什么。但是这个人还是有很多烦恼。

"克里希那穆提似乎从来不站在同一个立场，"他对我说，"我读了一本书，然后得出了结论，我的角度是从 A 点出发，而克里希那穆提则从 B 点出发，是完全不同的角度。所以，我非常努力地把我的角度改到了 B 点。但就在我认为自己快做到了的时候，我又读到了另一本书，发现他的角度已经移到了 C 点。我好像从来就没办法跟上他，或者找出他究竟在哪里。"

"你试图用你的头脑去理解他，"我对他说，"这是你的问题。如果你不在头脑里把他的话组合排列成你能够理解、适应的模式，也许就会突然一下子直接理解他说的是什么。当你听一个导师讲话时，不要带着思维去听。让他的话倾落到你头脑背后的那个地方。"

"可是，他讲的道理很复杂，"他反对道，"如果我不思考它们，我怎么能够理解呢？"

"我是告诉你'不要去理解'它们，"我回答说，"当他说话的时候，只要保持头脑安静，看看会发生什么。"

他听到这一说法感到很泄气。"我不明白克里希那穆提，我也不明白你，"他这么说道，"你们两个都没道理。"

"非常好，"我说，"你正在进步。就保持在那个你不明白的状态里吧。"

他认为我在取笑他，但其实这是个非常严肃的建议。第二天一早大约六点的时候，有人来敲我的房门。我开门发现是这个意大利教授。

"我明白了,"他非常高兴地说,"你是对的。我完全不需要理解任何东西。我不知道发生了什么,但我现在非常高兴,我也搞不懂是怎么回事。我能知道的就是这和理解一点关系都没有。"

他大笑起来,离开了。

我住的房子位于一个非常美丽的地区。每天我都出门长时间散步,有时候在乡间,有时候去附近的小镇格施塔德。有一次我看到了查理·卓别林[①]和他女儿正沿着街道走。有时我会到附近一个小教堂旁边坐着。一天我坐在教堂外面的时候,开始下雨了,我问神父是否可以进去禅修。

他问道:"什么是禅修?"我非常惊讶。

我知道那时西方没多少人知道禅修,但我总以为神父们会更了解一些。我提出给他演示一下,教他一下,他接受了。

我们走了进去,坐在凳子上。我向他介绍了"唵"音,他之前从来没有听说过。

"这就像是基督教的'阿门',"我说,"这两个字的起源是一样的。"

我给他画了个唵字,说:"印度教徒认为这是最初之音,一切造物从中显现。唱诵这个音一段时间,然后看向你的内在,看看它是怎样升起,从哪里升起的。如果你做得正确,你会发现自己被带到了心的寂静之中。你会在那里找到真正的平静。试试看。"

神父照做了,几分钟后,我从他的脸上见到他已经进入了内在深

[①] 查理·卓别林(Charles Chaplin, 1889—1977),英国著名喜剧演员。

深的平静。

他睁开双眼，喜悦而惊讶地说："我之前从来没有过这样的体验。这么简单。"然后他又闭上了眼睛去享受。

没人去教堂寻求平静，所以这位神父从来没学过怎样能做到平静。当你走进一座教堂，你会听到风琴奏出响亮的音乐。结束之后，是必须参加的歌咏、唱诵和仪式。没人能让你安静一会儿，好让你找到内在的平静。我去过欧洲各地的教堂和修道院，全都充满了念头和身体忙碌不停的人。

克里希那穆提的演讲隔天举行一次。在没有演讲的那些天，我会给所有感兴趣的人举行萨特桑。来的人大多是克里希那穆提的学生，他们都针对克里希那穆提教授的各个方面向我提问。

虽然克里希那穆提生为印度人，但他接受的是非常西式的教育。他用的术语通常来自西方心理学观点，而不是印度传统。来看他的人似乎大多数都是西方的知识分子，喜欢玩弄各式各样有趣的想法。虽然克里希那穆提鼓励每个人放下概念，但我在萨嫩接触的大多数人都爱花时间玩弄、讨论概念。

有一对代表克里希那穆提基金会发言的夫妇也来听我说些什么。

在听了我的回答和解释后，其中一个人说："你和克里希那穆提说的似乎是一样的东西。你用了很多印度的术语，克里希那穆提从来不用，但是就究竟而言，你们俩说的是一样的。克里希那穆提说我们应该清空心中所有的概念，而你似乎也赞同他。"

我还没来得及回答，在场的另外一个人就打断了我们，说道："这里有很大的区别。克里希那穆提说：'清空心中所有的概念，让它保持空空如也。'彭嘉吉却说：'除了在你的幻想中之内，心根本不存在。与其一个概念接一个概念地清空心念，不如直接领悟到根本没有心这回事。如果你领悟到了这个，概念又能住在何处呢？'"

这个解释非常好，正确理解了我想说的话。只要你还认为心是真实的，就会一直忙于整理它的各种内容。你要么通过满足自己的欲望而追求快乐，要么会试着抛下、无视或者观照心中所有的念头和概念而寻求平静。只要你认为心是真实的，就永远得不到平静，因为这种想法本身就是你所有痛苦和问题的根源。

有个著名的故事，讲的是一位禅宗大师想挑选继承者。他让寺中所有想得到这个祖位的人都写一首偈子来展示他们对教法的理解，其中一位僧人写道："心为明镜台。时时勤拂拭，勿使染尘埃。"[①]

这首诗题写在大师房间外面的墙上，一群僧人正在念诵时，被寺庙厨房里一个名叫惠能的工人看到了。惠能不会读书认字，所以他就让另一位僧人把诗念了出来。

听完偈颂后，惠能说："这不对。我有一偈，请写在这个下面。"

其他的僧人都笑了，因为他只是个在厨房做工的文盲，但为了让他高兴，有位僧人同意帮他写。

他说："请写'心非明镜台，此心实不存。本来无一物，何处染尘埃？'[②]"

师父读到了这首偈颂，他指定惠能为他的继承者，把衣钵传给了他。

[①] 此处指的是神秀所作的偈子，帕帕吉引用并不完整，一共为四句偈："身是菩提树，心如明镜台。时时勤拂拭，勿使惹尘埃。"

[②] 此处根据帕帕吉的引用而翻译，惠能的原句为："菩提本无树，明镜亦非台。本来无一物，何处惹尘埃。"

就是这样。人们倾向于认为心是某种容器，要么装满了念头和概念，要么就是没有念头和概念的。但如果你摧毁了容器，摧毁了"有心存在而且它是真实的"的想法，那种种概念又能住于何处呢？

虽然帕帕吉并不接受克里希那穆提说的一些东西，但对他的评价还是很高。在1988年给卡尔洛斯的一封信中，帕帕吉如此评论：

我经常称克里希那吉为现代佛陀。我见过他几次，在印度、国外都见过。我听他谈论他不能也无法用语言表达的东西。但是从他在演讲间隙的姿势以及演讲本身来看，我能感觉到他是我们这个世纪少有的几个人之一，能够以一种友好而慈爱的方式来谈论永远不可说的真相……

虽然帕帕吉对克里希那穆提的境界没有疑问，但却感到他缺乏将之传递给他人的能力。1993年在勒克瑙一次萨特桑上他提到这个话题：

在瑞士时我听了克里希那穆提的演讲。我非常喜欢他，因为我在他身上找不到错误。我是很难取悦的人，但是我要说，毫无疑问他是证悟的人。但是有什么东西缺失了，缺的是把证悟传递给他人的能力。

帕帕吉的评价虽然似乎有点严苛，但克里希那穆提本人也如此承认。在纪念他百年诞辰的一本书中，他的一位长期同事艾弗琳·布劳

（Evelyne Blau）写道："他教导、演讲、环球旅行了五十年。为什么没有一个人被转变？他（克里希那穆提）肯定非常关切这一问题。"

克里希那穆提在加利福尼亚州欧亥①临终卧床之际，他的临终遗言被录了下来。在过世前不久，他说："我错在哪里？怎么没人明白？"

关于为什么不是所有证悟的人都有唤醒他人的能力，帕帕吉会在《帕帕吉传》下卷"上师与弟子"中给出他的观点。

帕帕吉和 J. 克里希那穆提并不是那年夏天在萨嫩仅有的灵性导师。帕帕吉之前在孟买见过的离经叛道者 U.G. 克里希那穆提②也在那里。卡尔洛斯描述了他们在萨嫩街道上的偶遇：

我们正沿着萨嫩的一条街道走着，我注意到 U.G. 克里希那穆提正向我们这个方向走来。

我以为彭嘉吉不知道他是谁，所以指着他说："那是 U.G. 克里希那穆提。他是印度的一位有名的上师。"

"他不是上师。"彭嘉吉说。

我还以为彭嘉吉不认识他，我说："是真的，真的。他在印度有

---

① 欧亥（Ojai），位于美国加利福尼亚州的一个城市，在洛杉矶的西北方向，克里希那穆提正式的住所和基金会的办事处都在此。

② U. G. 克里希那穆提（Uppaluri Gopala Krishnamurti, 1918—2007），印度当代的思想家，否认任何与"觉悟"相关的思想体系或者知识。年幼时曾参加神智学会和进行瑜伽修行，据说还拜见过拉玛那·马哈希，也参加过 J. 克里希那穆提的演讲，但都被他认为没什么助益。后来经历了一场他称之为"灾难"的强烈觉受体验之后，失去了所有之前的知识和记忆，而处在一个他所称的"自然状态"中，他环游世界，拒绝进行正式演讲，但是随性地给访客开示。其人颇有争议。

很多信众，很多人去听他演讲。"

这一次彭嘉吉没有回应我的说法。他反而走向U.G.克里希那穆提，拍了拍他的肩膀，说："这人说你是个上师。但你并不是什么上师。"

然后不等U.G.克里希那穆提回应，他就走开了。

我问帕帕吉第一次是怎么遇见U.G.克里希那穆提的，他给我讲述了他们在孟买会面的经过：

U.G.克里希那穆提在班加罗尔的时候，遇到过我一个咖啡种植商朋友，听他说了些我的事情，于是就说想来见见我。咖啡商写信到勒克瑙问我，我回复说可以在孟买见面，因为我正打算过几天去那里见一些朋友和弟子。我给了他我弟弟在孟买的地址作为联系方式。

到达孟买不久之后，我接到了一个电话，提到那天下午五点我可以到瑞士领事馆见一见U.G.克里希那穆提。他的一个朋友在那里工作。

我到达时，U.G.克里希那穆提亲自在门口热情地接待了我。他带我进去，把我介绍给了聚集在那儿准备见我们、向我们提问的几个人。

在讨论中，U.G.克里希那穆提说："我不相信灵性体验。"我回答说："这是因为你还没有任何体验。如果你有过真正的体验，就肯定会相信的。如果一个人头痛，那就是一种直接而不可否认的疼痛体验。不管你相不相信，疼痛依然存在。如果你说你不相信体验，那么你和石头有什么区别？"

然后他说:"人们告诉我你是个上师。我不相信上师。"

我回答说:"我不相信'无上师'。上师是至关重要的。"

谈话就这个样子进行了一段时间。我们俩对任何事情都无法达成共识,因为他坚持否定所有灵性体验的价值和用处,甚至否认其存在。有几个领事馆人员对我感到好奇,向我提了几个问题。和U.G.克里希那穆提不一样,他们似乎对回答很满意。

和他相处了很久的人告诉我,U.G.克里希那穆提对J.克里希那穆提的境界和教法持猛烈的批评态度,他的很多讲话都是围绕着这个主题。人们告诉我他每年夏天去萨嫩,就是专门去骚扰J.克里希那穆提和他的信徒的。

在萨嫩的时候,有两个朋友带我去见他。他和一个瑞士老女人住在一个叫日光小屋的地方,她已经照顾他很多年了。他似乎没兴趣见我们。他说自己很忙,让我们以后再来。我再也没去过。

帕帕吉的瑞士之旅将近尾声时,他收到一个意外的邀请。

一天我正要离开住所的时候,有个曾在我萨特桑上露过面的男人走了过来,对我说:"我明天能来看你吗?"

第二天我并没有萨特桑,所以我说:"不行。"

这个回答似乎并没有让他不快。"太好了!太好了!"他高呼着,看上去很高兴。

他指着路边站着的一个女人说:"这是我的妻子,莫尼克(Monique)。她是瑞士人,我是法国人。我的名字叫马尔盖(Margail)。我们为了办离婚手续而来了这里,但听了你的演讲后,我们还是决定继续做夫妻。我们准备试着同居一个月，然后再决定是不是要永远在一起。"

我停下来和他交谈，他似乎处在一个非常快乐的状态中。我喜欢和快乐的人相处。他问我未来有什么计划，因为听说我很快就要离开萨嫩了。

"我不久之后要去巴黎，"我说，"然后可能会回印度。"

"在巴黎你计划住在哪里？"他问。

"我认识一对夫妇住在那里，他们是我的弟子。我之前曾在他们家住过一次，这次他们又邀请我去住。"

"如果你想要一个自己的住所，可以用我的公寓。我要几个星期后才会回那里。"

他掏了掏自己的口袋，拿出了一张信用卡和他公寓的钥匙。"你可以住在我的公寓里，可以用这张信用卡在加油站加油。我还会写一封介绍信给当地的杂货店，让店主把你需要的东西记账卖给你。等我回去后会付清账单的。我要谢谢你让我变得这么快乐。"

我接受了他慷慨的赠予，回到巴黎后，在他的公寓里住了几天。

我在海外旅行时，通常会受到很好的招待，因为大多数时候我会住在以前就认识的人家里，但这次的热情招待很不一样：一个之前从没交谈过的陌生人，给我提供了他的公寓和无限额的信用卡，只是为了让我在那里过得舒服些。

海外旅行这么久以来，我只有一次糟糕的住宿经历，那时我在法国南部逗留，在那里待了几天。我在一个女子家住了三天，那是海岸边一个不错的地方，每天我都去海边散步，或者在海滩上坐坐。

过了三天，这个女子对我说："我们这里有个习惯，前三天是客，第四天他就得开始付钱了。"

那个地方很不错。我想待久一点,所以就说:"这没问题,我喜欢这里。费用方面嘛,我可以出一点钱。"

"不,"她说,"这不是出一点钱的事。第四天你必须像住在高档宾馆一样支付同样的费用。"

我知道法国的南海岸高档宾馆有多贵,超过了我能承受的范围。

我告诉她:"天气很好,我想去睡在海滩上。我会去当地店里买些食物,去海边野餐。这样的话,每个晚上的花费大概是一美元。我会在星空下睡个免费的好觉。明天我就走。"

我收拾好行李离开了。

在离开瑞士回巴黎之前,帕帕吉还有另一个有趣的邂逅。

我住在格施塔德的时候,有个男子走上前来,跟我说他是巴黎的一位艺术教授。那是我们第一次见面,那时他非常消沉,情况很悲惨。

"我来这里自杀,"他开口说,"但不知为什么我鼓不起勇气。我带着一颗氰化物胶囊,每天都会拿起来放到嘴边,但总没法放到舌头上咽下去。在你的一次萨特桑上,我听你说到了勇气。你能给我勇气,把胶囊放到嘴里吞下去吗?"

"好的,"我说,"我会给你勇气的,但首先你必须告诉我为什么你想自杀。"

"我在巴黎教书,和妻子在那里住了很多年,还有个年幼的儿子。几个星期前,她和我一个学生私奔了,抛下了我。她带走了我们的孩子,和那个家伙去了美洲。我离开了住的公寓,门都没锁,来瑞士想找个与世隔绝的安静地方自杀，但目前我还是做不到。你能帮我吗？"

"是的，我能帮你，"我回答说，"把你的氰化物胶囊交给我保管，我会给你吞下它的勇气。你准备好吞下它的时候，就能把它要回去。"

他认为这个交易不错，就把胶囊给了我。他一不留神，我就把胶囊丢到地上碾碎了。

大概是第二天，我花了很多时间和他在一起。我们谈到了他的人生、家庭，他对艺术的兴趣等很多其他事情。慢慢地，他的抑郁缓解了。

看他心情好些时，我对他说："你妻子离开你去寻找和另一个人在一起的快乐。让她快乐吧，你现在要担心的不是她。你要关心的是自己的快乐。你不需要整天愁眉苦脸，没必要去自杀。很多人在这样的经历之后，都重新找到了快乐。"

他听从了我的建议，放弃了自杀的计划。接下来几天中，他一直黏着我，甚至到了要和我一起回印度的地步。我觉得和我多待一些时间对他有益，于是就告诉他等我回印度后，欢迎他到瑞诗凯诗来找我。

他老婆逃走时带走了他大部分的钱财，因为他们的积蓄是放在一个两人共享的账户里的。他决定卖了自己的车，筹钱去印度。因为想马上就拿到钱，所以就把车以远远低于所值的价格贱卖掉。最早来看车的一个人问他为什么价格那么低。

"我想马上拿到钱，买机票去印度。我想和我的上师在一起。"

那个男子听完了他的故事后，全价买下了他的车。

这位教授和我在哈德瓦和瑞诗凯诗共处了很久。后来，我认为他已经痊愈了，就推荐他去拉玛那道场待一段时间。几个月后，我在他们的杂志《山路》上读到了他写的一篇文章。

　　文章中这么写道:"这辈子我有两次特别走运。真的很幸运,我是世界上最幸运的人。第一次走运是在我想死的时候,我在瑞士遇到了一个人,他救了我。他把我送到他的上师,室利·拉玛那·马哈希这里,而后者又将我从未来的诸多死亡中解救了出来,所以我就不用再次死亡了。"

　　之后我很久都没有再见到过他。再碰到他的时候,我发现他在法国南部遇到了一个愿意嫁给他的越南女孩。我邀请两人去瑞诗凯诗,在恒河边为他们主持了婚礼仪式。

　　帕帕吉回到了巴黎,在那个给了他房门钥匙和信用卡的男子的公寓里住了几天。他开始考虑回印度,但是更多的邀请从欧洲各地纷至沓来。最紧迫的是安瑞克·诺瑞嘎的邀请,这个西班牙建筑师想在西班牙为他建造一个永久性的中心。

1974年8月22日
巴黎75015

我亲爱的毗纳亚克吉,

　　我刚读完了你的信。我已经决定几天后结束这趟旅程。我得去一下西班牙的马德里,因为有些人想为我建造一个带学校的道场,他们要在我回印度之前,让我参加在学院举办的奠基典礼。我飞到孟买后会去见你。

　　帕帕吉为了此事短暂前往西班牙,但是当诸资助者明白他并没有永久在那里定居的意愿后,计划就泡汤了。他回到了法国,在那里逗留了数周,见了一些想再次与他见面的弟子,最后在10月底回到了印度。

1969年帕帕吉住在瑞诗凯诗期间,遇见了一个叫作玛露·朗万(Malou Lanvin)的法国女子。玛露发现帕帕吉正在访问法国,就邀请他到里昂的圣热尼(St Genis)附近的家中共住。帕帕吉接受了,并在那里待了一些时间。玛露在布列塔尼的科瓦德维还有另外一个住所,帕帕吉在这里度过了法国之行的最后几周。

在叙述布列塔尼的萨特桑之前,我必须要提到大概发生在帕帕吉在里昂圣热尼时的事件。帕帕吉是这样回忆的:

我正沿着罗讷河畔散步,突然有一种奇怪的感觉,好像我某个前世曾住在这附近。我停了下来,让这些被掩埋已久的记忆一一浮现。在看着这些场景的时候,我想起数百年前自己曾是这个地区的一位基督教神父。我非常清晰地看到了这条河畔一个教堂的样子。我知道这曾是我长期居住过的地方。我拦下了一个附近的行人,向他描述了这个教堂,问他是否能给我指路。

他眼神古怪地看着我,最后才给了我答复。

"这里曾经有过一个这样的教堂,但很久前就被毁坏了。我还是小孩的时候,它就在离我们现在说话的地方几米开外。当时的政府决定拓宽我们脚下的这条路,所以把这座教堂拆了。神父转到小镇另一头的教堂里去了。"

我知道自己被埋葬在这个地方,但没办法得到更多的信息了,因为无论是这个教堂,还是我所知道旁边的墓地,都已经无迹可寻。

和蜜拉谈到她与帕帕吉在法国和瑞士的旅行时，我试图把这段故事发生的地点定位在圣热尼，因为这是他们唯一待过的罗讷河附近的地方。帕帕吉不记得这事发生时他具体在哪里了。帕帕吉、玛露·朗万和蜜拉还有穆克蒂在10月初前往布列塔尼。我向蜜拉问及这段日子。

玛露在印度各地都很出名，因为她似乎大部分时间都在印度各地会见圣人和斯瓦米。我们住在她位于圣热尼的住所时，她把我们照顾得很周到。玛露有很强的基督教背景，但对印度教传统也很有共鸣。

有一次，玛露在打坐，当时才三岁左右的穆克蒂走到她身旁，拍了拍她的胸部，说："这可不在你的头脑里，别在那里找它。它在你的心里。"

她说的话一针见血，因为玛露一直拿各种各样的智性问题来轰炸上师。在我们逗留期间，玛露邀请了不同宗教背景的人来见帕帕吉，每个人都很享受这些会面。

后来我们去了她在布列塔尼科瓦德维的住所。她在面向大海的地方租了一间漂亮的公寓。我们在那里举行了很多场很棒的萨特桑，因为玛露知道怎么激发上师给出有趣的回答。

他们逗留在布列塔尼期间，蜜拉开始记录在萨特桑上发生的一些对话。最早记录的是她的亲身经历。剩下的可能是玛露和帕帕吉之间的对话。

1974年10月12日

蜜拉：就在大海边，上师跟玛露谈到距离和分离。他说："上师去除了所有的距离。"在这电光石火的一瞬间，蜜拉知道她是自由的、准备好的、完全向他敞开了。

在那永恒的凝视中，两颗心相会，觉悟涌现，实际上这两颗心是一。我看着我，他看着他自己。他只是他自己，在我这里也在他那里。我微笑时，是他在微笑。这个凝视是毫不费力的，因为我正在看着我自己。他已经进入了我！一个彻底而完美的灌顶。我对自己的体验有信心。

1974年10月17日

帕帕吉：如果证得神是所有修行法门比如拨念珠计数的成果，那么他就会被限制于时间之中。如果修行只能在时间中进行的话，那当你不修行、不念诵神之名号的时候，他就如死了一般。并不是这一分钟你念及神，他就出现了；下一分钟你忘记念诵他的名号时，他就不在了。神不会来来去去。只是你关于他的念头会来来去去。

上帝其实一直在不断念诵你自己的名字，你自己真正的名字，但是你没有听。你没听到。

上帝不是靠任何修行来证得的，因为他在时间之外。

你是神性之子。父在时，子一直活在他之内。唯有上帝在。他是主体，是神性的主体，不是客体。你是那个神性的主体。

问：那你是谁？

帕帕吉：我所是的一切，都在你之内。

问：对你来说耶稣是什么？

帕帕吉：我自己。

1974 年 10 月 18 日

帕帕吉：对你来说，任何对境如果要存在，就必须在心上留下一个印象。这些印象形成了你的世界。从最小的到最大的对境，所有都只是心上的印象。这个广大辽阔的世界只是一连串的思维印象。但如果你放下所有的念头，放下所有这些刻在心上的印象，剩下的是什么？把它们全部放下。甚至把关于神的念头也放下，告诉我剩下的是什么。

问：如何知道这种了知？它这么广阔！

帕帕吉：放下它！放掉这个念头！

问：我停在了一个地方，再也无法往前跳了。上师是否能在这个时候给予帮助呢？

帕帕吉：你跑了这么久只是为了停在这里？我说："放下一切。"放下时，你就找到了上师，但是上师不会替你放下。

问：你看起来了无牵挂、孑然一身。是什么让你这样孑然独立的？

帕帕吉："当下"就是孑然独立的：只在"当下"。你明白吗？在"当下"，才会出现上师；灵性从"当下"开始；"当下"是能造成风吹、浪动的基底；在"当下"而且唯有在"当下"，你才能体验到我是谁。在"当下"，某种力量会照顾你。它会把你越来越深地拉进寂静中。

问：就在刚才，你向我指明了。你的真实面目就是我的真实面目。真实，无伪。我现在才开始明白我是谁——也就是你是谁。

1974 年 10 月 19 日

问：那么唯一的办法就是向内在的本然臣服吗？

帕帕吉：你这样想的话，就是相信你在外部，有什么内在的东西高于你。放掉这个想法吧。你不在内也不在外。

你不需要向任何东西或任何人祈求帮助。如果你开始求助，就已经在二元中了。祈祷就是恐惧。你认为有坏事正在发生，或将要发生在你身上，所以你祈求帮助。只有一，没有二。当你知道这点的时候，所有的恐惧都消失了，因为没有任何有别于你的东西令你恐惧。

问：那么上师就没法帮忙了？不应该请求他的帮助吗？

帕帕吉：我的上师没有给我任何新东西，我自己也没有得到过什么。如果他给了我本来没有的东西，那么某天我会失去它。如果某个时刻我得到了它，那么就意味着某个时刻我会失去它。

我的上师做了什么呢？他向我指出了我自己的宝藏，我一刹那就认出了它。

问：要如何才能见到上帝呢？

帕帕吉：你没法以任何有始终的造作或修行来见到上帝，因为上帝是超越时间的。你不能通过任何发生在时间中的活动来见到他。如果你认为"我可以靠这个法门见到上帝"，那你的头脑会带给你一种体验来呼应你对上帝的观念。这不是体验上帝，而是体验你对上帝的观念。

你想知道上帝是谁的话，那就放下你所有的体验、所有的期待、所有的心理活动吧，保持安静。

1974年10月20日

帕帕吉：修行可以是物质、精神或者智力上的。物质的修行得到物质的结果，精神上的修行得到精神的结果，智力的修行得到智力的结果。上帝不是物质、精神或者智力的，所以不管你通过这些方式得到了什么，都不可能是上帝。

觉悟真我，是截然不同的。有很多精微的头脑状态被人误认为是觉悟。在这些状态中，依然还有一个体验者在体验着这个精微的状态。你用自己的双眼看到日出。你，这个体验者，体验到了太阳这个被觉察的对象。这一觉察是具有二元性的，就像每种体验中都有二元性一样。但如果你是太阳本身，就不会把它当成对象来体验。这是你的本性，你的存在。

看着，但没有观者在看，没有对境被看，这就是觉悟的状态。在这个状态中，"看"和"在"是一样的。这是事实，但又如何来解释呢？

问：所以，任何关于所见事物的表达都是思维上的。甚至对"真正的看"的口头表达也是思维、概念性的。为了描述，我不得不从过去的记忆中提取词句。我从我过去的经历中借用词句和观念。这就意味着我把描述局限在了我过去经历过的某样事物中。

帕帕吉：是的，但是不表达出来也是你的表达。对于这个状态，不管怎么表达，都是思维的描述，不符合本来的事实。

词句并不是完全无用的。当上师，即觉性本身说话之时，他的话中有一种力量，能够把对觉性的觉知传达给其他人。

问：智力有助于领悟吗？

帕帕吉：智力只针对过去你所知道的一切，以及未来你所能想到的一切。当你停下了头脑运作，就把自己从过去和未来之念的负担中解脱出来了。世界也停止了，因为你不再用你的念头和想法来创造它了。

因为你心有所想，你就成为所想的样子。是头脑创造了你的世界。如果你认为自己在束缚中，认为自己需要解脱，那么束缚就成了你的状态，你无休止地努力从中挣脱。你的束缚是由头脑的运动来维持的。当你停止了你的头脑，束缚就终止了。如果你做不到，那就保持对解脱的强烈渴望吧，那就足够了。

问：我一直向上帝祈祷加持。

帕帕吉：如果你向上帝祈求，你就把上帝变成了一个客体。他不是客体。他是你，是主体。通过祈祷，你也把自己变成了一个客体。你认为自己是客体，而上帝将赐予你加持。那个想接受加持的客体必须消失，连同他的祈祷一起消失。这种消失，才是向上帝真正的祈祷。如果你把上帝变成了客体，想要向他祈求帮助，你就把他变得越来越强大。你给他的力量越多，你对他的恐惧也就越多。你让他来控制你的人生，然后会生活在二元和恐惧中。

真正的开悟，是复活成为永生——从头脑的死亡中重生。但如果你退回去思考它，试图用语言表述它，就退回到了被钉在十字架上时的受苦状态。你用念头和概念把自己钉了起来。

问：请帮助我。

帕帕吉：产生"请求帮助"的地方，就是要寻求帮助的地方。你明白吗？加持使你提问，加持也成了一个答案。但是你和你想求助的那个之间，依然是二元的关系。放下问题，放下你需要外来帮助的这个想法，你就会发现你就是加持本身。

问：如果上帝是遍在的，为什么还会存在痛苦呢？

帕帕吉：你的上帝是圣经中的上帝。你将他想象为善、爱。为了解释恶，你发明了一个对立面并称之为恶魔。只要你还把上帝看成善的，就不得不有一个和他对立的恶魔。

神性展现为万物。你认为好的和你认为坏的东西，都是这个神性力量的展现。你受苦，为了善恶而担心，只是因为你把自己的注意力转移到了这个力量的结果上去，而没有专注于它的源头。

探寻、参问你究竟是谁。你一定要探究成功。你一定要领悟到你是谁，这就是探究的成果。但对于你在探寻的东西，或者当你找到答案时会是什么样的情况，不要有任何先入为主的想法，因为你如果是这样的态度，那么你最终体验到的，将是顺应你的先入之见的一个头脑状态。

1974 年 10 月 21 日

帕帕吉：就像你区分自己和狗那样，把你自己和你的身体区分开。你不是构成你身体的五大元素，为什么还要坚持认为你就是身体呢？抛弃掉所有对你能看到、能感受到或能想到的东西的认同。当你抛弃了所有的念头、所有的觉受，知道这些"不是我"，寂静就在那里。你是无法抛弃这个寂静的，因为这个寂静就是你的真面目。

问：在路上有很多障碍。

帕帕吉：这只是你的想法。人们说："基督在被钉十字架的路上摔倒了很多次。同样，在通往上帝的路上也有很多障碍、很多险坑。"

之所以有这一类比，是因为人们认为需要到达一个遥远的目标，通往它的道路漫长而艰辛。并不存在什么要达到的目标，不存在什么要走的路。不存在什么被障碍绊倒,不存在摔倒和重新站起来。你所需要的,只是正确的理解。你必须知道你从来没摔倒过。知道了这一点,你就同样会明白你并不需要站起来,也不需要前进,因为没有可去的地方。

没有任何目标或渴望的修行就是证悟本身。保持安静是悉地,也就是成就。

问:你要回印度吗?

帕帕吉:不,我要去印度。"回"意味着你之前就定下了自己在某处。这是执着。无论我在哪里,那里就是我的住处、我的家。你喜欢住哪就住哪,但不要对这里或那里的住处有所偏爱。

比较就是死亡,它把你放在过去、未来和时间中。你能将事物进行比较,所用的知识是从外界的各种影响中习得的。终结它吧。

问:有些地方是圣地,有些不是。住在圣地不是更好吗?

帕帕吉:从本质上而言,没有什么地方是神圣、圣洁的。是在那里的圣者将之变为圣地。

几百年前,印度有个皮匠圣者叫瑞达斯(Raidas)。他把皮革浸在一个防水的皮袋子里。里面的水很脏,虽然取自恒河,但已被皮革分泌物污染了。有一天他把手伸进袋子里,竟然从水里捞出了一条钻石项链,这是恒河女神给他的。从恒河之中还没有别人取出过钻石项链,哪怕恒河水质纯净,是条圣河。瑞达斯袋子里的水是脏的,但因为瑞达斯是圣者,所以袋中的水变成了圣水。

有句印地语谚语就出自这个奇迹的典故:"若心清净,浸了皮革的水可成恒河。"

连一块泥土都不要执着。五大元素是我们的用人,不要成为它们的奴隶。头脑喜欢被奴役。它说:"这个是我的神的形象。神生活在这个地方,所以这是圣地。"

如果你认为"比起其他地方,神更可能存在于这个湿婆林伽①中",你就把自己困在差别和二元中了。只有一个真正的圣地,那就是不会产生差别、差异的地方。认同那个吧。

问:可以通过培养见地来到达那个地方吗?"愿你的旨意成就"?

帕帕吉:我觉得这不行,因为是谁在说这句话?是你的意愿在向上帝说:"愿你的旨意成就。"你是在阻止上帝的旨意成就。你还在指使他做事。这不是臣服。

保持安静。不要想"这个应该发生"或"这个不该发生"。不要向上帝发号施令。不要指使他该怎么对待你。

如果你想做些什么的话,就去寻找一位真正的圣者,与他相伴。在他周围,头脑的奇思妙想会被摧毁。真正的上师是湿婆,那个摧毁了头脑的宇宙后在废墟上妙乐起舞的神。

1974 年 10 月 22 日

帕帕吉:在《薄伽梵歌》中,黑天对阿周那说了两件事:战斗、不要松开抓紧我。

因此,将所有行为归于我,你的心专注于我,一切的真我,离于希望和"我的"之感,治愈心灵的热病,战斗吧。心灵上托付于我,求助平等心的瑜伽,只虔爱于我,恒时将你的心交予我。

他说"战斗吧"的真正含义是什么?他指的是和"我"念战斗,

---

① 湿婆林伽(Siva linga),linga,梵文,标志之义,特指象征湿婆的一种圆柱形崇拜物。

与"我是身体"这个念头战斗。如果你成功地战胜了"我"念,你会发现潜在的寂静与醒、睡、梦三种状态中的任何一种都没有关联,也对它们毫不在意。你会发现超越这三位的第四位:超越位(turiya)。

问:昨天我看着自己入睡。我试图找出什么是醒位,什么是睡位。我发现自己接受了醒位,也接受必须入睡。但我也意识到,如果我想真正觉知,就必须放下所有关于醒位和睡位的概念。

帕帕吉:在醒位,你能看到对境。在梦位,你也能看到对境。两个状态中的机制是一样的。在睡位,你根本一无所见,因为那个看的"我"不在了。在睡眠中,只有永恒的幸福感。没有"我"看着对境,就有了永恒的幸福感。这就是为什么我说"与'我'战斗"。在醒位摧毁"我",开心幸福吧!如果你在醒位摧毁了它,它就不会在任何其他状态下出现了。

问:如何能判定一种灵性体验是真实还是虚假的?

帕帕吉:真实的体验中是没有一个"谁"拥有这一体验的。其他所有体验都是智性上的,是头脑的体验。

问:如何区分呢?

帕帕吉:如果你需要抓住一个体验以维持它,那这就是头脑的体验。但如果体验抓住了你,无论你做什么都不会让你走,那就是一个真正的体验。

问:所以在真正的体验中,你会明白不可能失去它。如果我感到"我有了一个体验",这个体验就不是真实的,因为它在时间中产生又消失了。是这样吗?

帕帕吉:在一种真正的体验中,头脑和理智离开了你。它们彻底消失了。甚至连目击者都没有,因为没有要被目击的东西。在那里,你甚至不能称它为体验。只是一个觉知，其中对主体和客体的认知都已经被摧毁了。这不是靠努力能达到的，只能靠加持而来。

1974年10月23日

帕帕吉：不要试图靠追随圣者的脚步来模仿圣者。不要追随他的生活方式或事业。这么做的话，你就建立起了某个必须要达到的目标。这个目标将成为你心里的一个念头；即使你达到了，也只是体验了一个已经存在于心里的念头而已。

如果你想追随一个圣者，那就认同于真正的他，认同于他的解脱吧。这个解脱不是相对于束缚的那个而言的，而是一种超越了所有比较和对立的解脱。

问：我怎样选择对内在修行最有利的环境？

帕帕吉：不要选择。对一个深深地沉入自己的人来说，是根本没有环境的。如果你深深沉入，抵达了源头，你的身体就不再是你的了。它将属于命运。它会应对它所处的任何环境，做它命定该做的各种事情。

你谈到的环境只是你的幻梦。在梦中，你或者住山洞，或者住宫殿。你住在宫殿时，或许会幻想抛弃世俗，去住山洞。但当你住在山洞里时，你又或许幻想要去住宫殿。然而醒来时，你会发觉这些梦中的宫殿和山洞从来没有真正存在过。别操心你该住在梦境世界中的哪个地方了。深深沉入你自己，在真实中醒来吧。

穿越所有的遮蔽，覆盖了真实的一层层遮蔽：肤浅的身识层；过去与未来同时可见的更深层；超越这些而到达没有世界、没有身体的地方，你甚至不再知道自己在哪里。脱离你和肤浅层面上所有的虚假认同。

问：在身体死亡之后，灵魂会去哪里？

帕帕吉：你认为灵魂在身体内，因为这一预设，你才会问到身体死亡后，灵魂会怎么样。我要说："身体在灵魂内。"如果你明白这点，就不会提这个问题了。黑天说："所有众生都在我之内，但我不在他们之内。"所有身体、一切众生都在真我之内，但是你似乎认为真我躲藏在身体的某个角落里，当身体死亡时，它又会去其他的地方。

问：那么什么是死亡呢？

帕帕吉：死亡是一个让你恐惧的概念，正是因为你认同于这具身体，而身体在某天会消失。提这个问题的人已经接受了自己曾经出生，想当然地认为自己会死。当你认同于身体时，你就不会死。

1974 年 10 月 27 日
与悉塔在帕莱索

帕帕吉：你所有的念头都属于过去，做的任何事情都是基于过去体验的反应。甚至当你想着未来的时候，你规划未来的种种念头，都来自过去的念头、记忆和体验。所有的心灵活动都靠搅动过去的念头而来。当下是离于念头的，当念头升起时，你就已经不在当下了，而是在过去。当下无念的瞬间是宁静。只有念及过去的种种念头才会让你痛苦。

你为未来选择了一系列行为，先入为主地认为是你在做选择。实际上，是无上之力给了你选择的力量。不要愚蠢地认为是你在做选择。那个力量一直都在，让你做所有你能做的事情。与其设法安排你的未来，不如去看向那力量的源头，去觉知它是怎么完成所有事情的。它让身体运动，让心念开动。你想象的所有自己做的事情都是由这个无上之力来做的。

你整个人生都在计划未来。放下未来要成功的企图，因为所有这样的想法都会把你束缚在思维中。所有计划未来的念头都源自你过往思想的墓地。如果你想在未来有所变化，那就会执着于会变的事情，你寻找的东西就不是永恒的。去爱那个不变的吧。找到那个不动摇的地方，在那里，你会知道是无上之力让你能动。在那个地方，你就不会计划，也不会在意自己行为的结果了。

不管你认为自己是什么，就会和它成为一体。如果你自认为是身体和头脑，就会感觉自己是身体和头脑，会和它们相认同。这个认同会带给你无穷无尽的麻烦和苦恼。保持安静吧，在这一寂静中，你会自然认同于照顾着万物的无上之力的宁静、寂静和自由。当这一切发生时，你的工作就完成了，因为从那个时刻开始，无上之力将会替你运作你的人生。

帕帕吉一直坚称自己从不做任何计划。他说这个无上之力驱动着他，促使他去做所有的事。一次他的孙女迦雅（Jaya）在他家，让他一起来完成她的一项作业，我借机对此有了一些有趣的了解。

迦雅当时在勒克瑙攻读学位，作为她选修心理学课的功课，她拿到几份问卷要分发给朋友和亲戚完成。这是一份多选题问卷，意在探测答卷人对生活、世界和人际关系的态度。帕帕吉也拿到了一份，很尽责地做完了。很多问题，对他来说是没有合适选项的，但是迦雅坚持要他至少打钩选一个。当他看到一道关于他朋友的问题时，他断然拒绝作答。

"我没有什么朋友，"他说，"我也不想要。友情只会带来麻烦。

最好独自一人，完全一个人。我一辈子都是彻底一个人的。这是能真正快乐的唯一办法。友情和人际关系只会给你带来麻烦。"

对于其余的问答，帕帕吉好像没有认真对待。他拿这些问题和答案选项开玩笑，似乎有意选了最不恰当的回答。有道题他选的是："如果我不得不再活一遍，会不一样地安排它。"我后来就这一答案向他询问，他的回答证明他并没怎么认真作答：

那些问题大多没有合适的答案。但是迦雅让我至少要选一个，哪怕我觉得没有什么合适的答案。

至于那个关于计划的问题，我从来就没有计划过我的人生。从童年开始，我就没做过任何计划。你计划的时候，就为自己造了业；你造了业，就不得不再次出生来享受它或者承受它。我从来不做任何计划。我没有造新的业，所以我在这一或者下一时[①]也不用再回来。计划就是欲望，欲望导致了人的再生。最好就是根本不去计划。

---

① 可能是印度传统的宇宙观中所指的四个时代。

第七章
印度萨特桑

1974年10月底,帕帕吉回到了印度。许多人都想和他同程返回或日后来访,但他都谢绝了,说会写信通知何时何地能来见他。他在欧洲遇到的卡尔洛斯·希尔瓦和让·米歇尔·拉波德二人倒是随后就到了印度。帕帕吉在德里非常热情地接待了他们,安排他们住在德里他妹妹家。之后不久,帕帕吉又带他们去了哈德瓦,可过了几天,他就消失得无影无踪。这是当时众多想要在印度跟随帕帕吉的弟子常有的经历。他频繁动身前往新的地方,到底去何处,却对身边大部分人都缄口不言,好让自己得以摆脱众人的围绕。这一次,他是去了勒克瑙,看望那里的家人和弟子。蜜拉和穆克蒂有时会在11月过来见他。

20世纪50年代到60年代,帕帕吉在自己的住处或母亲家会见勒克瑙的弟子。不过这段时期,他没有在这两个住处举行萨特桑,而是在一个弟子提供给他的地方见访客。

以下是帕帕吉讲述的使用这幢房子的缘由:

让我使用这幢房子的是个律师,他在悉塔普尔(Sitapur)附近的卡罗纳(Karona)有一大片土地。我们最初见面时,他还是奈米沙兰雅的纳兰达南达·萨拉斯瓦提·斯瓦米（Naradananda Saraswati Swami）的弟子。这位斯瓦米有一间大道场和一所男校。

律师名叫西瓦·商喀尔·特利维迪（Shiv Shankar Trivedi）。之前他每周来勒克瑙一次，在米斯拉医生（Dr. Misra）的诊所看病。特利维迪患有胃溃疡，情况很糟，他只能喝牛奶、葡萄糖水和米粥，被完全禁止食用任何固态食物。他一般在预约日的前一天傍晚到达勒克瑙，住一晚后次日见医生。某天傍晚他在街上散步，被我的一张照片吸引了，照片挂在阿米那巴德①市场一间店铺的墙上，店铺老板是我的弟子丹东（Tandon）。

特利维迪发现自己的视线无法离开照片，就问店主："这人是谁？他住在哪里？我必须要见他。"

丹东先生把我的地址告诉了他："纳希街522号，靠近哈兹拉特冈吉区（Hazrat Ganj）。但是去那里的话，不要用你的世俗问题来打搅他。要么静静地坐着，要么问些修行的问题。"

第二天一早，他在赴医生之约前来见我。他来得太早了，我还没有吃早饭。我太太让他进来后，他只是静静地坐在房间里。我之前从没见过他，所以有些惊讶于他甚至没有想要介绍自己的意思，只是静静地坐着，看着我。

我心想："如果这人不想告诉我为什么来，我就得自己弄清楚。"

我问他是什么原因来拜访我家，他回答："我想见祜主罗摩。你能让我见到他吗？"

我没有回答，只是静静坐着，看了他一会儿。几分钟后，他的身

---

① 阿米那巴德（Aminabad），勒克瑙市中心的大集市。

体开始无法控制地颤抖。他努力试了几次，想要停止这种抽搐，但没法做到。我没有插手，只是静静地看着。他还处于这种状态中时，我太太进来和我说早餐准备好了。我当时不了解他的身体状况，就邀请他一起吃饭。我带他下了楼，我太太给他盛了一大份油炸饼（类似印度薄饼），里面塞满了用芥末油炸过的萝卜丝馅。他没有拒绝，尽管他的医生说他不可以食用任何难消化的油腻食物。我后来才发现，他之所以吃下这些是因为觉得这是加持品，他不能拒绝。

他当时没告诉我自己有严重的胃病，也没说自己在我面前剧烈地颤抖时都发生了什么。早餐后，他向我鞠了个躬，没说一个字就离开了。

他一走上街，就直接冲到医生那里告诉他自己都吃了什么。他开始觉得把那些难以消化的食物都吃了下去并不妙。医生检查了他的胃，却没有发现上次检查时的溃疡痕迹。可能与他在我房里的经历，抑或是油腻的油炸饼早餐有关。

第二天，他和丹东一起又来了。即便如此，特利维迪还是没有跟我说起之前在我房间里的经历，也没有提到自己的胃溃疡好转了。直到后来，丹东先生才跟我说了整个事情的来龙去脉。

特利维迪决定搬来勒克瑙，这样就能有更多时间和我在一起。当时他在镇上没有自己的房子，需要找一个安身之处。

"我想要一所大房子，"他说，"这样我可以住，并且您也能在那里举行萨特桑。如果我找到合适的地方，您会来吗？"

我同意了，条件是他只能一个人住那里。我不希望他把全家人都搬过来。

"没有问题，"他说，"我可以一个人生活。我知道怎么做饭，怎么照顾自己。"

我们找到了一幢房子,业主为查图维迪医生(Dr. Chaturvedi),是当时北方邦的医疗健康总管。特利维迪从他手上买下了房子,这是三层的房子,他住进了底楼,楼上空出很大的地方,我就在那里举行萨特桑。当时有许多政府官员会定期前来。有乔治国王医学院的整形外科主任米尼·戈尔医生(Dr. M.K.Goel),医疗健康副主管古普塔医生(Dr. Gupta),北方邦电力局一名退休的总工程师沙玛(Sharma),桥梁公司的首席工程师舒克拉(Shukla),北方邦农业部长舍瓦尼先生(Sherwani),以及几个北方邦议会的立法会成员。

20世纪60年代帕帕吉在纳希住宅举行萨特桑时,还有位常客,帕帕吉没有列出来。

我当时在纳希老宅举行萨特桑,那里能容纳三十五至四十人。有条狗每天都过来,坐在第一排。它就坐在那里,在所有人前面,闭着眼睛,好像处于深度禅定中。我太太不喜欢狗进屋,因为她在屋里做饭,想要保持整洁。她抱怨这条狗每天都来,所以我觉得应该问问狗是谁的,让狗主人不要再带它过来了。或至少在他进来时,把狗拴在外面。

我有个朋友定期来萨特桑,他是教育部的部长。我问他狗是谁的。让我惊讶的是,他说狗不属于屋里的任何人。

"它就在邮局前面等着,"他说,"见到一群人走进你家参加萨特桑时,它就会加入队伍,尾随进屋。它认识常来这里的人。每天都会和不同的人或不同团体一起进来。"

帕帕吉继续讲述别人在勒克瑙为他买下的那幢房子的事。

很快那幢房子成了我在勒克瑙的主要落脚点。来城里参加我萨特桑的访客会被安排在一楼住宿。许多外国人会在那里住上很长一段时间。在贝纳瑞斯印度教大学授课的贝蒂娜·鲍默常来，还有另一个叫安娜库提（Anakutty）的女孩也常来。她是法语老师，来自喀拉拉邦。

特利维迪每周会回一次以前居住的镇子卡罗纳。他用极低的价格买了一些豆子、土豆和洋葱，因为这些都是附近田里出产的农作物。他会带回勒克瑙，作为给访客的伙食供给。

刚开始的时候，特利维迪展示了对我极大的虔爱。他拜我为上师，甚至在礼足仪式上清洗我的脚。但过了一段时间，他的自我出来了，他开始对我获得的关注耿耿于怀。他的拜赞歌唱得很好，还能自己弹印度手风琴伴奏。他觉得既然这是他的房子，那么访客就应该来拜访他，听他表演拜赞歌，听他朗诵蚁垤（Valmiki）的《罗摩衍那》。但没有人为此而来。每个人都是进了他的房子就直接上楼来见我。即使他就站在楼梯口，拦住每个进来的人，也没有人听他的。

这种忽视让他非常生气，最初的虔爱转为了愤恨。他开始给我在印度和海外的所有弟子写信，批评我的人品太过低劣，尤其对我和蜜拉的关系进行强烈诋毁。有些收到信的弟子把信转发给我，我才发现他的所作所为。于是我就不再去他那里了，改为在我母亲家，也就是布特勒街的屋子里继续举行萨特桑。

我离开后，他终于如愿以偿，有观众来看他表演了。一些人开始去听他唱诵。我曾规定他如果想要我在那里举行萨特桑的话,他就必须一个人住。我离开后,这个禁令就无效了。他把全家人都接了过去。

之后这个人在很长的时间里一直公开批评我。我告诉他,如果他想忘掉过去,回到我身边,我很欢迎他,但我从没收到过回复。

湿婆·商喀尔·特利维迪和帕帕吉最初相逢在20世纪60年代末期。他住的那幢屋子,也就是帕帕吉曾举行萨特桑的地方名叫"沃林达文"。直到70年代中期,那里都是帕帕吉勒克瑙弟子们的聚会点。

唵·普拉喀什说了几则这段时间来见帕帕吉的弟子的故事:

我刚认识他的头几年(20世纪60年代末至70年代初),帕帕吉在勒克瑙几乎无人知晓。现在围绕在他身边的人当时都还不在。也许会有七到十个人定期去看他,也就这些了。

那些人大部分是当地的商人、工程师或医生。其中有一位特别依恋他,他是米尼·戈尔医生,是整形外科医生,在全球都很有名。他每天结束工作后,大约晚上十点过来,整晚都在帕帕吉屋里打坐。早晨五点起身,刷牙,喝杯茶后动身去医学院开始工作。

那时候的萨特桑相当随意,因为帕帕吉一直坚持人们在他身边应该正常地行动。他特别不喜欢见到有人在他面前闭眼坐着。他希望大家在各自平时的日常生活中就能吸取他的加持。

当时如果有人在萨特桑中摆出闭眼禅坐的姿势,帕帕吉就会摇晃着他的肩膀,严厉地指责道:

"你闭着眼睛做什么?出去!现在就从这里出去!如果你只是想

闭着眼睛坐在这里，就别来见我。正常点！自然点！"

20世纪70年代早期，医疗健康部主管之一古普塔会定期来访。他几乎每天都来和帕帕吉一起打坐。有一次，他朗读了拉玛那·马哈希的小册子《我是谁？》里的一些问答。刚读了两则问答就断电了，屋里一片漆黑。我们沉默地坐了一会儿。

忽然，帕帕吉喊古普塔："你为什么停下来了？"

我们都笑了，觉得他在开玩笑。

帕帕吉说："不，不，我是认真的。你为什么停下来了？为什么不念了？"

这位公务员答："我要怎么继续？这里全黑了。我看不见书还能怎么念呢？"

"哦，"帕帕吉说，"这就解释得通了。如果你用你的内在之光来读，就不会在乎灯是开着还是关着了。"

我们依然认为他在和我们开玩笑。

古普塔说："只有您才能做得到。我们这些凡夫必须要借助灯光。"

帕帕吉问："你怎么知道？你试过吗？现在就试试，看看会发生什么。也许你一样能做到。如果你试都不试，那怎么知道能不能做到呢？"

于是，我们就坐在一片漆黑中，而古普塔朗诵了整篇《我是谁？》。我知道他对文本并不熟悉，所以不可能是靠记忆背诵的。

那次萨特桑结束时，我过去找他，问他是怎么做到的。

他回答："当帕帕吉说'你试试，看看会发生什么'那句话时，我脑海中闪过一道光，然后就见到整篇文章都在我之内闪光。就像我从头脑中一块发亮的荧幕上阅读那样。"

　　这人还和帕帕吉另一桩奇事有关。他们两人都是大个子,平均体重约有八十五公斤。一天,他们一起坐一辆人力车,加起来的体重让人力车的后车轴断裂了。车轴一断,两人都摔倒在地。巧的是两人都摔碎了膝盖骨。我知道这是真的,因为后来他们在当地一家诊所拍了X光片。尽管两人受了一样的伤,帕帕吉却似乎完全不受影响。他从断裂的人力车旁走开,看不出疼痛的迹象。而公务员先生却休养了好几周,他的腿被固定住了不能动,等着膝盖骨复原。尽管帕帕吉的伤势并不严重,这件事却开始让他对人力车非常谨慎。之后的几年里,他都会先检查人力车的后车轴再乘车。如果检查结果不满意,他就另找一辆。

　　我已经说过自己并没有出于特别的理由去找帕帕吉。我沉迷于留在他身边,但没法说清楚去找他是为了从他那里得到什么。我去的时候没有任何期盼,不需要他帮我实现任何愿望。我甚至并不是为了修行上的进步而去用功。我心里从没有出现过这类念头。我频繁地去见他是因为有种内在的力量推着我这么做,但这个行为并没有任何动机。我去是因为我不得不去。

　　大概在这一时期(1970年),我有时会见到罗摩·摩汉·沙玛先生,他是一位为政府工作的电子工程师。他认识帕帕吉很久了,有段时间几乎天天来见帕帕吉。我觉得他从1954年开始就定期来了。他的父亲也是电子工程师,也是帕帕吉的弟子。

　　在叙述罗摩·摩汉·沙玛的故事之前,我必须先说我很少遇见像他这样真诚的弟子,但他对结果充满了热情。他心中有非常清晰的修行目标,为了达到目标而努力修行。我对此完全欣赏不了。

我遇见帕帕吉一年后,这个人问我:"唵·普拉喀什,你每天都来见帕帕吉。我已经观察你一段时间了。你从这些参访中获得了什么?你从他那里得到了什么?"

"什么都没有。"我回答。我不认为因为自己来见他,就达成了什么目标。

"那你过来是为了什么呢?"他问。

"我不知道。"我回答。

我并不是在回避问题。我真的不知道自己为什么每天都要来见帕帕吉。

"那你就是在浪费时间!"罗摩·摩汉·沙玛大喊。

"我不知道自己是否在浪费时间。"我回答。

我没法有条理地回答他,这让他开始生气。

"每次我问你问题,你的回答都是'我不知道'。如果你对所有问题都不知道答案,那么你到底知道些什么?"

"对这个我也不知道。"

对话就这么结束了。我不能合理地解释自己的行为,这令他感到厌恶,于是他就起身离开了。

尽管我诚实地回答了他,他的问题却让我心里第一次出现了一些疑问:"我为什么要去见帕帕吉?我从这些见面中得到了什么吗?每天去见他让我达到了什么目标吗?"我决定向帕帕吉倾诉所有的疑惑。

第二天在他家,我对他说:"帕帕吉,我能问一个问题吗?有些事让我烦恼。"

"当然可以。是什么?"

"帕帕吉，"我开始说，"我必须要问您一个问题，这个问题从昨天就开始困扰着我。我来见您已经超过了一年。回顾这段时期，我看不出从您这里得到了任何东西。我不知道自己从您这里到底收获了什么。您能告诉我吗？"

帕帕吉看着我，说："我们第一次见面时，是否达成过某种约定？是否有过任何承诺？我是否答应过给你提供任何东西？"

"没有。"我回答。

"是我让你过来见我的吗？"

"不是。"

"我有没有强迫你过来？"

"没有。"

"那你为什么要在口袋里装着这些垃圾？你带着的这些垃圾不是你自己的疾病，而是从别人那里染上的。如果你想听我的建议，那就把这些都扔了，完全不要管这些。"

我听从了他的建议，不再担心什么结果。去见他，就只是为了满足我贪得无厌想要见他的渴望。

我显然对于从他那里获得点什么东西没有任何兴趣，以至于多年以来我都没有视他为上师。一旦你认某人为上师，这种师徒关系就不可避免地会给弟子带来某种期盼。

这事发生时，罗摩·摩汉·沙玛认识帕帕吉已近二十年。他刚来时满腹狐疑，但很快就成了一名热忱的弟子。下面是帕帕吉的叙述：

20 世纪 50 年代，我常在纳希的房子楼上举行萨特桑。有天来了一群求道者，有二十五人。他们自我介绍说是瑜伽达萨特桑协会[①]的成员，这是尤迦南达·斯瓦米（Yogananda Swami）建立的组织。他们的领队是这个组织的分部主席，在电力部门任督察长。

作完介绍后，主席开始解释此行的目的。

"根据尤迦南达·斯瓦米的说法，证悟真我的人有能力随时随意停止心跳。我们听说彭嘉尊者您是位证悟者，所以就想来测试一下。我们想见见您是否能停止心跳。我们带着听诊器来记录。"

我对他们说："我从没说过自己是证悟的人。"

这是真的，当时如此，现在也如此。我从未这么自我宣称过。证悟也许是存在的，但就算存在，也不存在有这么一个人去宣称"我已经证悟了"。

尽管我告诉他们自己从没这么宣称过，也告诉他们我对这个测试毫无兴趣，他们依然坚持要执行这项计划。他们带了一名医生来做所有需要的检查。

医生试着用听诊器和脉搏测试来找到我的心跳，却发现没有任何跳动的迹象。他大为吃惊，因为他的本意是想揭发我是个冒牌货。他们都想曝光我没能力通过测试，以此来彰显他们老师和教法的殊胜。

我得承认自己并没有为了通过测试而设法停止心跳。只能说，因为他们坚信那就是证悟的标志，于是他们心里形成的某种心理状态，让他们无法听到任何心跳。而在那些只想确定我健康状况的医生那里，我曾做过无数次血压和心跳测试，没有任何一个人发现过我心脏

[①] 瑜伽达萨特桑协会，是尤迦南达·斯瓦米1917年成立的非营利性组织，在印度以外地区称作真我觉悟同好会。协会目的在于传播其创始者的科利亚瑜伽（Kriya Yoga）教法和世间善业。

不跳动。

这让那位罗摩·摩汉·沙玛主席印象深刻。

"你能让心脏不跳多长时间?"他问道,"你能在这个状态中保持多久?"

"我不知道我的心在跳还是不跳,"我回答,"但我知道现在必须出门寄信了。现在是我下午的散步时间。我要寄一些信,要去趟邮政总局。"

他提出要开车送我,但我拒绝了,说自己喜欢下午做些运动。实际上,我是希望离开这群人和他们愚蠢的测试,但他们不放我独自上路。

"你的心已经停跳了,还能走路吗?"他问道,"我们可以在你背后放上听诊器,跟着你走,看看你是否能在不使用心脏的情况下走动。"

我拒绝了,随即告辞离开了。

我本来以为这应该是最后一次见沙玛先生了,但第二天他又出现在了我家,说已经决定向瑜伽达萨特桑协会递交辞呈。

他召集了分部的所有成员,公开宣布他不再有兴趣做协会一分子了。

"我已经找到了真正的上师,"他说,"从现在开始我会跟随室利·彭嘉吉。他的展示让我完全信服他已经达到了瑜伽的究竟高度。"

几年来他都和太太一起定期来见我。他早上外出时,经常把太太带到我家,让她留下来。这样在他工作时,太太可以一直参加我的萨特桑。

过了几年之后,他不再相信我和我的教法了,开始追随其他上师。他读了一本名叫《以性禅修》（*Meditation Through Sex*）的印地语书籍，作者是罗杰尼希[1]。他决定去浦那做个桑雅士。他热情洋溢地拥抱自己的新信仰，一如之前热情洋溢地拥抱所有其他的信仰。他从浦那回来的时候，对新的观念和修法充满了激情，还试图把罗杰尼希的教法传授给家人和朋友。

我有些朋友和他很熟，他们告诉我，他会和父母、妻子、兄弟们一起坐在家里，上下跳跃，尽力大喊"吽！吽！"（Hoo! Hoo!）很显然，这是浦那的禅修法之一。他是专注的求道人，真诚的实修者，至少在一年时间内是一位热忱的罗杰尼希教法传道士。许多曾参加过我萨特桑的人都去了他那里。可过了一年，他意识到这个新的体系没带给他任何好处，就离开了罗杰尼希，成了穆克塔南达的弟子。

沙玛先生去了迦尼萨普利，也就是穆克塔南达·斯瓦米主要道场的所在地，在那里唱诵了两年咒文。这也没能让他满意，之后他就转而跟随阿南达·玛依·嬷，并搬到康喀尔住在她那里。他努力做一名好弟子，可他从没能真正地与传统的敬拜仪式相应，而这些仪式却是阿南达·玛依·嬷教法的大部分内容。他的下一站是普塔帕蒂[2]，塞·巴巴（Sai Baba）的道场。他爱上了赛西亚·塞·巴巴。最后回到勒克瑙后，他把自己家变成了塞·巴巴的道场。他家墙上有张赛西亚·塞·巴巴的巨幅相片，这张相片后来变得很有名，因为相片表面

---

[1] 罗杰尼希（Rajneesh，1931—1990），原名 Chandra Mohan Jain，20 世纪 60 年代起被称为薄伽梵·室利·罗杰尼希，1989 年以奥修（Osho）为名。著名印度灵修导师，在全球广具影响。其在印度的主要道场在浦那（Pune），他的信众身穿深红色袍子，自称为 Sannyasin，通行的中译为"桑雅士"，但这和印度传统意义上的 Sannyasin（云游僧）的概念完全不同。

[2] 普塔帕蒂（Puttaparthi），印度安得拉邦城市，赛西亚·塞·巴巴的道场所在地。

会浮出圣灰并掉到地上。最后他的屋子和那张照片就成了朝圣地。这些奇迹显现的消息传播开来后，成百上千人都来参观他的房子。

俺·普拉喀什继续回忆沙玛先生：

罗摩·摩汉·沙玛热衷于和帕帕吉辩论各种哲学问题，但他无法理解帕帕吉虔爱的那个层面。当时帕帕吉经常谈起自己对黑天的爱，或泛泛地聊起虔爱的话题。可沙玛先生完全不在乎这些关于印度教神祇的开示，认为这些都是原始的迷信。结果有一天，沙玛先生来纳希见帕帕吉时，黑天和阿周那驾着战车出现在了他面前。他不得不相信自己亲眼所见的证据，后来不再嘲笑印度教众神了。帕帕吉听到这个故事时只是哈哈大笑。

尽管帕帕吉一生都是热忱的黑天虔爱者，他却很少会谈起。这会让他流泪，而我觉得他并不喜欢被人看见自己在公众场合哭泣。如今这些情况出现时，他就会转换话题，或者看向别处来隐藏眼泪，但我刚认识他时，对于公开展现自己的情绪，他远不像现在这样有所保留。我曾有幸在两三个月中每天都听他唱诵《薄伽梵往世书》。有几次他才念了半行，就因虔爱之泪而哽咽了。

沙玛先生的太太英迪拉（Indira）在很多年中也是虔诚的帕帕吉弟子。她在家没别的事时，就会来帕帕吉这里做些家务。她打扫房间，清洗厨房器皿，甚至为他准备饭菜。过了一段时间，她开始忽略自家的家务，好腾出更多时间和帕帕吉相处。一开始她先生并不介意，因为他觉得太太能从中受益，但当她开始忽略他和家务时，他就对太太的拜访越来越冷淡了。他是我的朋友，和我说了几次他太太为了见帕帕吉而不管自家的家务。

"唵·普拉喀什，"他说，"她总是急着赶去那所房子。我一离开家去上班，她就抛开家里所有的事，赶去见帕帕吉。我和她说过要留在家里，多做些事情，但她再也不听我的了。"

几天后真的出了问题，她一如平常那样在早上冲出了家门，忘了关掉家里的煤气罐。她心心念念想着帕帕吉，而不是家中的世俗家务事。

几个小时后，她的公公来捶帕帕吉的家门。这人曾是电力部门的首席工程师。那天他显然非常生气，手里拿着拐杖，在帕帕吉鼻子前挥舞。

他在众人面前责骂英迪拉。"这娘们是个废物！"他大声嚷嚷，"她今天离开家时甚至不知道关掉煤气！现在屋子里全是煤气味！她这么粗心、愚蠢，我们整栋房子都可能被炸掉、被烧光！虽然没发生什么严重的事，但我还得再花钱买罐煤气，因为这个女人把原来那罐全浪费掉了！"

英迪拉坐在帕帕吉一边，害怕得直发抖。她公公一边喊一边挥舞着拐杖，她觉得自己之后可能会挨揍。

帕帕吉听完了所有的抱怨，很温和地对英迪拉说："你不应该这么不小心。你应该在离开之前检查一下。和你公公回家吧，确认一下房子没有任何危险。"

他俩坐着载她公公来的那辆人力车走了。一回到家，公公就抢进了门，他要让英迪拉看看煤气阀门大开着，不希望她先进门篡改结果。让他极度震惊的是，他进入厨房时却发现煤气是关着的，房里一点煤气味都没有。

英迪拉恢复了些勇气,对他说:"你为什么要指责我?你觉得对我随意大喊大叫,就是因为我出身贫穷,而你们这些人都很富裕。你自己就能看到开关是关着的,也完全没有煤气味。要是煤气泄漏的话,整个屋子里都会有难闻的味道。"

她公公不接受眼前的事实,反而更激烈地责骂她,说就是因为她不当心,整罐煤气都被浪费掉了,而他不得不带上罐子重新去充气。他提起煤气罐要出门的时候,却震惊地发现罐子是全满的。这实在让他困惑不解。那天早些时候,发现煤气泄漏后,他也提起过罐子,想看看还剩下多少煤气,当时他发现罐子已经全空了。对于开关是关上的、屋子里没有煤气味这两点他还能找到合理的解释,但他无论如何也想不通,就走开了这么一小会儿,罐子怎么就满了。

很多年来罗摩·摩汉·沙玛都在修行瑜伽。帕帕吉试着让他放弃,但沙玛先生却非常迷。帕帕吉认为,没有任何传统的修法能确实有效地带来证悟。他总是说没有任何方法,没有任何道路通往证悟。沙玛先生从没真正接受过帕帕吉的教法,尽管在刚开始时他对帕帕吉深为敬重。过了一段时间后,他不再来见帕帕吉了,但我们仍然时不时听到关于他的消息。几个共同的熟人告诉我们说他在公开批评帕帕吉,说他的教法不是真实的。

几年后,我听说他在勒克瑙,患了心脏病,住了院,病得很严重。我打算过去看看他的病情。得知他病情的那天晚上10点我设法见到了他几分钟。

他见我进门,做了个欢迎的手势,含着眼泪对我说:

"唵·普拉喀什,我觉得自己没几天可活了。我知道你和帕帕吉很亲近,我不觉得自己还能再见到他了。我有个最后的请求,如果我死在这里,请你去见他,代我给他磕头。告诉他沙玛向他低头,请他原谅所有沙玛对他做过的事和说过的话。请给他带句话,告诉他我已经浪费了一辈子的时间跑遍全印度各种道场,想要发现真理。而彭嘉吉曾教我的,以及他现在依然在教的,是只有当一个人把自己彻底抛在他的足前,彻底向他臣服后才能体会到的。我从来没法做到,所以也从没能体会到他教法的成果。我太热衷和他讨论教理了,想说服他我的信仰、我的方法要比他的好。彭嘉吉拒绝任何妥协。他对我说的是他见到、体悟到的真理,并且拒绝承认我试图灌输他的东西里有任何真实。我觉得他是对的,我错了。请把这些转告他,带给他我迟来的道歉。"

沙玛先生对医疗结果的预期和他的修行观点一样不准确。心脏病没有带走他的命,他又多活了几个月。沙玛先生心脏病发时帕帕吉并不在勒克瑙,几个月后他回来了。当时沙玛先生已经由于别的一些疾病奄奄一息了。他的肝和肾都衰竭了,医生预期他最多只能再活几天了。我告诉了帕帕吉曾探望沙玛先生并答应了要代他向帕帕吉磕头的事。

帕帕吉立刻决定去他家探视。我们到了那里,帕帕吉送给他四千卢比,让他支付医药费。当时这算是一大笔钱了。帕帕吉对他丝毫没有恶意,尽管他清楚沙玛先生在全印度的许多道场里都公开批评过他。由于这次到访,沙玛先生才能够当面请求帕帕吉的原谅。

"我一直都是个傻瓜。"他说,"您要给我的是究竟的智慧,而我却抛弃了。我没有接受或珍惜您的教导,却去找别的老师寻找真理。是我的恶业让我不能接受,不能体会您想要教我的。请接受我的忏悔,我对于自己做过的、说过的一切反对您的事都非常后悔。"

帕帕吉温和地接受了他的道歉。

帕帕吉描述了这次最后的会面：

俺·普拉喀什先进去见他，我听到他说："彭嘉吉过来看你了，你想见他吗？"

罗摩·沙玛请我进了房间。他没法下床，也几乎说不出话来，但他尽其所能地欢迎了我。我问他为什么看起来这么苍白，才得知实际上他的肝和肾已停止运作了。医生对他太太说他最多只能再活七天。

他示意我靠近，好在我耳边轻声说话："彭嘉吉，我忏悔。我浪费了一辈子跟随一个又一个老师，但我从没找到过心灵的平静。现在已经太迟了。请祝福我，因为世界上我再没找到任何一位像您这样的老师。"

他双手放在胸前，表示出崇敬和尊重。

我在一个信封里放了四千卢比，给了他太太。我知道这看起来毫无希望，但我还是请她尽量用这笔钱给他最好的医疗。

也没有别的能为他做的事了。两天后他离世了。

在本章开头，我先简短叙述了帕帕吉第二次国外旅行后回印度的情况。之后几周里，他给勒克瑙的众弟子定期举行萨特桑，大部分都在"沃林达文"，也就是在特利维迪为他买的房子中进行。蜜拉在笔记本里记录了许多对话和开示。

大部分对话反映出帕帕吉印度弟子的传统印度教背景。帕帕吉在欧洲谈论解脱时，会引用基督教的内容作为佐味，因为这是大部分听众所熟悉的传统。而在印度,他则倾向使用《罗摩衍那》的传说故事,以及黑天的生平和教法。他会非常动情地谈起对神的虔爱之道。外国人在场时,他就很少提及这个话题。

他的很多印度弟子都在持诵名号,也就是重复神的名字。帕帕吉自己曾修持这个法门二十五年,所以他极具资格给出专业的、第一手的建议。帕帕吉谈到这个话题时,通常会采用印度教众最为推崇的圣人们曾使用的方法。他重复解释以下三点。

1. 神的真实之名与神本身无别。

2. 在心中找到神,就找到了神之名,即修行人自己的真名。这名号在心中重复,却并非感官能觉知到。

3. 神的本初离言之名是一切展现的根源。

这是个复杂的话题,可追溯到卡比尔、图卡拉姆、南提婆(Namdev)等印度教圣人的密契作品,帕帕吉对这些圣者推崇备至。我希望在下述对话中,经帕帕吉的解释而清晰展现有关这一主题的各种细微差别。所有对话都发生在帕帕吉1974年回印度的最初几周中。

下面记录的对话中,楷体的"真名"(Name)表示本源,即神本身,甚至是展现神的本源。而非楷体的"名"(name)则是口上或心念上重复的名号。

1974年11月15日

帕帕吉:为了搭建通往兰卡(斯里兰卡)的桥,罗摩在海里放了块石头,石头沉入了水中。而哈努曼放的时候,石头却浮在了水面上,因为石头上写着祜主的名字。即使是神,他的源头也在真名中。真名,是祜主形象的源头,是其余一切形象的源头。

罗摩因为神猴哈努曼的爱与奉献而将"永恒"一名赐予了他。《罗摩衍那》中提到，罗摩派哈努曼去寻找悉塔。

哈努曼问："我怎样才能认出悉塔？"

罗摩回答："当你听到不断持诵着真名的地方，悉塔就在那里。"

信心和爱所在之处，就是真名之所在。每一次念诵名号都让你更接近祜主。名号是修行者的房屋的基石。而对于觉悟的成就者，它就是屋顶。

无论何时，只要你的心安住于无执，那就是祜主所在之地。真名本身是神的物质展现，在原初的自我中体验到真名，就是寂静。

提问者：如何才能专注？我不知道怎么做。

帕帕吉：你已经在专注了。任何时候你都专注在"我是这样、那样"的想法中。我的建议是不要专注于任何东西。只是作为主体而存在。

"不知道"的状态表示一种真实的体验。你的记忆充斥着你从外习得的物质知识。你从记忆中找到的任何答案都无法成为真正的答案。如果你想知道"我是谁"，你在头脑中的任何地方都找不到真正的答案。你只能在一个没有任何东西与之比较的地方找到答案。这一体验是迅捷而突然的，和头脑完全无关。

如果你问"我是谁"但并不相应，那就问"我属于谁"。

1974 年 11 月 21 日

帕帕吉：哈努曼为取得善吉毗尼，一种罗摩想要的草药，就把一整座长有这种草的山从喜马拉雅搬到了兰卡。哈努曼象征着爱与虔敬。如果你对上师充满了信心，如果你具有哈努曼的爱与虔敬，那么，你将无所不能。

在携山飞往兰卡的途中，哈努曼被罗摩的哥哥婆罗陀（Bharat）误认作敌人，用箭意外地将其射了下来。婆罗陀代表精微的自我。哈努曼依然因为自己是罗摩的伟大信徒而存留着某种傲慢，为能侍奉罗摩感到十分幸运。他的傲慢令他折堕，但他在空中坠落时念诵着"罗摩，罗摩"，等他落地时，傲慢已经消失了。

哈努曼代表着全能的头脑。当充满虔爱时，它就能创造奇迹。当傲慢消失，当做者感消失时，它所携带的山也坠落到大地上摔得粉碎。山是什么？是责任感：我必须做这个，我必须做那个。

罗摩即是真名。一切名字都在这个独一真名中，一切形象也出自于此。你能称他的形象为罗摩或黑天，但真名本来没有形象。穷究其奥，则是至深之蓝。神性的游舞，是这个本初真名的另一个名字。它全来自罗摩，来自源头。

1974 年 11 月 27 日

提问者：是否应当持诵"悉塔罗摩"咒而不只是"罗摩"呢？

帕帕吉：是靠了悉塔，你才能重复罗摩的名字。

提问者：虔爱和智慧一样吗？

帕帕吉：有四兄弟，萨纳特库玛（Sanatkumar）、萨纳达纳（Sanadana）、萨纳喀（Sanaka）和萨纳特苏嘉塔（Sanatsujata），他们是梵天的儿子。他们也都是智者，可是在阿育提亚（Ayodhya）觐见祜主罗摩时，他们却忘失了一切。他们在虔爱中失去了自己，以至于觉知不到任何别的东西了。

毗梨提（vrittis），即心念活动，收集着世界的信息，并企图以同样的方式来理解神。但当心念活动是为了找出神到底是谁而眷恋于他时，心念就会消融在他之中。这种消融的体验，会以虔爱的情绪形式表现出来。

提问者： 我发现自己无法专注持名到融入其中的程度。我的注意力很分散。

帕帕吉： 集中注意力持诵名号的人会接受自己并不是一直在持诵。注意到自己不专注，这就把我们带向了觉性。

世界，整个世界被创造出来，就是源自"不专注"。因为不专注于一切众生真心之中一直不停重复着的神名，才会造就出世界之相。只有在神名没有被明明白白地听到时，世界才会存在。我们在头脑中重复着神的名字，是提醒自己并没有在聆听真心中的神之真名。

当我说到神的名字时，我的注意力投注到了在头脑之后的地方。在那里，哈努曼和迦楼罗，也就是头脑和心智，不间断地持诵着我的真名。

哈努曼的肩上扛着罗摩。而罗摩在那里无有止息地听到了自己的真名。罗摩就是我自己。承载他的，就是真名。

真名是无形之形。我们住在对名字和形相的描述中，而不住在描述者与所描述对象无差别的状态中。种种描述都来自感官。但我们关注于感官所描述的东西时，我们就陷入了情绪性的回应中。而在念出真名，在心中听闻到真名时，就什么都没有了：没有牵扯，没有羁绊，没有执着，也没有依赖。

提问者： 我要如何才能达到这种不依赖任何人、任何事，只依赖于神的状态呢？

帕帕吉： 如果你只是说"我将只依赖于神"，这是个错误的说法。你是立足在思维上而说"我会依赖于神"的。这么说不会给你的生命带来任何改变。如果你觉得会有效果的话,那也只是自欺欺人罢了。要真正依赖神,就必须放弃一切,包括头脑和思维。

与遗忘作战,就是不断地忆起。

帕帕吉对提问者的倒数第二段回复中提到他就是罗摩,这让我想起一个故事,是我在整理本书书稿时听到的。

1991年有个美国弟子和帕帕吉一起坐在帕帕吉印谛拉纳噶尔的屋子内。那段时间,还没有大批人群涌来,萨特桑都是在这个地方举行的。以下是这位弟子所述:

我正看着帕帕吉,专注看着他的双眼。他眼里有一种美,我从未在别处见过。这份美丽越来越强烈,最后我不得不移开了视线。这是我生命中唯一一次因为太过浓烈的美而无法直视。帕帕吉没有看着我,并且我也不认为他知道我怎么了。但几天后,当我打算离开那里回国时,他把我叫到他身边。

他拿起一张放在座位边的哈努曼小像,交给了我,并且说:"拿着这个。如果你幸运的话,罗摩会再度向你现身。"

还有其他人也见过帕帕吉显现为罗摩。在接下来这个不同寻常的故事里,帕帕吉被寺院里的女神认作是罗摩。讲述这次奇遇之前,我先向不熟悉《罗摩衍那》的读者交代一些背景。

在著名的兰卡大战后,祐主罗摩把悉塔从魔王罗婆那(Ravana)手中解救了出来,带她一起回到了阿育提亚。她已被囚禁在罗婆那的宫中多年，回到阿育提亚后不久，城里就有人开始质疑悉塔是否还适合做一国之后。

"这个女人在另一个男人那里住了许多年，"那些人说，"这样的女人不洁，不容于此地。祐主罗摩应把她远远遣走。他救出她已经尽到了职责，现在应该把她送走了，因为她和另一个男人同住了很多年月。"

在兰卡的苦难岁月中，悉塔始终保持贞洁，但她在异国久居与另一男子共处的事实也意味着她无可避免会受到质疑。罗摩认为，为了维护国家大局和王位起见，她应当被流放。这个决定是罗摩做过的最使人不解的决定之一，对此从未有过令人满意的解释。

悉塔接受了流放的命运，到蚁垤的道场住了下来。被流放的那天，她其实已经怀上了罗摩的双胞胎儿子，然而罗摩并不知情。悉塔在蚁垤的道场生下了孩子并在那里将他们抚养成人。直到多年之后，罗摩才知道他们的存在。

以下是帕帕吉叙述20世纪50年代他和两个妹妹塔拉（Tara）、黎拉（Leela）去道场的故事：

我的妹妹塔拉和家人住在坎普尔。我受邀来她家参加她儿子的授圣线仪式。我另一个妹妹黎拉，第二天从哈里亚纳邦（Haryana）的安巴拉（Ambala）过来。婆罗门男孩的授圣线仪式是件大事。家族所有成员都应该参加。

其间我听到黎拉在问塔拉："比图尔（Bithoor），也就是梵仙蚁垤的道场在哪里？"

塔拉说离我们住的地方很近，但又说到她对那个地方并不熟，也从来没去过。我们向邻居打听了情况，问明白了应该怎么去，路很难走，最后一段没有公共交通，只能坐马车。尽管难走，两个妹妹却都想去，但又不想只有她们两个人去么一个荒僻的地方，所以让我一起去。我同意了。虽然我在勒克瑙住了好几年，住的地方离那间道场也只有几小时的路程，但我也从来没去过。

我们先坐巴士到了巴士能到的最远的地方，然后雇了辆通嘎，继续开了几个小时后才到。旧时道场所在地上如今修建了一座寺庙，离恒河还算近。塔拉想去看看恒河，但她只能一个人去，因为黎拉有关节炎，而我不想在烈日下走太久。

她去恒河的时候，黎拉和我进了寺庙，去看悉塔的画像。画上的她是正在给两个儿子喂奶的形象。我们走近时，画像在我们眼前消失了，变成了真实的悉塔。

她站在我面前，伸出手指斥责我："你为什么把我赶得远远的，让我待在森林里？"

然后她转向黎拉，问："我犯了什么错，你哥哥要这么抛弃我？为什么要让他的弟弟拉克什曼把我遗留在这片森林里？他们抛弃了我，但蚁垤收留了我，虽然他知道我已经怀了罗摩的孩子了。"

悉塔一边歇斯底里地哭着，一边向黎拉和我数落了所有对我的愤懑。其他人陆续进入神庙，也见到了悉塔把我当作罗摩，埋怨着我流放她。人们开始向我礼拜。同时黎拉的举止也变得非常古怪。达善的力量冲垮了她的头脑，她开始大喊大叫起来。她不想离开，所以最后我不得不把她拽了出来。

塔拉在恒河里沐浴完也回来了，帮我一起把黎拉塞进了通嘎车。回家路上黎拉再度歇斯底里起来。她哭喊着要打我，质问我为什么要遗弃悉塔，把她流放到森林。直到最后，她失去了知觉。

我们带着她安全地回了家，过了一段时间她的心神恢复了正常。这一体验让她重新审视了和我之间的关系。

她来找我，向我礼拜，并问道："一直以来你我以兄妹相称，我想终结这段关系。我不想再把你看作我的兄长了。我想你做我的上师。我在寺庙时，悉塔告诉我你是我的上师，不是我的兄长。从现在开始，这是我想拥有的与你唯一的关系。"

她和我一起来到了勒克瑙，共同住了一阵子。过了段时间，她儿子带她回了家。

她动身前，我给了她一张我的相片。她带回家后，就放在普嘉房里礼拜。她的大儿子是德里的海关官员，发现自己妈妈在礼拜我的照片后，表示反对。

"为什么你要向这张照片祈祷？你哥哥还活着。你应该只礼拜过世亲人的照片。他还活着你就拜，这样很不合适。"

她不理会，继续礼拜，说："他不是我的亲戚，他是我的上师。"

我联系到了黎拉，她仍然住在安巴拉，她体贴地写下了自己对于那个重要日子的回忆，寄给了我。她的回忆是以给"亲爱的哥哥"帕帕吉写信的形式所写下的。内容基本和帕帕吉一样，但还有些帕帕吉遗漏的细节：

那天是蚁垤仙人的生日，在他的道场有庆祝活动。我们的妹妹塔拉从坎普尔来，我们带她一起去了比图尔。在路上我弄丢了手提包。后来我们去了恒河岸的台阶。入水前，我把一块手帕叠放在衣服下面。沐浴完回到岸上，我打开手帕发现里面有七张一百卢布的纸币。我看着钱紧张起来，就把整件事都告诉了你，亲爱的哥哥。我觉得这是神在考验我，就把钱都撕了，全都扔进了恒河。然后我们继续上了路。在比图尔，你见到了那位必须要见的人，坐在她的身边（推测认为这里她指的是帕帕吉和悉塔有约）。悉塔·马哈拉尼（Maharani，对王后的尊称）和你说了好久的话，很快她眼中流出了泪水。

看到这一幕，我问你："亲爱的哥哥，这是怎么回事？悉塔·马哈拉尼在哭。"

你回答："妹妹，难道你不明白吗？难道你不知道故事的原委吗？"

黎拉似乎不太记得之后的戏剧性事件，甚至是完全没了记忆。帕帕吉说她陷入了狂喜，大叫着跳起了舞。她吸引了大批朝圣者，他们似乎直觉地认出她正处于某种高超的境界中，就向她抛撒纸币作为供养。她恢复平日状态后，完全不知道自己之前做了什么，钱又是从哪里来的。

我（黎拉）也坐在她（悉塔）身边，闭上了眼睛。等我再度睁开眼的时候，发现面前是成堆的纸币。我们把钱都留在了那里，然后离开回家了。

我把黎拉的笔述给帕帕吉看。还给我之前，他在末尾写了以下评论：

来寺庙觐见悉塔的人都开始礼拜黎拉，拿钱供养她。黎拉失去了意识，所以我带她上马车回了坎普尔，就是我妹妹塔拉住的地方。之后的三天，黎拉一直在大喊："我受不了这条粗重绳索了！这条绳索绑着我，让我觉得你是我哥哥！你不再是我哥哥了！你是我的上师！"

现在我继续说回帕帕吉在 1974 年间以谈论神名为主的萨特桑。

1974 年 12 月 2 日

帕帕吉：除非你不见面前的世界，否则你无法见到神。对神圣和不神圣的分别正在杀死你。

真名不是靠言说的，而是靠三身（三身是指肉体粗身、梦境的精微身以及所谓的因基身，也就是在沉睡中"我"的状态）无有穷尽地一直重复着。这才是对永恒之名的持诵。

这基底，或者说真名，蓝得透明，可以称之为黑天。黑天代表着"专注"，是不专注于任何外境的专注。而"智"呢，则试图理解它。我说的"智"，你们不要认为是通常的思维运作，指的是超越思维的东西，就称它为"纯净智"吧。当这种纯净智试图去了知那个，即真名时，一个最精微、最透明的形态就从黑天本身中展现出来。这就是拉妲（黑天的明妃），是一种觉知的形态，它被能觉的基底所吸引。拉妲是原初本质的扩展，从"想去了知"的意图中升起。明白了这个，就是直接之见，就是真实之见，因为它恒在不变。

1974年12月3日

帕帕吉：我见到了寂静。它甚至拥有一种形态。它是最活跃最迷人的寂静。湿婆的双眼在哪里？它们一直被这种寂静吸引着。他恒时禅修于此。这是他的工作。明白了这个，就是见道；而见到这个，就是了悟。吠陀则是对此的描述。

你在镜子中见到自己的脸。你望着镜中你自己的影像，你在镜中寻找你自己。而回望凝视着你的，就是真名，它不停地重复念着自己。

这两段由蜜拉记录下来的12月2日和3日的开示，我觉得是用黑天虔爱者能体会的语言来解释无相中如何出现形相的。帕帕吉有时确定地说道，形相的显现是出于觉性想要了知自身的意图。我认为1974年12月2日他的开示说的就是这个现象，他提到当原初之智试图了解自身的本质时，拉妲，即造就世界的创造之力，就从基底之中产生了。

我曾请帕帕吉对这两天的开示进行讲解，但他拒绝以任何方式展开说明。因为我依然觉得这两段开示太过晦涩，需要加以注解，所以我就在下面引用一段他在1993年给我的回答，当时我请他解释寂静之心和无心的区别。

寂静之心，是指暂时保持安静。它只是对心的对境的一种压制，可以多次发生，但不会持久。不动之心也是暂时的，可以经由禅修或专注来达成。它就像蜡烛的火焰。没风的时候，火焰纹丝不动；有风来时，烛火就会闪烁甚至熄灭。当一个新念头冒出来，就刮起一阵风，把不动之心吹走了……在讲无心之前，我们先来看看什么是心。让我们从觉性开始。有时候，你会想从镜子里看看自己的模样。同样，觉性有时也会想看看自己，看看自己是什么样子的。于是在觉性中产生了一个波浪。它问自己："我是谁？"这个在觉性中产生的波浪想象自己与海洋是分离的，于是这个波浪就变成了"我"——个体的自我。一旦个体自我独立出来，它就会进一步沦落，开始创造。首先产生出了空间，无边无际的广阔虚空。而伴随着空间，时间也会被创造出来，因为只要有空间，就一定会有时间。这个时间演变成了过去、现在和未来，而从这三者之中，产生了种种执取。一切万物都包含在过去、现在和未来之中。这就是所谓的轮回。轮回意味着时间，它是无尽的过去、现在和未来。任何在时间中诞生并存留于时间中的东西，都会在时间中完结。而所有这一切，就是心。是"我"浮现出来，创造出了空间，然后是时间，然后是轮回——这个"我"现在变成了心，这个心就是"我"。

然后在某个时刻，一种强烈的对解脱的渴望会升起。这个渴望会从觉性本身产生。最初，是从觉性中往下堕——从"我"到空间、到时间、再到轮回——有一个往下降的过程。现在会有一个反向上升的过程。在这个过程中，先是对有形物体的执着会消失，随后消失的是对命气、意和智[①]的执着。最后，你会回到"我"。这个"我"，就是

[①] 命气、意、智是印度吠檀多中的特定概念，与中文字面意义有区别，三者都是精微身层面。命气包括：遍布气，把液体的营养传送到全身各处；平住气，在肚脐；上行气，在喉间；下行气，在下腹部；以及持命气，是我们呼进呼出的气。意（Manas），译为"末那"，是把感官从外境中攫取的印象接收、存储下来的能力，然后将其传送给智。它执着于个人的个体感，但本身不做出决定，在智做出判断、决定后，它会将之又传达给各种感官。智（Buddhi），指的是"能够形成、保留思维概念的能力"以及"辨别判断和理解的能力"，它是觉悟真我的工具。

不动之心。

　　此时这个"我"已经远离了一切。它独自存在，没有任何执着。它不可能再回到那充满执着的世界，回到轮回。它渴望自由，它想回到它的源头。这个从觉性中升起的"我"现在又回到了觉性中。它做了一个决定，"成为无心"，一旦这么决定了，"我"就消失了，心就消失了。"我"，也就是心，已经被摈弃了，但在"我"和觉性之间，还有某个东西在。这个介于两者之间的东西，就叫作"无心"。这个中间状态将融入觉性，并成为觉性本身……

　　当你从心返回到觉性时，你会经历这个无心的阶段。在这种状态下，会有"现在我是无心的"这样的感觉、记忆。逐渐地，这个无心会慢慢退回消融于更超越的那个之中。但我不知道这是如何发生的。

1974年12月4日

　　帕帕吉：我曾有过一次净观，见到了拉妲和黑天。杜勒西达斯说的是真的，他说："我见他们是一时，他们是二；我见他们是二时，他们是一。"肢体和躯干互相缠绕，有一部分最开始看起来像是两具身体，但当我仔细观看时，就变成一具。而有些东西开始似乎是一个人，仔细观察才会发现其实是两个。

　　提问者：我曾见过黑天现身为某种蓝色的虚空或震动，但我没办法准确表达出我的感受。我没法像你描述你的净观那样说得清楚。

　　帕帕吉：你没办法描述黑天的，因为他才是描述者。他是正在看着你的那个。

1974 年 12 月 10 日

帕帕吉： 当你第一次持诵罗摩的名号时，你是用嘴来念的。那是一个声音。在成为声音之前，它是一个念头。念头出自你的头脑，而头脑，出自真我。往回追究：从声音到念头，到头脑，最后到真我。直接回到原初真名发声的地方。不要让任何念头从那里浮现。让真名重复念着自己。这样，就在这个地方，才是真正亲见了罗摩。真名即是基底。

去研究头脑吧，这样你就能把自己与头脑区别开来。

提问者： 要如何向究竟的力量臣服？

帕帕吉： 不让任何念头出现，并放弃所有的努力。哈努曼服侍罗摩服侍得非常出色，因为他让神的圣命在他之内运作。是罗摩之力使他能扛起一座山飞过天空，但是当"我正在做这个"的念头出现之时，婆罗陀一箭就把他射落在地。坠落的过程中，他念起罗摩之名，再次向他臣服。当他再度记起那个真名、那个状态的时候，就有了重新飞翔的力量。别人问他为什么能完成这般超人的功绩时，哈努曼回答："都是因为加持。"

提问者： 我之前一直在持诵祜主毗湿奴的名号。通过一些努力，我能让名号一直不离于舌。但现在我的心平静了，没有哪个念头胆敢穿过我的心。我不在意任何事情。在这种平静中，外面的声音进入不了我的领地。

帕帕吉： 真名不是说出来的，它是永远说不出的。难道神是某样我们必须取个名字的东西吗？是他给了一切事物名字。如果我们给出各种名字的话，就创造出了种种对境。你必须切断记忆中的所有关联。

提问者：那么参问"我是谁"的修行有助于切断这些关联吗？

帕帕吉：如果你把参问真我当作了修行方法，你就停留在了头脑中。你把它变成了一系列互相关联的念头。你看着外面，想起来自己应该朝里看，头脑就有了一个变动。接着，你试着把头脑向内转，你试图看自己，或者试图去看你的"我"是从哪里出现的。这种探寻，这种看，都只是彼此牵扯、关联的念头和觉受。这类行为的结果只会产生更多的念头。念头是无法带来无念的。如果这类参问让你体验到有什么成果的话，那只能是体验到了某个念头、某种头脑的状态，而不是无念的状态。只要你还停留在头脑中，各种体验和念头都是一样的。

几分钟前你说自己有一颗清明、安静的心。你是怎么知道的？因为你把它与一个活跃的、嘈杂的心作了比较。你判断自己的心是空的，但这只是你心里的另一个念头。你的头脑依然存在。你觉得它是安静的，但它正忙着把自己和其他不太美妙的状态作比较。

提问者：我想成为神的仆从。

帕帕吉：要成为神的仆从，你必须有"我是神的仆从"的想法。这种关系只是你头脑里的一个想法。你并没有服务于神，是神在服务着你。神只是服务着，他可没有任何"自己在做着什么事情"的想法。

看看哈努曼吧。首先去拥有他的优秀品质、行为和对怙主罗摩矢志不渝的爱。这样你才可能成为哈努曼，在真心之中亲见罗摩。这才是真正的看见。

1974 年 12 月 11 日

提问者：有一次我见到了拉妲和黑天，但见到他们就感觉"拉妲不是女子，黑天也不是男的"。是这样吗？

帕帕吉：拉妲不是女性，黑天也不是男性。他们的身形因虔爱而融化，融入非此亦非彼的境界，就像那些湿婆和莎克蒂（Shakti）合二为一的神像造型一样。凡是合一者，就是中性的，非男非女。

提问者：要怎样才能接受黑天的加持呢？

帕帕吉：有几种方法。第一，你可以重复他的名号，这就是运用你的意志来专注于他。第二，你可以把自己所有的行为都归于祜主，这是让祜主的意志通过你来运作。第三，不要在乎你的行为的结果。第二和第三种方法需要极高的警觉，你对自己的行为保持警觉，你必须没有"是你在实施这些行为"的感觉，并且不能带着对结果的期盼来行动。

提问者：我已经见到了黑天，我还想见到哈努曼。

帕帕吉：哈努曼很忙，要服侍他的祜主。不要因为你想见他，就打扰他。先把你自己变得足够美好吧，美到他想来见你。

提问者：为什么魔王罗婆那能那么轻易地虏获了悉塔？他怎么能这样就把神的妻子带走，并囚禁了十二年？这是不是说明了神并不是全能的？

帕帕吉：悉塔在罗摩身边时，因为与神合一，所以她是宁静的。但是当她离开罗摩为自己安排的安全地点，追随着自己的欲望去寻找金鹿时，她就失去了合一，也失去了宁静。对黄金和其他世俗事物的渴望，将你带离了神的身边，让你被世间的执着抓住了。在兰卡监狱中，她忏悔了，明白了自己之所以流离失所，正是因为不遵守他的命令。她决定靠着持诵他的名字而回到他身边。罗摩听到了她的呼唤，就一路来兰卡救出了她。

如果你对世间有所渴望而远离了神,神是不会介入的;但是当你对此后悔,并且呼唤他求救时,他就会来救你,把你带回家。

1974年12月12日

提问者:为什么咒语或经文开始时总是有个"唵"字?

帕帕吉:"唵"是基底。没有"唵",你完全没办法念咒或者讲话。"唵"是 prana,也就是命气。你屏住呼吸还能说话吗?试试看就知道了!

提问者:不能。

帕帕吉:"唵"就是你的真实本性。你只需要觉知到它。

提问者:我现在很紧张。我做不到。

帕帕吉:你紧张是因为你有要抓的东西。保持安静就好。或者去观察你的头脑中发生了什么。你就是你的念头释放出来而成的。只要有放,就有要抓的,正是这些想要抓住的东西,让你感到紧张。在梦中,做梦者把自己释放展现成整个梦中世界,他活在其中并且加以享受。醒位也是如此,你周围的世界是你念头释放展现而成的。

从你醒位的梦中醒来吧!像狮子一样哮吼,醒来!唵!

提问者:在这个演变的过程中,您认为黑天在什么位置呢?

帕帕吉:在底部。

提问者:为什么?

帕帕吉:他是基底。没有他,你什么都说不出来。

提问者:对你来说,基督的体验是什么?

帕帕吉:在你的心里。

提问者:我的心在哪里?

帕帕吉：在我的广大之心中。

提问者：在禅修时，我感到自己是空的。我的空和佛陀的空的有什么区别呢？

帕帕吉：必须让佛陀亲自过来问我这个问题，他来问的话，我会回答他的。至于你嘛，这个空并不是空，因为它被你感知到了。所以别理它。

1974 年 12 月 15 日

帕帕吉：祜主一直在你之内、在你身边。但你靠着持诵他的名号把他推开，这样你才能又把他召唤回来。如果你就站在一个人身边，不需要唱诵他的名字让他靠近你。反复念出神的名号让你错误地认为他离你很远。他并没有。他就站在你边上，轻声呼唤你自己的真名。要不是你总是忙着呼唤他的名字，你早就听到他了。

无论何时你说出别人的名字，那下面的基底都是你自己的真名。

黑天告诉我们："我是开始、中间和终结。"而你却把他放得远远的，还要把他从你想象中的远方呼唤过来，这实际上是在说："你不是开始，你不是中间，你也不是终结。"

1974 年 12 月 19 日

提问者：如何停止这种对内和外的区分？

帕帕吉：在《薄伽梵歌》里，黑天说："神居于一切众生心中。"遍入天（Vasudeva，黑天的名号之一）代表遍及一切时、一切处。神性无处不在，在内也在外。这个知道或感受到别的东西的"谁"又在哪里呢？

有一次，阿周那请黑天显露自身。那时，阿周那把黑天看成是一个分离的个体，就像是位好朋友一样。黑天张开了嘴，阿周那看进去，见到太阳、月亮，整个宇宙都在里面。见到了这个净相，阿周那发现自己也是永恒、不断的整体的一部分，黑天向他揭示了这个整体。有了这样的认知，就不会冒出内和外的想法了。

提问者：世界是怎么出现的？

帕帕吉：世界从未出现过。在永恒之中，又怎么会有世界的出现或起始呢？

提问者：我不明白。你怎么能说世界从未出现过？我们都能见到周围的世界。

帕帕吉：我必须要说我也不明白。我甚至不想去明白，但是我知道当我说起、谈论这类事情的时候，说的都是事实。这些话自发地流淌，来彰显事实真相。有某种特定的力量说出了这些话，而且话一说出口，它也知道这都是真实之语。我不在乎自己是否明白，但我知道我说出的这些话就是真相。不要试着去理解这番话。你是无法通过理解来解决疑问的。

在《薄伽梵歌》中，黑天说：

"但是确实你无法用你的凡庸双眼见到我。因此我赐予你神圣之眼。以此，你能见到我神圣的力量。"

阿周那通过他的凡庸之眼见到的是分离割裂，所以黑天告诉他："我会给你我之见、我之目。"以那种神圣之见，阿周那见到了过去、现在和未来都是不间断的永恒中的一刹那。以那种神圣之见，就会明白世界从未出现过。理解，是不会帮助你见到这些话语的真相的，但神圣之见可以。

1974 年 12 月 25 日

帕帕吉：对我而言，没有任何事物曾经存在过。如果你想知道为什么我一直这么说，就必须明白什么是世界：它是怎么出现，又是怎么显得一直存在的。你必须去源头找到什么是真正的实相——什么存在，什么不存在。

提问者：我想亲眼见到哈努曼。我努力了，却总是见到别的东西。我应该怎么做？

帕帕吉：以后会经常这样的。先让我来问你个问题：当你完全不想要任何东西，甚至连见哈努曼现身也不想了时，你会见到什么呢？

提问者：我觉得我会失去感知力吧。

帕帕吉：是的。如果真的失去了感知力，还会剩下些什么呢？

提问者：我。只有我。

帕帕吉：你能失去你的"我"吗？

提问者：不可能。

帕帕吉：任何东西都包含在"我"之内。在这上面下功夫吧。当你重复名号的时候，你就在你和你所命名的事物之间创造出了距离和分裂。一旦波浪知道自己并不离于大海，它不会大喊"大海！大海！请过来，让我觐见你的圣容！"首先你得知道你就是神，当你有了这份认知之后，你还会耗费时光大喊"神！神！神"吗？

就像之前提到的，现在帕帕吉不会在勒克瑙的公开萨特桑中谈论神的名号或持诵了，可能是因为至少百分之九十的听众都是外国人，不了解这类修行。不过，如果他发现有真的对持诵名号很有兴趣的印度教徒时，他还是会偶尔谈到这类话题。

1994年10月，一位南印度的教授萨度·兰伽拉杰（Sadhu Rengaraj）来他家想要见他。教授写过几本小册子赞美持诵罗摩的功德，他那时在北印度巡游，沿途举行讲座宣扬持诵罗摩名号。有人给了帕帕吉这些小册子，在他快速翻阅了其中一本之后，就进行了一番有关持诵名号的动人的开示。几天后，我写下了自己还能记得的内容，并呈给帕帕吉看。他读了一下，似乎很满意。

读到手稿最后的时候，他评论道："还有一个故事我忘了告诉他了。我会写在文章末尾。"

他拿起笔，可等了三十秒，什么都没写。最终他说："我现在写不出来，有什么东西阻止了我，过些时候我会写的。"

后来这个故事一直没写出来。到了1995年6月，我决定请帕帕吉在勒克瑙的萨特桑上把这次谈话的记录读出来。我想要勾起他对那个故事的记忆，并且我希望他大致谈一谈神的名号。为了给他更多的素材，我还附加了几个问题和摘录。

缩进的文字是1994年的那次对话：

帕帕吉：这是去年发生在我家的对话，大卫让我读出来，因为他对此还有几个问题要问。

> 有一次我去救特拉库特时，经过了一所寺院，门口的牌匾上说在寺院地板下的地基那里，藏有手写的十二克罗尔（一亿二千万）罗摩咒，都是一个人写的。那不仅仅是罗摩的名字，那

是个包含罗摩名字的长咒。

我自己做过持诵，所以知道一个人每天能持诵多少遍，每天能写多少遍。我快速算了一下，心想："这不可能。没有人可以把这个咒写十二克罗尔遍。人花上一辈子的寿命来做这个也不够。"

我决定进去看一下，满足好奇心。当时我认为这一定是集体工作的成果，是由某个团体共同完成的，但算在了其中一员的头上，也许是建造寺院的团体领袖。

我走了进去，发现里面有人，于是就问是不是真的是有人写下了全部的咒文。我对他说："我不相信有人做得到……"

这个故事我记得很清楚，就不需要照着本子读了，我自己来讲吧。

应该是二十五克罗尔，而不是十二，我们称这种做法为"likit nam japa"，也就是"书写持诵"。他写的咒语是"唵 室利 罗摩 杰 罗摩 杰 杰 罗摩"（Om Sri Ram Jai Ram Jai Jai Ram）。

这个人有几个弟子住在寺院的一楼。我对他们说，我觉得人一辈子不可能写得下这么多遍咒语，但他们向我保证说所有的咒语都是由一个人完成的。

他们说："他从三岁开始就迷上了书写这个咒语。还在很小的时候，如果见到有人去他家，他就会问人要纸笔，这样就能持续不断地写咒语了。现在他已经很老了。一辈子都奉献在书写咒语上。"

我心想："我必须见见这个一辈子都在写咒语的人。他一定非常了不起。"

我问是否能进去见见他,但他的侍者说:"今天不行,他病得不轻,得了重度腹泻,医生说他不能见任何访客。他疼得很厉害。"

似乎我来得不是时候。

"没关系",我对他说,"我正要去一个村庄,离这里只有五公里。我看见了外面的牌匾,感到好奇,所以才进来问一下情况。"

我向他们告别,准备离开寺院。不过才走出一小段路,就有个侍者跑来追我。

"我们刚得到斯瓦米吉的消息,"他说,"他非常愿意见你,尽管医生禁止他见任何人。"

我进去见他,发现和大家告诉我的一样,这位斯瓦米正处于极度的病痛中。在印度,如果你得了严重胃病,你应该会说"哦 妈!哦 爸普尔 爸帕"(O ma! O bapre bap)喊妈妈和爸爸,求他们来帮你减轻病痛。我看到书上是这么说的,也看到电影里有人这么做过,书上也这么读到过,但我从没真的见过有人这么做。在西方,人们生病时大概会喊另一个人的名字。几年前我在美国的时候认识了一个人,每次稍微有点不舒服,就开始喊他女朋友的名字。但如果症状严重,他就开始喊医生的名字了。所以不同的人在生病时会喊不同的名字。通常大家都会喊那个和自己最亲近的人的名字,或者他们认为最能帮助到自己的那个名字。

那么这个斯瓦米喊什么呢?这位写了两亿五千万罗摩咒语的巴巴躺在床上,重复着一句印地语,翻译出来就是:"这个女鬼会害死我的!这个女鬼会害死我的!"这个女鬼就是他的腹泻。

我十分惊讶,一个用一辈子时间重复罗摩名号的人,会在自己需要的时候却放弃了名号。但这种事也是常有的。如果你真的与名号同在，即使在最不利的逆境中，它也会自发地出现在你心中。当圣雄甘地在没有任何预警的情况下被枪击中时，在子弹射入身体到他死亡的一瞬间，他自发地喊出了"诃　罗摩"。只有当名号一直与你同在时，这才有可能会发生。

我想离开那个寺院，继续上路，但那里的人坚持要我留下来一起午餐。

"今天是十一日，"其中一个人说，"我们会禁食到下午四点，然后再吃东西。"

十一日，是指月相变化的第十一天。在印度，许多正统的印度教徒会在这一天禁食。有些人不想完全禁食一天，就会在下午吃个简餐。

我不想成为他们的负担，就提出去买些他们需要的东西来做午餐。我问他们想吃什么，以为会是小量、清淡的东西，毕竟那天应该是禁食日。

"你可以买点土豆，"其中一个人说，"我们大约有十二人，你可以给我们每人买两公斤土豆。"

"你们就是这么禁食的？"我问，"那你们平时吃什么？"

"土豆不在十一日禁止的食物范围内，"其中一个人回答道，"所以我们才会吃那么多。像炸面球和米豆饭这样的食物才不让吃。"

我不介意把全部蔬菜都买过来，因为当时一公斤土豆也才二十五派萨。但就在我离开之前，其中一人对我说："你还可以买十公斤糖和两公斤杏仁。我们还需要一些配餐的甜点。"

十一日时，为了限制进食，有些人规定只能吃不含谷物和某些蔬菜的食物。关键是在于少食，而不是为了阳奉阴违，去吃两倍分量的不被禁止的食物。

我去采买了东西,然后寺院里的信徒们开始做饭。我的饭量不算小,但到了吃饭的时候,那些所谓禁食的修行人让我大开眼界。两公斤土豆加上甜点对我来说也太多了,我最后只能在盘子里剩下了一些土豆,但寺院里的这些人把盘子一扫而空,许多人甚至还要求添菜。

跟你们讲这个故事的时候,我还想起了另一件事,是我在果阿工作时发生的。也许要讲的其实是这个故事。

当时一位在胡布利(Hubli)工作的总工程师邀请我。他在果阿遇见了我,想要带我去他的地方,我之前从没去过。我们坐他的吉普车走了一阵子,最终到了一座古老的寺院。寺院的住持很有名,说是已经完成了上亿遍的罗摩持诵。

首席工程师告诉我:"这个住持现在年纪非常大了,几乎有一百岁。他这辈子应该已经念诵了两亿遍罗摩咒了。他年纪太大,不再管理寺院了。现在是他的儿子在管,但那位老住持还活着,住在附近。如果你想见他,我可以开车带你去他家。"

我一直有兴趣认识这样的人,所以同意去见一见。

我们看到他坐在屋外轮椅上。他有严重的关节炎,完全没法过多地移动。我向他提了一个之前在另一所寺院也提过的问题。

"你真的念诵了这么多遍咒语吗?两亿是很难达到的一个巨大数量。"

"是的,"他回答,"我现在九十八岁了,这辈子大部分时间都在唱诵书写这个咒语。寺院并不大,也不太忙,所以我有很多时间来书写唱诵。我这辈子每一天大部分时间都在唱诵神的名号。"

"你一直在念诵他的名字,你见过他吗?"我问。

许多人念诵罗摩名号都是希望能见他一面。我想知道这位老人是否成功了。

"没有"他说,"他一次都没向我现过身。"

"那么在你梦中呢?"我问,"如果他没有以物质形象出现在你面前,肯定至少来过你的梦中吧。"

"不,"他回答,"我一次都没有梦见过他。"

我觉得这难以置信。如果你痴迷他,一辈子都在想念他,念诵他的名字,他肯定至少会出现在你的梦里,因为梦境就是展现你的欲望的地方。如果年轻的女孩坠入了爱河,只想着她的爱人,那么晚上就会梦见他。这很正常,也很自然。但这里有个人声称自己一辈子醒着的时候都痴迷于神的名号,却说一次都没有梦见过他的神。

我年轻的时候,也痴迷于神的名号,大部分的时间都在持诵。我凌晨两点起来,持续唱诵名号直到上午九点半,那个时刻我必须要出门去办公室。我搭乘马德拉斯的有轨电车上班,在车上继续念诵。我口袋里有串小念珠,不会让办公室的人和路上的人看见。我念诵名号,用念珠计数。在名号中我浑然忘我,但持诵肯定是有效果的。我会梦见神,甚至在醒着的时候神也会对我显现。我已经说过在马德拉斯的时候罗摩和悉塔向我现身,以及之后我去救特拉库特向哈努曼致敬,感谢他带罗摩和悉塔来我身边的故事。如果你持续专注于名号,并对名号所代表的形象有着爱和虔爱,这类事情就会发生。但如果没有爱,持诵也只是机械化的行为。如果你不爱神,没有一种强烈的渴望要见到他显现,他就不会显现。

罗摩虔爱者相信如果临终时依然念诵罗摩的名号,就能得到救赎。但这两个人虽然持续念诵罗摩之名长达数十年,临死的时候很可能念不起来了。他们重复名号用的是手指和头脑，并没有让真名在真心之中念诵自己。如果是真名在真心中念诵自己，那么它会一直与人同在，直到肉身死亡那一刻。哪怕这样念诵过一次，就已足够。一旦真名在真心中念出过自己，你就自由了。你不再需要紧抓住神了，因为现在神正紧紧地抓住了你。当名号到达真心并与之交融，神就会开始重复念着修行人的名字，而不是修行人念着神名。

好了，(大卫的记录)下面还写了什么呢？

还有一种"Ulta nam"的说法，意思是"逆向持名"。大部分罗摩虔爱者都认为这是指把"罗－摩"两字反过来念，也就是"摩－罗"（Ma-Ra），因为据说蚁垤仙人曾经这样修行过。但其实并不是这个意思。你进行普通持诵时，名号是从头脑或嘴唇向外投射出去的；Ulta nam，即倒过来持诵罗摩名号，是指名号回到真心，融入真心之中。我曾经做到过，但我还没有遇到有别人做到过。(向兰伽拉杰教授说)我想看看你找遍全世界，能不能找到一个人坐在我面前，做到真正的逆向持诵罗摩名号。我觉得你到处去找，也找不到这样的人。

逆向持名出自杜勒西达斯的《罗摩衍那》，全文为：

> Ulta nam japat jag jaana
> Valmiki bhaye brahman smaana

意思是"当我逆向持名时，我明白了世界。通过持名，蚁垤成了梵"。

这偈颂很费解,没人知道蚁垤究竟要说什么。曾经有人一路从哈尔达市来见我,因为想知道这句偈颂的解释。这和用"摩罗"代替"罗摩"一点关系都没有。

蚁垤曾经是个强盗,是住在森林里的山贼。他抢劫杀害经过他家的路人来活命。一天他拦住了一个穿越森林的修行人。

修行人问:"你为什么要犯这样的罪?你杀人越货,过这样的生活,最终会堕入地狱。这就是你想要的吗?"

蚁垤回答道:"我还能做什么呢?我有老婆,还有两个儿子,全都靠我养活。我没别的办法谋生,这是我的老本行。我爸爸就是贼,我爷爷也是贼,太爷爷也还是贼。"

"你造罪就只是为了养活这些人。你把自己得到的一切都分给了老婆孩子,可他们愿意分担你的罪吗?你去地狱的时候他们愿意陪着你一起去吗?"

"当然了,"蚁垤说,"无论我去哪里,他们都会跟着我的。"

"你问过他们愿意陪你去地狱吗?为什么你不先去问问看?他们可能不愿意跟着你一起去。"

"你只是想趁机逃跑,"蚁垤说,"你想让我回家,你就能找机会溜走了。"

"不,我是认真的,"修行人说,"你可以把我绑在树上,你去了之后再回来。我不会走的。我很想知道你太太会怎么回答。"

蚁垤就把他绑在了树上,回到家问他老婆在他死后是否愿意陪着他一起去地狱。

"当然不!"她大叫起来,"这些是你的罪,不是我的。为什么我要跟着受苦？你必须对自己的行为负责。"

蚁垤回去找苦行僧，松了绑并道歉。

"我打算不再当强盗了。我老婆不愿意分担我的罪，所以我也不想再养她了。请帮帮我。"

修行人让他念诵罗摩的名号，就能从自己犯下的所有罪行的恶果中得到解脱。他坐下来，开始持诵名号。年复一年，蚁垤一直坐在同样的地方，专注在罗摩的名号中。时间流逝，蚂蚁在他身上搭建了一座巨大的蚁丘，完全盖覆住了他。他的名字就是由此而来的（Valmiki 的意思是蚁丘）。最终由于精进的苦行，以及专一融入罗摩名号，他成了伟大的智者，得到了许多神通力。他预见到了未来，甚至在罗摩出生之前就写下了整部《罗摩衍那》。如果你对神的名号有着强烈的虔爱，就会发生这样的事情。

也许这就是那时我想要告诉你的另一个故事。我已经忘了到底是哪个了。

在一些人身上，神的名号能无须作意、自发地一直念着，这样的人很少。卡比尔做得到，但许多人都做不到。卡比尔是织布工，但他嘴上一直不停念诵着神的名号。当纺线断掉时，他必须舔舔手指，把线头弄湿后再搓起来。在舔手指的时候就不得不停下罗摩名号的念诵。这让他烦恼，因为他希望能够连续不断地念诵。最后罗摩本人插手了，告诉卡比尔说他会亲自把断线接起来，好让卡比尔一直持诵，一秒都不断。

这个故事是我许多年前听到过的，但不记得是在哪里听到或读到的了。卡比尔织布的时候，罗摩出现在他面前，亲自做起了所有的活。罗摩坐在机器后织布，而卡比尔坐在他身边，唱诵着他的名号。这是什么意思呢？这表示如果你全部的注意力都持续集中于神，那么，是神，而不是你在完成工作。

圣雄甘地是另一位这样的人，神的名号在他心中自发且毫不费力地持续着。他一生都持诵罗摩，浸淫至深，甚至当刺杀者的子弹毫无预警地射中他时，他自然而然地念出了罗摩的名号，然后才倒地死去。在死亡那一刻，名号自动浮现，是因为名号不间断地伴随了他的一生。我知道这是真的，因为1947年我曾在马德拉斯见过他几次。

那个时期甘地吉（Gandhiji）被国大党的所有政治领袖抛弃了。其他所有的政客都希望印度分治，好把巴基斯坦划分成一个单独的穆斯林政府，但甘地拒绝接受。

他说："如果他们愿意，可以切割我的身体把它分开，但他们不能分割印度。印度只有一个。"

其他政治家是实用主义者。他们希望印度分治，对他们而言这是最明智的举措。其中之一就是罗哲果帕拉刹利（Rajagopalachari），他后来成了最后一任印度总督。他住得离我很近，我有时去见他，给他做北印度菜，因为他在马德拉斯不太容易吃到。

有一次他对我说："甘地是修行人，不是政治家。他很天真，不明白今天政坛的实际状况。我们必须给穆斯林们一块独立的土地，来摆脱他们。如果让他们全留在印度，他们最终会毁了我们的。还不如让他们离开，拥有自己的国家。"

我问罗哲吉为什么如此偏向分治，他回答说："印度教徒和穆斯林是不可能和谐共处的。现在已经有许多群体骚乱事件了，如果穆斯林没得到自己的土地，情况会越来越糟的。除了甘地，所有的政治家都认同这是唯一可行的解决方案。"

在这个问题上，我进一步追问了他一下，他表达出一种当时在印度教徒中很常见的恐惧："如果让他们留下来，这里最终会变成一个穆斯林国家。他们已经统治这里几百年了，除非再度上台，否则他们是不会消停的。所以现在就给他们一块分开的土地更好，可以避免之后的冲突。连总督也同意了。"总督叫什么名字，我记不起来了。

大卫：如果是1947年年中的话，可能是蒙巴顿勋爵。

帕帕吉：是的，当时每个人都持有同样的观点。每个人，除了甘地。

当时所有的大政治家，包括尼赫鲁也都是同样的想法。没有人再去见甘地了，因为大家知道他极其强烈地反对分治。

所以，当我去见甘地时，只有一小群人在他身边。每天傍晚，他组织大家集体唱诵罗摩名号。我定期见他，成为非正式的侍者。因为他年纪很大了，身体虚弱，我帮他登上讲台、走下讲台，并且如果有什么公告的话，我也会在集会尾声时宣布。

有一次晚间集会时，有个新人来见甘地。他向尊者礼拜，起身时拿起了甘地的一只凉鞋，揣着就跑开了。我想去追他把他抓住，但甘地阻止了我，他说："不！不！不用追。一只鞋就够了。"

集会最后我做了一番声明，希望偷走凉鞋的人把鞋还回来。我说："如果不还回来的话，甘地吉很可能就只能穿着一只鞋子到处走了。"我的号召毫无效果，那只凉鞋再也没出现。

我常常和甘地私下聊天。可是我们交谈时，他从不看着我的眼睛。他总是目光下垂，通常只看着正在织线的纺锤。

有一次，他一边纺线一边对我说："许多年前，我在旁遮普时生出了一个想法,每个人都应该纺自己的线。我见到旁遮普妇女闲下来就在纺线,就想:'这是个好办法。在印度每个人都可以这样善用自己的闲暇时间。'所以我开始在印度各地鼓励大家在闲暇时纺织。"

他是伟大的圣人。只要看看他的身体,我就能知道这点,都不需要看进他的眼睛。他的身体是我见过最明净的,它是铜色的,在精微层面闪耀着梵的光芒。

他的身体很美。这么美的身体,我只见过马哈希有。他们两人的身体都是闪着光的。

有一次我坐在甘地的身边,听到有"罗摩、罗摩"的声音从他那里传来。他的嘴唇并没有动,所以我就想找出声音来自哪里。当我专注于声音的来源时,才意识到这是从他身体内发出来的。声音从他的皮肤毛孔里发出来。他不再需要重复名号了,名号正持续地在他之内重复,透过皮肤向外流溢。

持诵有几个阶段,这是非常高层的阶段了。最开始用声音持诵,然后用心念。接着,第三阶段,持诵和呼吸同步。当能够无须努力并自发地进行时,名号就会一直自行重复下去,即使在沉睡中和梦中也是如此,因为呼吸和名号合一了。不需要有意识的努力,名号已经随着每一次的出息和入息自行重复了。

卡比尔有一次这么唱道:

Japa mare ajapa mare

Anhat bhi mar jaye

Surat smani shabd main

Ta ko kaal na khai

这首诗说的是，在依靠努力的持诵结束后，取而代之的是无持。无持，是指人无须说出名号，名号能自行重复。这首诗接着说道，在无持之后的下一个层次是 anhat，是在真心之中对声音的觉知。之后，声音的源头也会融入觉性——这个觉性，是时间范畴中的任何事物都无法碰触或影响的。

首先，声音消融在真心的寂静之中。接着，甚至寂静也返回到它的源头，在那里休歇。在神的名号能被唱诵出来之前，只有寂静。当名号退返沉入真心之中，也只有寂静。既然人最终还是要让头脑重返寂静，为什么还要让头脑向外投射，让它去唱诵神的名号呢？所以，我并不让人去修持诵或任何形式的活动。我对每个人都说，要同时放弃唱诵和不唱诵，因为这些都是头脑的想法、概念和活动。在你放下了在觉知中显现的一切时，觉知就融入了其源头，作为那个而如是安住。你无法通过任何形式的努力来回到这个源头。持诵，即使是不间断的无持，都不会带你去到那个地方。你必须找到一位已经到了那里，并安住在那里的老师。如果你足够纯净、圣洁，那么在这样一位老师的身边，源头会向你展露，并把你拉入其中。除此之外，没有别的方法。

我们没有时间整天唱诵，我们还有别的事情要做。所以，当有人来这里问我的建议，我告诉他们："不要做任何努力。保持安静就好。保持安静的时候，看看会出现什么念头。"

我每天都在解释这点：随着念头回溯，去看念头是从哪里出现的，回到念头的源头。如果找到了，你就会拥有平静和幸福。你需要知道的就是这个。

接下来大卫提了些问题，是关于持诵和神的名号的。

大卫：我第一次拜访您时，我问为什么作为终生的黑天虔爱者，您经常说的是"诃利罗摩"而非"诃利黑天"。您说这是您到敕特拉库特遇见哈努曼之后自动发生的。是否从那时起，罗摩的名号就一直在您心中自行重复了呢？

帕帕吉：去敕特拉库特的经历我已经说起过很多次了，就不必再说了。

在马德拉斯罗摩对我显现后，罗摩的名号就取代了黑天的名号。我已经不再持诵神的名号，但如果有名号自发地从我心中升起，通常就是罗摩。

大卫：对你而言，尽管"罗摩"是神的名号，但你同样也高度地赞叹"唵"音。对你来说，这是原初之音，世间一切都由此展现。这是您在两年前的萨特桑中讲到的：

> 我们以"唵"音开始萨特桑。我们发出这个音时，它是从哪里来的？是怎样展现的？
>
> 蕴含在它之中的，是其自身本具的特性，如同陶土有一股本具的之力，即 Shakti，来形成陶罐一样。"唵"隐含着显现出世界的力量。但当我们说"唵"时，它从哪里来？我上学时，听到有人说"唵"，这个字深深沉入了我，让我一整天都无法动弹。现在，当我说"唵"，我知道"这就是真理，这就是梵本身"。
>
> 它没有任何意义。它是无形的，它是超越的，它遍及三界，但也超越了三界。
>
> 我说"唵"时，它立刻指向其源头。"唵"既是能指也是所指。发出"唵"音会带你回到你的源头，你就是那个。

我在你的一本旧笔记上发现了下面五句摘录。一句是《唵声奥义书》①的偈颂，一句摘自商羯罗的相关注释，另外三句是一位当代梵学家对同一句偈颂的阐述。

1. 各种名字只是"唵"的不同变化而已。

2. 这一切都是"唵"。所有过去、现在、将来的都是"唵"。超越三时概念的是"唵"。

3. 因为事物要通过其名字才能被认知，所以最高的梵确实就是"唵"。

4. 念出"唵"时，头脑中就升起了梵之觉。因此"唵"是能帮助头脑了悟梵的最直接的标识。

5. 了知"唵"和了知梵是一样的。

对于这些说法，你想评论一下或者展开说说吗？

帕帕吉：我还能再说什么呢？所有这些都是真实的。"唵"就是一切。"唵"是梵，梵是"唵"。这个世界的一切就是"唵"。现在我们定期阅读的《瓦西斯塔瑜伽经》（*Yoga Vasishta*），其中也解释了"唵"的本质。

然而，如果你想了解"唵"的真实本性，在书里是找不到的。你要去重复"唵"声，去感受产生这个声音的源头。那个地方是寂静，

---

① 《唵声奥义书》（*Mandukya Upanisha*），又译为《蛙氏奥义书》或《唵声奥义书》，因 Mandukya 一词有"蛙"之义。因为其谈论的主题为"唵"声，又被译为《唵声奥义书》。后世有乔荼波陀为此注疏，即著名的《圣教论》（*Karika*），为不二论的奠基之作。下文的引文可参考徐梵澄《五十奥义书》中的译本："凡过去者，现在者，未来者，此一切皆唯是唵声。其余凡超此三时者，此亦皆唯是唵声。"

但在那个寂静中,"唵"也在自行重复着。这是非常精妙的体验,鲜少人拥有过。几分钟前我引用的卡比尔的诗歌中他所指的就是这个。"唵"音回到其源头,也就是寂静之中,并在那里自行重复。如果你内在非常安静、非常寂静的话,你能听到并感受到这种精微的震动。这种震动就是"唵"。它就是梵本身。

大卫:以下四句偈诵出自南提婆的《神名之义》(*Philosophy of the Divine Name*)。在弟子们问到有关持诵和神之名号时,拉玛那·马哈希常常会朗读这些。

名遍布天上地下,充斥于整个宇宙。谁能说出冥界的深度,天国又能延展至何高处?愚人经历八百四十万不同种类之生死,却不了解万物本质。南提婆言:名乃永生无死。形色不可计数,而名尽含所有。

名即是形,形亦是名。名形之间,无有分别。神自展现,立名立形,此即吠陀所安立之名。应知此名为无上咒。不做此说者皆为无明愚者。南提婆言,真名即克沙伐(Keshava,指神)。唯有挚爱祜主的信徒方明此意。

唯当认出自己之"我",方知名之无所不遍。不识自己之名,又如何识得无所不遍之名?识得自己,则了悟名无所不在。视名有异于所指之相者,则起幻相。南提婆言:"当问圣者。"

无人能依研习教理、坐禅、苦行而了悟名。先于上师足下臣服自己,习而了知"我"本身即是名。找到"我"之源,让个体感融入那自有的、离一切二元的独一中。名无所不周,超越二及不二,名遍及三界。名即究竟之梵,于中无有二元所生之业行。

这似乎可以概述你对名以及持诵的观点。也就是说，为了发现并体验"我"的源头，需要臣服于上师。只有这样，才能了知真实之名。

帕帕吉：南提婆是位伟大的圣人，他一直念着神的名号不停。他住在马哈拉施特拉邦，但因为名气太大，住在瓦拉纳西的卡比尔也听说了他。

一些弟子去见卡比尔，说："我在南方见到的这位名叫南提婆的伟大圣人，他真的太了不起了，就连他屋里工作的侍者都是圣人。她名叫迦娜白（Janabai）。"

卡比尔就有了冲动，要去南方拜见这位在南提婆屋里工作的圣女。所以他去了那里，请南提婆介绍认识侍者迦娜白。

"她现在不在这里，"南提婆说，"她早上过来，扫地洗衣服，但她并不常住在这里。她只在有活儿要做的时候才过来。"

"她现在会在哪儿？"卡比尔问道，"我来这里就是为了要见她。"

南提婆说："她另有一份工作，傍晚在市场卖牛粪饼。你也许能在那里找到她。"

在印度我们用牛粪做燃料。妇女们从街上收集牛粪，制成平整的圆形饼，再放到太阳下晒干。妇女们通常只制作自家使用的牛粪饼，但也有人专门做了去售卖。

卡比尔去了镇上的广场，发现那里一共有二十五个女人，都在卖牛粪饼。他问哪一位是迦娜白。

广场另一边有人在打架，一个卖牛粪饼的女人指着那里说："那就是迦娜白。她正和另一个女的为了牛粪饼打架呢。"

他还是不知道哪一个才是，但至少范围缩小到了两个女人。

他走过去问道："你们谁是迦娜白？"

其中一个人怒气冲冲地回答："她是迦娜白，她是个贼！"

卡比尔大为惊讶。他听说迦娜白是伟大的圣人，但却被另一个女子控诉是贼。

"你为什么要控诉她？"卡比尔问道，"她从你这里偷了什么？"

女人回答："我走开了一会儿去喝点水，迦娜白就趁机偷了我十块牛粪饼，都放到她篮子里了。看看！都在那里呢！"

迦娜白反驳："不是的，正相反。她偷了我的饼。我的饼在她的篮子里。"

怎么解决争论呢？牛粪饼看起来都一样，两个女人都声称对方是贼。

迦娜白提出了一个解决方法。"我的饼和她的不一样，"她说，"如果你坐下来，凑近去听一听这些饼，就会明白我在说什么。"

她挑出了自己的牛粪饼，卡比尔凑近听了一下，发现牛粪饼发出了"罗摩"的声音。每块牛粪饼都在轻轻唱诵着罗摩的名号。于是卡比尔知道她说的是实话。

如果你整个身心都浸透着罗摩的名号，那么你做的事情也会充满罗摩的震动。

关于这个话题大卫还提了个问题。

大卫：我曾听您说过，即使是没有生命的物质也能回响罗摩的名号。您一个在南印度的老弟子写信给我，说多年前您曾帮他们一家选过房子。先否定了好几套房子，说不合适，最后您为他选了一套，说房子的砖都在唱诵着罗摩的名号。为什么会这样？您还见过多少建筑或器物唱诵神的名号呢?

帕帕吉：有好几次我听见周围的一切都回荡着罗摩的名号，即使是植物和石头也在唱诵。但并不是每个人都听得到。你必须感受到你与周围一切的同一，当有了这种认同，一切万物就都在念诵名号了。那时，你会进入所见万物的真心之中。名号自然地在那里响起并重复着。

大卫：在1982年9月6日，您在日记上写了以下的话：

> 今天清晨，我听到罗摩咒而醒来，发现有人在我心里正大喊着：唵 室利 罗摩 杰 罗摩 杰 杰 罗摩！

这类体验经常发生吗？

帕帕吉：圣名一直在真心之中自行重复着，它遍布整个宇宙，就像我刚才朗读的南提婆所说的偈诵。当你安住于心，你就能一直听到名号在自行重复。

罗摩·提尔塔也就此留下过文字描述。对他而言，圣名就是"唵"音。当他听到微风吹拂，他听见了"唵"声；当他坐在瀑布边，他听到水冲下来发出的是"唵"声；当恒河流经他身边时，他听到她在唱诵着"唵"声……无论你周围有些什么，当你体验到与它融为一体时，你就会一直听到名号被唱诵着。

1974年最后几个月，帕帕吉大部分时间都在勒克瑙，其间在瓦拉纳西、沃林达文、马杜拉（Mathura）和哈德瓦作了短暂停留。从马杜拉回来的路上，帕帕吉见到了黑天。蜜拉记录下了这次经历。

大概凌晨四点的时候,我们正坐着火车回勒克瑙。我们之前在马杜拉,那里和黑天渊源极深,所以他心中可能还盘桓着与黑天相关的思绪。那时上师已经醒来了一段时间,突然,他脸上出现了那种特别的表情,表示他正在体验着某种深层的净相。当天稍晚些时候,他恢复到了平常的状态后,告诉我在火车上,黑天对他显现了,并将自身教法的精髓传递给了他。这肯定是一次非常强烈的体验,因为后来我听上师语带敬畏和惊讶地谈起这件事很多次。

因为这次净相似乎对他具有很重要的意义,我于是请帕帕吉亲自来讲述一遍。我得到了以下答复:

当时我正搭乘马杜拉-勒克瑙快车从马杜拉回勒克瑙。火车上人很少,我记得自己睡在下铺。接近坎普尔车站时,我见到了黑天,听到有一个声音正为我读诵《薄伽梵歌》。这件事情我后来说给了好几个人听,他们现在会复述说是黑天为我读诵了《薄伽梵歌》,但其实并非如此,实际上这是一种内在的声音在唱诵着偈颂,黑天和我都在倾听。尽管偈颂是由黑天所写的,听着念诵时我知道这些词句是来自宇宙的内在之声,黑天只是管道,这些语句经由他而被大声唱诵出来。

我不太懂梵文,从没读过原版的《薄伽梵歌》。但当我听见这些以梵文来吟诵的、发自宇宙的内在之声的诗句,我立刻就了解并彻底明白了每首偈颂的含义。净相结束后,我本打算把在偈颂吟诵时我得到的领悟写下来,写成一篇《薄伽梵歌》的论述,然而当我坐下来提起笔的时候,却毫无文思。我发现我没法把自己的领悟用文字表达出来,所以就放弃了这个计划。

我在火车上所听到的诗句,以某种方式将诞生了黑天和《薄伽梵歌》的源头指了出来,揭露了出来。任何注释都无法抓住那个源头,更不要说通过语言来表达它的本质了。

1975年1月,帕帕吉决定去探望他在孟买和隆达的老弟子。蜜拉随行,并一如既往将帕帕吉的某些回答记录在自己的笔记本上。记录中日期为1974年的对话发生在勒克瑙,在1975年的旅程之前。

1974年12月9日

提问者:我有过一些体验,这些体验我没法描述,只能说它们是"甜美"本身。那时,我并不仅是感受到了甜美,我就是甜美本身。每次体验后,思维又升起了,试着想去理解发生了什么事。我应该试着去忘记这些体验吗?如果我想更进一步的话,难道不是应该让我的头脑不再停留在任何地方,比如说不再停留于某个过去的体验上吗?

帕帕吉:尽管甜美的体验看上去是一种头脑缺席的状态,但那种甜美实际上是你头脑中的一个非常细微的对境。你与之成为一体,以至于你无法去思索或体会任何别的东西。你,作为主体,已经和你念头的对境成为一体,彻底地融为一体,以至于任何别的东西都介入不了。而之后,当你去回忆它的时候,说明主体已经和所体验到的对境分开了。无论你是正在体验着或是之后再想起,这全都发生在头脑中:记得它,是头脑;试图放开它,也还是头脑。

这些都不是真实的状态。真实的状态不是明辨,不是虔爱,也不是两者之间的任何东西。它是你不知道的，并且根本无法知道的东西。

提问者：要如何才能达到这个呢？我知道自己还没有达到。

帕帕吉：去专注于那无法达到的。一直保持这种专注，你就会成为专注本身。

提问者：为什么我抓不住它？

帕帕吉：你可以努力去达成某个客体目标，但我说的并不是客体。我说的是主体，说的是你自己。努力会让你达至客体目标，但当你放弃努力时，你就作为主体而在了。放弃所有的努力吧，那个力量自然会抓住你的。放掉你的身体、你的感官、你的头脑、你的理智。那时，你是谁？

提问者：我什么都不是。

帕帕吉：你放掉了所有这些东西，成为"什么都不是"的时候，让那个力量去抓住那个"什么都不是"。让它抓住你。这样，你就能与那个力量融为一体了。你永远不可能抓住它，但如果你放手的话，它就会抓住你。

1974 年 12 月 16 日

帕帕吉：净相只不过是些念头。

提问者：它们是不是精微的、星光的[①]？

帕帕吉：这也是个念头。受到外部的影响后，心念会想象并观想

[①] 印度灵修哲学和修行次第中，有粗重身、精微身、因基身和超越身这样的划分，是从物质层面到能量层面，从粗到重的划分，翻译引介到西方后，精微身也会被翻译成 astral body，一般中译为星光身。

出奇妙的形象来。你在净相中见到的面容是个念头，由之前觉受到的外境而起，否则它还能从哪里来？

提问者：当我与神紧密合一时，即使念诵他的名字也是一种打扰。

帕帕吉：曾经有个人和他的爱人分隔两地。他遇到有人要去她的住处，就请那人带个口讯给她。他们俩边走边聊，他对传信人说起了自己的爱人是多么美丽，说等到最终相会的时候他会多么幸福。他说了一段长长的情话，让信使带去。信使就动身出发了，但那人也跟着一起走，因为他还没有把爱人的美妙描述殆尽。最后，他伴着信使走完了整个旅程，漫漫长路中，他唯一的话题就是他的爱人。

他们到达终点的时候，信使先见到了那个女子。

"她在那里，"他说，"你可以亲口告诉她了。"

那人完全愣住了。满腔的喜悦让他舌头僵硬。这一眼胜过千言万语。当你最终一睹所爱，就不需要再谈论她了。你只需要享受她。

一旦你体验到了那个，就不需要再去谈论它了。事实上，你也无法再说什么了。

提问者：我们之前谈的是净相。净相到底是什么东西？

帕帕吉：净相只存在于时间之中。它们有来有去，因为它们是在头脑中的。头脑中的东西都是有来有去的。

提问者：那么什么是头脑？是某种种子吗？我们所见的一切都是从中而起的吗？

帕帕吉：头脑和种子没有差别。把种子从头脑中拿掉的话，还剩下什么呢？

提问者：要看到净相，是否需要某种特别的灵性之眼、某种特别的视觉呢？

帕帕吉：真正的灵性之眼，是那个正看着你双眼的眼睛，它通过你的双眼而看，它也正看着我的双眼、通过我的双眼而看。

有一次拉妲在亚穆纳河（Yamuna）里取水。她听见黑天正用笛子吹奏着一支乐曲，便循声望去。当他们四目相对时，一切念头都停止了。她忘记了一切，除了他。像这样目光相遇之后的彻底忘却，就正是灵性之眼在起作用。

提问者：在我体内好像产生了某种……

帕帕吉：不管什么时候产生了什么反应，都是因为缺乏警觉。

1974 年 12 月 26 日

提问者：我曾瞥见过实相，但很短暂。要如何才能稳定于曾经经历过的那个开悟瞬间呢？

帕帕吉：想要稳定下来，这个想法就是在干扰觉性。为什么你想把觉性稳定住呢？只是因为你认为自己是没觉悟的。对于觉性本身来说，你觉或不觉又有何区别？难道觉性不是无处不在的吗，不管专注还是不专注？

你为什么要记住或者稳定住那个呢？那个才是让你能去记忆和去稳定的力量啊。

理智试图抓住那个，给它起个名字，让它变得可以理解，但理智是触摸不到它的。它超越了所有的名相和概念。

提问者：所以我就任由觉性了，随它去。我只是需要体会它，而不是让理智去触碰它。

1975 年 1 月

孟买，与普拉布吉（Prabhuji）和萨拉夫吉（Sarafji）一起

帕帕吉：圣人是让你无欲之人，去除你的一切头脑状态的人。

提问者：这一切似乎都超越了理性。

帕帕吉：这就是最理性的，但并不是说你必须得去理解它。看看太阳吧，无论你是否理解太阳，它都温暖你，给你光明。

提问者：人们说必须靠恩典才能开悟。

帕帕吉：恩典一直都在。认为自己还没有得到恩典，把这种"无恩"的想法抛开吧。

提问者：这很难做到。

帕帕吉：很容易。要去学习一件事情是困难的。要去远方的话，你必须做好旅行的准备，带好装备。要掌握一件困难的事情，你必须一直开动脑筋。但这个不一样。这不是要飞到月球上去，只是做你自己。你不需要去上课或者聪明智慧才能做到。

1975 年 2 月，有一位男子来到孟买拜访帕帕吉，出于保护隐私的原因，他请我略去他的姓名，只称为"D 先生"。帕帕吉描述了这次会面的背景。

我在萨嫩参加克里希那穆提演讲时，是卡尔洛斯·希尔瓦照顾的我，他之后向几个美国朋友说到过我，其中一个人又转述给了南美数学教授米沙·科特勒（Misha Cotler）。他随后向 D 先生说起了我的事迹，D 先生当时在加拉加斯当数学教授。也就是说，我的名字传到 D 先生耳中时，已经是三手或四手的信息了。尽管他之前从没有听说

过我，却立刻被吸引住了。他打电话给航空公司，询问下一班去印度的机票。他连自己的太太和大学都没通知。推动他过来的力量太强了，他直接拿起了电话，对另一头的女士说自己要买下一班去印度的机票。

航空公司的小姐告诉他下一班机票已经售罄了，但她会将他列入等候名单，看看是否有人在最后一刻取消机票。

接着D先生去见了大学的校长，告诉他自己要赶紧去趟印度。他没有假期，也没有学期中间突然请假的正式理由。D先生知道这一点，他愿意辞职。

"这是一件私事，"他说，"我必须去印度见一个人，是我最近听说的一位修行老师。有什么东西拉着我去见他。我没办法拖延这次旅行。我必须马上出发。如果你不让我走的话，我就辞职。什么都无法阻止我。"

校长不想失去他，就编排出了孟买的工作让他做。

"如果我准了你这种毫无理由的假，"他说，"其他教授会抱怨的，或者也会开始要求去休假。我会告诉他们你得去孟买大学一趟，和几个人会面。请别在那里逗留太长时间，这个借口只能哄住他们几个礼拜。"

几个小时后，航空公司的小姐打电话过来，告诉他有人在最后一刻退了机票。

"马上来机场吧，"她说，"如果你现在就出发，还能赶得上飞机。迟一点就赶不上了。"

D先生立刻开车到了机场，登上飞机，甚至没把自己出国的事告诉太太。解脱的召唤响起来的时候，你就不得不听从于它，把一切都抛诸脑后。

D先生拿到了普拉布一家在孟买的地址。他第二天到达的时候，没带行李，唯一的东西是身上穿的衣服。

D先生到的那天帕帕吉不在，但普拉布一家和蜜拉照顾着他，直到帕帕吉回来。蜜拉叙述了发生的事：

上师已经去了勒克瑙，说几天后回来。我们在等他的时候，这个人从委内瑞拉飞过来见上师。他看上去很焦急不耐，但同时又非常腼腆。他把自己的情况告诉了我们，说他一听到上师的名字，就立刻飞来了印度。他到达之后过了两天，上师回来了。

刚开始几天上师好像对D先生很不关注，对他毫无兴趣的样子。D先生变得非常焦虑，他一路从委内瑞拉飞来见上师，但上师却似乎毫不在意他的存在。

两天后，D先生来找我说："我再也受不了了。我非常渴望找到一位上师，但他完完全全无视我的存在。如果他不能给我想要的东西，这个世界上我还能去哪里找呢？我打算回委内瑞拉了。"

"请再多留一天吧，"我对他说，"你那么大老远过来，不应该那么快就走。"

次日午饭时，D先生直接找帕帕吉对质。蜜拉在日记中记录下了这段对话，日期是2月18日。

D先生：和在加拉加斯时相比，我现在没什么变化。我没什么收获,甚至没听到你有什么独特有力的回答。

帕帕吉:你说自己没有收获,是因为你是在和自己以前经历过的某种状态作比较。这种比较,是来自过去的。停留在过去,只会灭亡。你不去比较的话,会怎样?

D先生:好的……现在?(停顿)就是这个吗?

帕帕吉:是,"现在"。

D先生:(丧失了理智,大笑不止,最后说)你还让我认真点!(他笑得越来越厉害,之后他开始跳舞,重新坐定之后,说)太简单了!太简单了!这不是某种知识,这是事实。开悟就在一瞬间!

蜜拉又补充了一些回忆:

这真是个不寻常的反应。D先生这些天和我们在一起时一直那么腼腆,但他突然爆发了,狂喜地载歌载舞,像个疯子一样。最后他躲到了厕所,锁上了门,开始歇斯底里地大笑。每次我们敲门的时候,他要么在大笑,要么在大喊:"我明白了!我明白了!"

第二天,他冷静了下来,向上师鞠躬,说:"我明白了。我明白我来这里是为了什么。别的我都不需要了。现在我可以回委内瑞拉了。"

第二天他回了家。这次见面让我印象深刻。我第一次意识到,只要有对解脱的渴望就足够了。我见到了这个没有任何灵修背景、没有修行过的人,成为解脱者。他只是有着强烈的渴望,要来见上师,要在上师的临在下被转变。到目前为止,我认识这个人已有二十年了,他说从那一天起,这种体验便从没离开过他。这才是真正的觉悟。这整个故事对我而言是很好的一堂课。

D先生回到了委内瑞拉,回到了工作和生活中。几个月后,另一个委内瑞拉弟子致信帕帕吉,邀请他来访这个国家。帕帕吉接受了邀请,第二年就去了委内瑞拉。下一个章节中,将讲述那次出访中的故事。

3月的时候,帕帕吉和蜜拉去隆达看望那里的弟子。其间,一些学者上门来访,想和帕帕吉讨论著名的印度圣者雅内湿瓦(Jnaneshwar)。

雅内湿瓦幼年时就开悟了。他写了几本书,最有名的是《雅内湿瓦论》(*Jnaneshwari*),是对《薄伽梵歌》的注疏。十六岁时,他自愿住进了山洞,并封住了洞口。虽然距今已有好几百年,但他的信徒们认为他还活着,处于深层的三摩地中。山洞从没被打开过,所以信徒们的话也没有得到过科学的验证。

蜜拉记录了几则帕帕吉给学者们的回复。

1975年3月23日

学者:大家都认为雅内湿瓦处在三摩地中,你怎么看待这种三摩地?怎么才能达到它?

帕帕吉:雅内湿瓦说达到解脱需要几个阶段。

1. 先以金刚坐法坐下,并禅修观想上师之形,即"唵"。
2. 通过重复念诵"Soham"(我即他)来禅修于湿婆。
3. 在鼻尖处感受到殊胜妙乐时,专注于鼻尖。
4. 若能完成,就能体证大空(mahasunya)。

当你契入或与大空认同时,你就与之没有分别。是全然一体的。

我要说的是,金刚坐法等都只是头脑的游戏。并没有次第地、一步接一步地证悟。雅内湿瓦的起点是大空,终点也是那里。其余的一切都只是头脑。

你问要如何达到这种境界,首先你要否认一切展现。否认后,就会见到那个不展现的,发现其中一切的展现都是"我"。对雅内湿瓦而言,一切展现和不展现都消失了。这就是他的三摩地,他当下的境界。没有开始也没有结束。

学者:(大声朗读图卡拉姆作品选段)"我见神在外亦在内……"

帕帕吉: 图卡拉姆向外看时,他只见到毗塔拉(这是庞达尔普尔地区的黑天形象)。而毗塔拉看向图卡拉姆时,见到了神自己。两者都忘了谁是谁。

学者: 什么才是远离执着的方法?

帕帕吉: 没有方法。你首先得去看看自己是否痛恨执着。谁在执着?什么是执着?是人在执着他的身体,他的头脑。你把身体当成了自己所拥有的物品。这就是执着。

真正的智者会告诉你"你从未被束缚住"。没有方法和途径可以理解这一点。你只需要给你的真我一个瞬间。那个无念的瞬间到来的时候,你的束缚将永远消散。

1975 年 3 月 24 日

提问者: 要如何控制住头脑呢?

帕帕吉: 你必须先研究研究你自己,看看是否真的有个叫作头脑的实体需要被控制。

提问者：我总是会被念头侵扰，这就是我的经验，我没办法否认它。

帕帕吉：是谁告诉你"我被侵扰"了？要我说"我是不会被侵扰的"，这就是我的经验。你被洗脑了，相信自己的心念会干扰你。社会把这种念头强加给了你。你太过相信这一点，因此它就成为一种信念。但我要说的是"那只不过是你的想法"。一旦不再相信它，你就能扔掉这个想法了。把这个想法放一边吧。然后呢？

提问者：即使我听到"我是不会被侵扰的"，这也改变不了我。我看着自己，想验证您所说的是否符合我自己的经验，而我不得不说："这不是真的。头脑依然还在，我也因它而受苦。"这是我不可否认的经验。

帕帕吉：这不是事实。这只是一种想法、一种信念。不要让这样的迷信浮现，告诉我，剩下的是什么？

你把自己的头脑看作一种对境，以为作为主体的你需要以某种方法去控制它。一旦你有了这个想法，就已经在自己和头脑之间创造出了距离，或者说创造出了分离。真正的你不可能被控制。不管你意识到与否，它永远这样存在着。你没办法见到自己的真我，因为它和你太近了。你只能看到面前的东西。而这种太近的东西是怎样的？它在你视网膜背后。你和那个没有任何距离。

提问者：但怎么样才能知道它呢？

帕帕吉：对于跟你有距离的事物，你才有知道。当没有距离的时候，不会有知道。要靠不知道、不思维、不理解，你就能找到跟你没有距离的东西。

帕帕吉和蜜拉在卡纳塔克邦住了几近三个月。6月初，帕帕吉受邀去迈索尔拜访内津海尔（Neginhal）先生，就是那位帕帕吉20世纪60年代住罗摩寺时送了他十英亩土地的森林官员。这次邀请发出的时候，内津海尔先生是卡纳塔克邦的野生动物保护主管。内津海尔在帕帕吉来访时，在自己管辖的自然保护区中安排了一次野生动物观光之旅。蜜拉叙述道：

我们去了靠近卡纳塔克邦和喀拉拉邦交界处的野生动物公园。我记得那片地方偏远而荒芜。内津海尔先生陪着我们，安排我们乘坐大象。我们坐着象在森林里走了六个小时。那里能见到很多动物，最让上师感到快乐的是看到一群猴子正从鸟窝里偷鸟蛋。猴子们得手后就游过河逃之夭夭。渡河时，它们把鸟蛋高高举在空中，不让蛋被水打湿。每个人都很喜欢这趟旅行，虽然后来穆克蒂得了某种疟疾，我觉得是因为她在那里被什么东西咬了。

住在迈索尔时，有位自称是迈索尔大君的首席梵学家的人来拜访我们。那里的大君不知从何得知上师是一位伟大的修行人，并且正在他的领土内。他觉得上师应该是一位大学者，就立刻派遣他的梵学家来见我们，因为他正好碰到了一些晦涩难懂的梵文偈颂。上师几乎完全不懂梵文，他不可能读过梵学家带来的书。上师并也没有说自己不懂梵文，因为他知道梵学家需要他给出好的解答。上师请梵学家把偈颂大声地朗读出来，他就照做了。念完之后，上师开了口，一段极为美妙的阐述流淌而出。虽然原文他一个字都不懂，但却对偈颂作出了完整的开示。听到这番诠释，梵学家十分欣喜。

这已经不是我第一次见到类似的事情发生了。我曾在欧洲的修道院见过这样的事情,在瑞诗凯诗,阿比什克塔南达·斯瓦米来见我们时也发生过类似的事情。人们给他看各种灵修文本中一些晦涩或模棱两可的段落,上师会自然而然地给出美妙的阐释。和他一起生活了很久之后,我明白他有某种解释或阐明灵修文本的天赋,能为视这些文本为圣典的信徒们去疑解惑,甚至进一步有所启发。他从不阅读或研究这些书本,但有人问他的时候,真我就让他发声,作出最绝妙的回答。对此不甚了解的人可能会认为他一定是经年累月地埋首在这些书本中。

1975年帕帕吉在迈索尔。照片由内津海尔先生拍摄。

尽管上师可以很好地阐述文本,但还是有一些技术性的、哲学上的用语似乎总让他很好奇。只要遇到饱学之士，比如我们在迈索尔遇到的那一位，他总会去请教某些词的确切含义或深意。有一个词 sphurana 似乎让他着迷了很久。这个词指的是真我的震动、闪耀或律动，但这种简单的定义从没让上师满意过。20世纪70年代早期，如果身边有学者的话，他总会把 sphurana 这个词提出来，然后开始讨论它的含义。我不觉得有谁的解释曾让他真的满意过。

以下的参问是蜜拉在迈索尔和贝尔高姆两地的记录。前两则对话中的提问者可能就是内津海尔先生。

1975年6月21日

提问者：人们总是希望不用功觉悟就能发生在他们身上。真是开玩笑！

帕帕吉：我的经验是，对于世俗的东西，人们都想不劳而获；但对于觉悟，就总想好好地用上一番功。他们就是这么惹上麻烦的。

提问者：我不明白。为什么你说觉悟无须用功？你还总是会说"让我们一起来一探究竟"这样的话，要"一探究竟"的话，就是需要用功的。

帕帕吉：是的，我是说，"你自己要一探究竟，搞明白其实你不需要用任何功"。这种"一探究竟"，只是去有正确的领悟，而正确的领悟，源自不用功。

提问者：不用功的话，又怎么会有什么成果呢？

帕帕吉：如果想从胡布利市到迈索尔，就要搭乘火车。为完成旅程，你必须从起点胡布利市出发，朝着希望的目的地努力完成旅程。

胡布利不是迈索尔，所以从胡布利移动到迈索尔，你必须要做些努力。当你必须要到达某个和你当下所在之处有距离的地方，就需要努力用功了。

我现在说的是，认出你的本来面目。你要为此走多远呢？你的真实本性离你有多远呢？你只需要明白自己这一刻处在什么地方，留在那里就行了。这需要什么努力吗？这种了知、这种领悟，就是你在寻求的实相。

你所寻求的实相会有任何缺席的时候吗？如果它会缺席，那你可能就得去寻找了，要找出来自己在哪里弄丢了它。但如果实相从不缺席，你又需要付出什么努力来找到它呢？这个实相曾经离开过你、有别于你吗？没有。你正在付出努力去触及实相，因为你相信它是一种你还没得到的东西。你要做的就是放下这个想法，因为实相永远都在，一直等着你认出并承认它的存在。

你无法见到实相，因为你一直在下功夫要见它。你的努力让你看向了错误的方向，因为用功永远是指向外在事物的。我们的真实本性是不用功。只有停下了一切努力，你才会认出它来。

提问者：但是要如何安住于这个状态呢？

帕帕吉：安住的想法只是一种渴望，想成为和你现在不一样的某种事物。如果你认为自己没有觉知实相，并且认为必须要靠用功来发现实相的话，那么你自然会相信实相并不是永恒存在的。而不是永恒存在的东西，那就不是实相。

为了达到心灵目标或世俗目的，也许需要用功，但我所说的话，你只需要明白就好。要明白我现在指向的是什么。我所指的，是你的真实本性。

提问者：我想要说的东西，我表达不出来。

帕帕吉：你无法表达时，表示你就是那个。你只能表达不是你的事物。真正的你给了你表达一切的力量，但那个是无法被表达的。

《羯陀奥义书》(*Katha Upanishad*)说，真我对其选中者显露自身。它并不是靠理智来显露的。如果真我选中了你，那么只剩真我。真我的恩典是向自己显露了自己。

当你脱掉一切概念时，会发生什么呢？真我会显露出来。你现在有诸如"我的理解""我的体验"这样的想法，你能把这些暂时抛开一秒钟吗？

提问者：你还告诉我要去战斗。不用功和战斗，这怎么调和呢？

帕帕吉：两者并不矛盾。明明白白地安住为真我，就是不用功。但如果"我不是真我"的想法在你心中出现的时候，那就与之作战吧。想法一出现就杀死它。一旦你杀死了它，你就依然是真正的你：真我。

抛弃所有的概念。真正的你不在你里面也不在你外面。现在告诉我，你是谁？

提问者：那个。

帕帕吉："那个"只是你从外面得到的一个概念。你是谁？捡起"那个"概念的"你"在哪里？你现在在哪里？

提问者：我是真我。

帕帕吉：你对谁这么说？

提问者：对真我。

帕帕吉：有两个真我吗？一个在说，另一个在听？

提问者：所以真我无法被言说。

帕帕吉： 啊，这就好多了。

1975 年 6 月 22 日

提问者： 要如何开始修行？

帕帕吉： 当你有一个必须要达到的终点时，才需要开始。你想达到什么终点？

提问者： 我的真我。

帕帕吉： 那么你的终点就是你的起点。你试图把真我外化，使之成为一件你可以得到或达到的外物。你无法像拥有一件财物、一样物品那样拥有自己的真我。真我可以是拥有者，但它无法被拥有。

你的终点与时间无关。你在时间内努力用功，就一直在让自己远离永恒。

提问者： 如何保持对真我的觉知呢？

帕帕吉： 不要让任何概念进入你。一切学来的知识都是从外而来的。你把这些学来的东西认作自己，自寻麻烦。让这些学来的东西，包括自认为拥有这些东西的那个人，都返回到其源头吧。依然还存在的，就是无法被抛弃的。

要维持你的本来样子，是什么都不用做的。

提问者： 如果去研究念头的话，最终就能了了分明地觉知它们吗？

帕帕吉： 要去觉知念头，就是把它们当成了对境。如果你只是单纯地觉知，如果你就是觉知本身，念头就不会出现了。

提问者： 现在我正抓着一个念头。

帕帕吉： 你说"一个念头"，是因为你还有与之相对的两个或多个念头的概念。难道你不是在念头之间、那个完全无念的状态中吗？

如果我只是我自己，并且知道我只是自己，那还有什么终点或起点的疑问呢？我只是自己。

提问者： 听起来很简单。

帕帕吉： 这很简单，因为它与你那么近，太近了。如果你生活在一个"成为"的世界里——"我成为这个，我成为那个"，你这是在给自己召唤死亡。只是本然地安住，不去"成为"任何东西，那也就没什么东西能够碰触你。

提问者： 在日常工作中如何保持这个呢？

帕帕吉： 放弃"我必须保持什么东西"的概念。当你在心里创造了一个意愿，给自己心中带来了紧张。这种紧张造成了念头的扩展，它们创造出了世界，让你生活在当中受苦。

提问者： 行动瑜伽[①]是不是主张一个人必须有所行动，但不要带着完成某种特定目标的意图？

帕帕吉： 行动是与身体相关还是与真我相关呢？你是身体还是真我？如果你说你是真我，那又何必去操心和身体相关的事情？

提问者： 所有经典、圣者都说必须要回到内在的真我。问题是，怎么做到呢？

帕帕吉： 我不这么说。你现在在哪里？你现在不就是真我吗？为什么你要计划什么内在之旅来达到真我呢？是真我就好了。

提问者： 所以唯一要做的事情就是重复"我是梵"（Aham Brahmasmi），直到自己确认这是真的。

---

① 行动瑜伽（karma yoga），也可译为事业瑜伽或者业瑜伽。

帕帕吉：如果你去重复，那你就创造出了一个对境。我说的是"明白它，体验它"，一次就够了。知道它，如其本然而是。

1975年7月1日
贝尔高姆

提问者：您说"恩典一直都在"。同时，您又告诉我们，"必须靠自己去拆掉自己用概念搭造起来的建筑"。我们真的能靠自己做到吗？拆掉这些概念难道不需要恩典吗？

帕帕吉：数千年来，人们一直都走在这条老路上。大家都认为恩典加持是个好东西，能去掉各种坏心念。我不是这么说的。

恩典一直都存在，一直就在当下，但人们却加以限制，说这是一种让事情变得更好的力量。你可以说玫瑰花苞开出花朵是恩典，但为什么恩典就仅限于此呢？第二天花枯萎时，难道不是同样的恩典让花死去了吗？为什么要否认让花死去的力量，只接受恩典是让花盛开的力量？你一直都盯着结果看，但只有结果是好的，你才把它归功于恩典。

街上的狗充满了恩典，贼偷东西是因为恩典，圣人证悟也是因为恩典。我说恩典时，并不是在谈展现出来的结果。我是在谈一切原因的原因，让种子成为种子的力量，让花盛开的力量，让花在次日枯萎的力量。一切都因加持而维系。

有一次，有人请马哈希赐予他恩典，以了悟真我。

马哈希回答："你已经得到恩典了。是恩典带你来此见我，是恩典推动你提问说'请赐予我恩典'。你怎么还能说你需要恩典呢？"

你已经得到与己所需相应的恩典了。恩典让你前来寻求恩典，也是这同一种力量，让花开花谢。

蜜拉和穆克蒂在 7 月 21 日离开了印度，从孟买飞往巴黎。那时，帕帕吉已经收到并接受了前往委内瑞拉的邀请。他想在蜜拉离开后立刻动身，但德里的官员们却另有安排。印度政府近期宣布紧急状态令，公务员们对一切递交到办事处的申请都心生警惕、横加阻挠。帕帕吉在德里待了数周，来回奔波于各个办事处之间，试着从本国政府和委内瑞拉大使馆处取得所需的批文。这是在此期间，他第一次遇见了拉曼（Raman）。拉曼是澳大利亚人，已经在印度参访了数家道场和数位老师了。拉曼叙述了这次见面的背景。

我一直跟随七湖岛罗摩·昆朱（Ram Kunj）道场的室利·罗摩·斯瓦米（Swami Sri Ram），直到他于 20 世纪 70 年代早期离世。这道场位于哈德瓦以北约三英里。后来我才发现彭嘉吉在附近一所道场住了很长时间，但那时我完全没有听说过他。一次我去拜访住在附近道场的倡陀罗·斯瓦米，遇见了法国人伊万·阿玛尔，他向我介绍了上师（帕帕吉），说他还健在，并给了我一张上师的小照，照片最多只有我的拇指甲大小，他让我不要给任何人看。因为那时上师更希望不为人知。他不喜欢人们知道他是谁或他在哪里。

我立刻就对他产生了兴趣，但那时完全不知道该去哪里找他。那段时间里，认识他的人不准对外泄露他是谁或他接着要去哪里。罗摩·斯瓦米死后，我不想再留在他的道场了，我心中强烈地渴望着要去见见伊万对我说起的这位上师。

整整一年，我找遍了整个印度。我知道他是拉玛那·马哈希的弟子，于是就从拉玛那道场开始，但在那里没人听说过他，这让我大为惊讶。我在谛鲁瓦那玛莱镇住了一阵子，在此期间去了谛卢科瓦卢（Tirukoilur），拜见格南阿南达·斯瓦米（Swami Gnanananda）。他是位老瑜伽士，据说有一百五十岁了。后来我发现上师曾在许多年前拜访过他，并且很享受与之为伴。格南阿南达起初想让我住在他那里，但几周后，我意识到他不是我所寻找的人。

我住在那里时，格南阿南达的一位弟子让我摊开手掌。他是有名的星相家和掌纹相士。

他看了一阵我的手掌，说："你有一位伟大的上师，一位伟大的古鲁。"

"是的，"我回答，"他的名字是罗摩·斯瓦米。他几个月前过世了。"

"不，"相士说，"他不是你的上师，格南阿南达·斯瓦米也不是。你还没有遇到这位上师。他可比格南阿南达伟大多了，你没必要留在这里陪在斯瓦米身边。"

从一个视格南阿南达为上师的人的口中听到如此坦诚的说法，很不寻常。

我回到了谛鲁瓦那玛莱，计划继续去寻找。我知道有个人名叫马度·萨拉夫（Madhu Saraf），他在卡纳塔克邦的贝尔高姆有栋大房子。我知道他曾见过上师，也知道上师去过他在贝尔高姆的住处拜访过他。我想也许可以在他那里找到些线索。我之前通过罗摩·斯瓦米见过马度·萨拉夫。有段时间我们两人还是师兄弟。

我给马度·萨拉夫写信，告诉他我想见见上师，还问他对上师的印象。我只认识几个见过上师的人，他是其中之一。他回答说彭嘉吉具备一切我所寻求的上师的功德,是不会让我失望的。然而他也不知道上师在哪里,也不知道他是否会再回到卡纳塔克邦。

我没别的方法,只能去隆达和贝尔高姆,看看是否有人知道上师的去向。但没人知道,或者说就算知道,也没人愿意告诉我。

我暂时陷入了死胡同,决定转去孟买在尼萨迦达塔·马哈拉吉那里住一段时间。莫利斯·弗雷德曼①是我的老朋友,他编辑了《我是那》。当年我们曾一起住在阿尔莫拉(Almora),那时莫利斯是克里希那穆提的虔诚追随者。我和莫利斯在孟买,每天都一起去见尼萨迦达塔·马哈拉吉。虽然每天都拜访马哈拉吉,我依然每天都向遇到的每个弟子询问是否听说过上师。最终,我遇到了来自南美的访客卡尔洛斯·希尔瓦。实际上,卡尔洛斯陪同上师从欧洲回印度,抵达几天后还一起去了哈德瓦。不幸的是,卡尔洛斯也失去了上师的踪迹。我们两人都想见他,但都不知道去哪里找他。

我记不得发生了什么,但终于有人把我介绍给了 B.D. 德赛,上师的一位在孟买的弟子。我向他解释说自己找遍了整个印度却徒劳无功。德赛给了我在德里的古普塔医生地址,但给我时,他乞求我不要泄露消息来源。

"如果上师问你怎么会有这个地址的,不要告诉他是从我这里得到的。如果有人没有未经他许可就透露了他的住处,他会非常生气

---

① 莫利斯·弗雷德曼(Maurice Frydman,1901—1977),波兰裔犹太人,常住印度,他支持印度的独立,并积极参与其中,作为圣雄甘地的弟子、尼赫鲁的好友,他是一个著名的人道主义者。《我是那》是最早出版的尼萨迦达塔对话录,首版于1973年,是由莫利斯·弗雷德曼从马拉地语的磁带录音翻译为英文,并撰写附录介绍了尼萨迦达塔的教授风格。此书的出版使尼萨迦达塔被欧美读者所知,吸引了众多欧美求道者不远万里前去拜访。

的。你已经找遍了整个印度。你可以编个漂亮的故事,说是某个陌生人给你的。"

我一得到地址,就立刻整理行装,去了德里。我知道马哈拉吉是一位伟大的老师,可同时我也知道他并不是我要见的人。就在德赛给我地址之前,我梦见了上师。这个梦让我更加下定了决心,要尽快找到他的色身所在之处。

之后几天从孟买到德里的火车票都售罄了,于是我就乘坐巴士上了路。每天我都要找一辆大致朝着德里方向行驶的巴士。晚上睡在旅馆,第二天继续赶路。我用了几天,换了许多辆巴士才到达。

在德里,我住在 G.V. 高德先生(Mr G. V. Gode)家,他那时是驻德里的美国运通银行经理。他也是罗摩·斯瓦米的弟子,所以我认识他。顺带说一下,这不是那位去了美国,接受瑜伽力测试的著名罗摩·斯瓦米。他只是同名,但名气没有那么大。

我在高德先生家放好行李,洗漱干净后前往德赛给我的地址。我敲了敲门,古普塔医生开了门。

"有人告诉我彭嘉先生正住在这里。"我开口问道,"我能进来见他吗?"

古普塔医生非常怀疑地打量着我。

"你怎么知道他在这里?谁告诉你的?为什么你想见他?"

他听完我编造的故事后,就转身进了屋内,消失了踪影。几分钟后,我得到了进门的邀请。上师已经通过窗户见到了我,并认出了我是他在哈德瓦的邻居。

我被带到他的身边,他告诉我他知道我是谁。

"我曾是你在哈德瓦的邻居,"他解释道,"我见过你在罗摩·斯瓦米的花园工作,也见过你在我住的道场外的商店买牛奶。我在那里喝茶时也见过你。那时我就知道有一天你会来见我的。"

"但为什么那时你不告诉我你是谁?"我问道,心里有一点委屈,"我用了一年多时间,跑遍了整个印度来找你。而我起程时,你就坐在几英尺之外。"

"当有人正跟着另一位老师时,我从不介入。"他回答,"只要你还跟着罗摩·斯瓦米,我就保持沉默。他死了,你就来找我了。"

然后他换了个话题。"你打坐有多久了?"

"十二年。"我回答。

这回答似乎让他神情为之一变。"那样的话,"他说,"你理当得到一些奖励。我们走!"

他带我来到了普尔·辛(Phool Singh)家。普尔·辛是他的弟子,在德里有栋房子,是德里郊区随处可见的非法建筑。当时没人在乎什么建筑许可。那房子吵得不可思议。我搞不明白为什么上师会选择住在这样的一个地方。

普尔·辛在他的房子加了一个房间,说是给上师专用的。我们到的那天,屋里铺满了鹿皮,因为普尔·辛在做鹿皮出口生意。上师立刻表示了反对。

"我不是猎人,"他抗议道,"我不需要这里有这些死掉的动物。全部拿走!"

普尔·辛不仅是上师的弟子,他也和巴巴·哈利达斯[①]有些联系,那是一位保持止语、在石板上写字的瑜伽士。哈利达斯去了美国,在

[①] 巴巴·哈利达斯(Baba Haridas),印度瑜伽士,以禁语出名,对印度传统经典做过一些疏论。

那里收了大批弟子。

普尔·辛是个富裕的商人。除了鹿皮生意外，他还回收塑胶，把用过的袋子和塑料瓶再加工成凉鞋。我拿到过这样的一双鞋，但实在太硬了，简直会磨断你的脚。普尔·辛用回收生意的盈利购买《罗摩衍那》，把书寄给在美国的巴巴·哈利达斯。他去哈德瓦朝圣，买下了所有能找到的《罗摩衍那》，花钱装上船运往美国。我想大概也运了些鹿皮过去吧，这样哈利达斯的美国弟子禅修时可以坐在上面。

上师邀请我和他一起留在这里，我立刻接受了。我不在乎有多吵。能得到他的陪伴是非常难得的机会。在早期和他的见面中，有一次我给他看《我是那》。这是我在孟买和尼萨迦达塔·马哈拉吉在一起时买的。上师从我这里接过了书，但一眼都没看。我再也没见过那本书，因为他告诉我，和他在一起时，我不应该读书。他对这本书本身没有任何意见，只是不希望在他对我下功夫的期间，我还阅读其他的东西。大概十五年后我终于读到了这本书的时候，有人告诉我，上师曾向他的一些弟子推荐过这本书。

在德里住了几天后，他决定带我去哈德瓦。我们买了车票出发，住进了雅利安旅社。这是那段时间上师最喜欢的地方。他常常把这里作为他在哈德瓦的住址，所有的信件也都寄到这里。接下来几天我们单独在一起。我提了许多修行上的问题，得到了很好的回复，感觉这就像是一次轻松随意的小镇之旅。

我之前的上师，罗摩·斯瓦米是位坦特罗瑜伽士。他的老师是住在克什米尔著名的阿马尔纳特石窟中的成就者。我跟随罗摩·斯瓦米修习拙火瑜伽，有过许多善境界。我真的觉得自己正在成为一名成就的瑜伽士，但向内反观，我能见到自己还充斥着概念和见解。在哈德瓦时，上师试着把这些概念从我头脑中冲刷掉，但他没有完全成功，我仍然非常执着于此。

20世纪80年代，拉曼和帕帕吉坐在帕帕吉位于纳希的家中。

在哈德瓦时，我感到上师对我下了很大功夫，但同时我也意识到自己没能抓住他试图让我明白的要点，没去体验他所说的真理，与之相反，我却最终和他辩论起了种种的见解和概念。上师想向我指出真我，但他的话却只止步于我的头脑，再也无法深入。有一次我向他问到拙火的时候，他只是看着我，把我带入某种失念的状态中，我无法动念、无法说话，甚至动弹不得。我以一种疏离的方式觉察着身边发生的情形，但我无法动念，也无法提出任何问题。

上师觉察到了他造成的影响，笑着说："现在你的拙火呢？说给我听听。"

我完全无法回应。我彻底瘫痪了，身体和精神层面都瘫痪了。

尽管上师承认升起拙火可以带来极喜的境界和体验，其中，庸常的头脑运作是缺席的，但他说，一直以来他所指向的那个状态，是超越并先于一切体验的。我有过许多体验，像是进入了某种三摩地，完全觉察不到任何事物，等等，但这些体验都不会持久。某个时候我就会从体验中"醒来"，回归日常。

有一天，我进入了这种三摩地，可是，没有回到日常状态中，而是融入了一种清醒、无念的状态，我知道这已经超越了头脑。

上师看见了发生的一切，但我还没来得及对这个状态作任何评论，他就开始讲述自己最近的一次体验：

"今天早上我在一刹那间瞥见了别的东西，甚至超越了醒、梦、睡状态背后的那股潜流。在这个基底之下，有个无法描述的东西，它超越语言、不可思议，甚至超越了不可思议。"

后来在我对上师更加了解之后，我才知道这些奥妙的瞥见，是瞥见了超越了超越位这一基底的东西，而这正是他继续参寻自身和究竟实相本质的起点。

"并不是要去见那条被认作为蛇的绳子，"有一次他跟我说，"绳子是蛇显现的基底。每个人都说，'安住在基底上，不要被上面的显现所骗'。我要说的是'连绳子也得扔掉'。基底也消失的时候才是真正的纯净。"

这趟第一次去哈德瓦的旅行中，有件重要的事我记得很清楚。上师试图让我了知自己的真实本性,但他失败了。我错过了机会,而我也知道自己错过了。后来我为自己的愚蠢道了歉。

"对不起,上师。我错过了,我知道自己错过了。我好像没有能力体验到你试图让我知道的东西。"

他露出了失望的神情。

"也许一百万个人中只有一个人能得到这样的机会,也许一个人也得不到。我尽力了。明天我就要走了。我要去德里了。"

走之前,他在我的笔记本上写了下面这两行隐语:

不住,不属于任何人
"那个",超越主体和客体
(INATTENTION BELONGS TO NO ONE
That Which is Beyond Subject and Object)

我觉得自己就像个学生一样,因为没有正确理解课上的内容而被罚抄。

在哈德瓦上师想就此离我而去,但我跟着他到了德里。我知道他会住在他女儿家,我也知道地址。我不打算让他逃掉。

我走进席万妮家,找到了他,立刻跪倒在地,为自己的愚蠢道歉。我还匍匐在地板上时,他的表情立刻好转了。

"那时……"他说。我想,他指的是我们一起在哈德瓦的日子,"……不太好,但现在好多了。"

从那时起,他允许我全天都待在他身边。每天清晨和傍晚,我们会一起坐在席万妮屋后小花园里的一条石凳上。席万妮当时居住的地方，拉吉帕特纳迦（Lajpat Nagar）是个大型商业市场，看起来这块小花园是周围唯一一处安静的无人之地。一起打坐时，我会有各种极其神奇的体验。尽管我之前在罗摩·斯瓦米那里也有过许多神奇的拙火体验，但都完全无法和上师送我进入的境界相比。有几天我觉得自己好像进了电梯，一直往上、往上、往上……没有顶层。我只是不断上升，越来越高，见不到哪里是尽头。晚上他依然对我下了功夫。我们睡在不同的房间里，我会在梦中见到他，他会继续给我展示各种不同的世界和境界。第二天早晨我们再次见面时，他完全清楚我们的夜间会面中他都去了哪里。他会提起我们在夜间一起做了什么，并且从暂停的地方继续讲下去。我问他这是怎么做到的。

"我不知道。"这就是他的回答，"我能够凭意愿进入别人的心。但我也不知道是怎么做的。我至今都没法解释这都是怎么发生的。"

在白天，上师要在城里东奔西走，他还在努力申请去委内瑞拉的签证。他的护照到期了，要换一本新的。我和他一起去走这些流程，上师称之为"巴士修行"。每天我们都要花上几个小时，搭乘拥挤得难以想象的公交车在德里往返奔走。有一次，我们排队等车时，一个完全不认识的人来到我们面前，开始礼拜上师的双足。上师试着阻止他这么做，但那人不肯放弃。

我们问他是谁，为什么要礼拜，他回答道："在一次净相中，我自己的上师向我指出了您。他说您会在某个时间，站在这个公交车站上。他说您很伟大，所以我必须要来向您致敬。"

在之后的几年中，我和上师去过很多地方，无论去到哪里，都会发生这类怪事。

我们要去的办事处在德里的不同地区，似乎任何两处之间都没有直达的巴士。每次我们要去一个新地方,都必须至少换一次车。办事处里则是常见的混乱场景,每个人都拼命挤到前面,每一分钟都有人打架争吵。在这样的地方的公务员,也都是你能想象得到的样子:懒散,对客人爱理不理,基本都要收好处费。

上师和所有排队的人一样,会打架会争吵。队伍长得没有尽头,但没人能把我们挤到后面去。有一次,就在打架的间歇,我进入了一种彻底的宁静。我有了新的领悟。

我转向上师说道:"你一直都在这种状态中,是吗?就算你在打架在争吵,你也都在这种状态里。"

他微笑着说:"当然,只有这种状态。"

我仍然满脑子都是拙火和瑜伽的想法,还对禅宗很感兴趣。坐公交车往返办事处的途中,会谈到当天我感兴趣的话题。我们喉咙沙哑,因为不得不扯着嗓子说话才能盖过公交车引擎和身边乘客的噪声,让对方听得到。上师慢慢地磨我。在德里公交车上这样无数次高声对话之后,他终于让我明白了自己过去的拙火体验和境界都无法带来证悟。我开始更专注于他的教法,以及他的上师室利·拉玛那·马哈希的教法了。

我曾在阿尔莫拉住过很长一段时间,其间有人向我介绍了拉玛那·马哈希。有大约一年的时间,我定期拜访孙亚·巴巴(Sunya Baba),这是住在当地的马哈希弟子,来自丹麦。我一见到他屋里室利·拉玛那的照片时,就立刻被吸引住了。第一次见到照片时,我甚至不知道那是谁,但仍然被吸引住了。

我的前一任老师,罗摩·斯瓦米同样也认得我和拉玛那·马哈希尊者有缘。我住在他道场的那几年里,许多弟子都试图给我起各种各样的印度名字。罗摩·斯瓦米一个都没接受，总是说这些都不合适。然后有一天，他向大家宣布第二天会给我起个新名字。我们有一套复杂的赐名仪式，仪式最后他对大家说，以后每个人都应该叫我"拉曼"。

有弟子问他为什么选择了这个名字，他回答："因为我能见到他和拉玛那·马哈希有很深的缘分。"

我曾经是很受人尊敬的罗摩·斯瓦米的弟子。那里有许多弟子希望我能在斯瓦米离世后留在道场教授瑜伽，罗摩·斯瓦米却知道我命中注定有其他要做的事。

"我不是你的上师，"他对我说，"你和马哈希有很深的缘分。我死后，你会找到你真正的上师的。"

在和帕帕吉早期的一次谈话中，我向他提到了这件事。在之后的对话中，我觉察到他的语气和态度中表现出了对罗摩·斯瓦米的一种新的尊敬。

"巴士修行"持续了大概六周时间。在此期间，我和高德先生住在一起，他是美国运通银行驻德里的经理。

有一天高德先生问我："你每天都去了哪里？你早晨出门，晚上才回来，但你从不告诉我们你在做什么。"

我没有对他说过自己正在与上师见面，一方面是因为上师不喜欢人们知道他在哪里，一方面是因为我知道高德先生是罗摩·斯瓦米的弟子。他热情地招待我是因为我曾经长期跟随他的老师。我不想让他认为我只是把他的房子当成便宜旅店，却去拜访别的老师。然而，当他直接问到我在做什么时，我感到必须实言相告。

"我遇见了这位伟大的圣者，"我说，"现在我每天都去觐见他。"

马度·萨拉夫是我们俩在哈德瓦时就都认识的熟人，于是我提到他也极为推崇帕帕吉。

高德先生完全没有因为我去见其他老师而失望。"你得带他来这里一次，"他说，"为什么不让别人知道呢？请转告他，是我本人邀请他来我家。"

我觉得高德先生发出邀请时，完全不知道要让上师来家中干什么。我觉得他期待的是一位谈论经典、打扮传统的斯瓦米，但他等来的可不是这个。

上师接受了邀请，高德先生给我们准备了车，我们坐车到了他家。当时已经接近傍晚了，我们到达时，茶已经备好。高德先生和太太都在场，还有高德太太的弟弟，也就是高德先生的小舅子。

高德先生、他太太和上师交谈了几分钟后，小舅子加入了对话。

"我是无神论者和社会主义者，"他说，"我完全不相信任何宗教。这些全都是迷信胡扯。"

上师对他相当客气。"那么你相信什么呢？我不是说你的政治信仰。我是问：'你认为自己是谁或者是什么？你认同什么是你自己？你是我眼前的这具身体，还是别的什么？'"

小舅子承认他不是身体。

"那么你是头脑还是思维？"上师问道，"或者你是超越了这些的某个东西，只是把它们当作工具在使用？"

小舅子思考了一阵子，最后决定他的根本本质独立于思维心和理智存在。于是上师抛出了一连串让人无法招架的问题，很明显是为了把这人推入起心动念之前的体验中。

我以为他真的会开悟，但忽然小舅子停了下来，说："你说的也许是对的,但是……"

他没法再往前深入了。上师像这样逼问弟子时,不喜欢听到"但是"这个词。这代表着疑惑,代表着头脑在试图否定上师要给出的体验。

无论如何,"但是"一词脱口而出,上师握紧了拳头在面前的桌子上重重一砸,大吼道:"你转世一千次也不会再有这样的机会了!这是你唯一的一次机会,但你却这么浪费掉了!"

房间里一片死寂。高德一家面面相觑,不知接下来如何是好。他们邀请这个人,以为他是一位虔诚的博学之士,但作为盛情款待的回报,他却大声地责备主人的家人,还似乎毫无理由。我们默默地喝完了茶,几分钟后坐着他们的车回家了。

自从在房子里发怒之后,上师就没再开口,但在回家的半路上,他转向我,非常甜美地问道:"你认为他们这茶喝得愉快吗?"然后他爆发出了一阵大笑,并且一路咯咯暗笑,直到车开到了席万妮家。

我回去打听高德家的想法时,发现他们不愿意谈起这次会面。上师的名字再没有被提起过,也再没被邀请过去他们家。

我继续住在那里。高德家似乎认为我不用为上师的发怒负责。几天之后,我静静地坐在高德先生的花园里时,有了一次奇特的体验。那是城市中一片美丽而繁茂的绿洲,满是玫瑰、树木和松鼠。我坐在那里,感到了平静、空,突然我意识到自己可以和周围的鸟和树沟通了。我看着它们时,就能明白它们的念头和感受,并且发现我可以把自己的想法,以及我明白的道理传递给它们。这是一次奇妙的发现,让我感觉并体验到我和周围的自然是一体的。

之后我见到了上师,对他说起了这个经历,并总结道:"现在我知道密契者们所知道的东西了。"

上师对我的体验毫不在乎。他的回答只是："那是密契者们迷糊。他们双眼都迷糊了，看不到真实发生的情况。"

这番点评铿锵有力，那些体验的泡泡都破了，没给我留下任何我能抓住或拥有的"我的"东西。上师有着非同寻常的技能，可以否定掉所有的境界，以及所有对境界的认同。

他会说："在真我中，没有体验者，也没有被体验的东西。如果还有体验者，无论体验到什么，都不可能是真实的。只有一切体验都消失的时候，实相才能显露出来。"

几天后，上师带着我一起回到了哈德瓦。他依然坚决要让我见到自己的真实本性。我们共同度过了一段平静的时光，只是散步、沐浴、坐着或谈话。他对我讲了许多故事，给了很多开示，但我却没有过任何他一直为我指出的体验。我当时觉得自己真的很蠢，因为我似乎总是抓不到他说的要点。我的头脑能明白他的话，但我却没法回到那个他所说的头脑升起的地方。我会偶尔瞥见一两下，但从不牢固。

比方说有一天，我们在恒河岸边，坐在他最爱的茶馆里。他在读早报，我坐在他身边辗转思索他之前对我说过的一些话。突然，我什么也没做，念头就停止了，取而代之的是一片清明和宁静。

我还没有开口，上师从报纸后投来目光，看着我说："就是这个。现在保持它。"然后他继续读起了报纸。和我别的体验一样，这个体验也是来了又去。

上师和我之间必然有过某种特殊的纽带、特殊的缘分，才让他在我身上花费了这么多力气。那些日子他对遇到的大多数人只给一两次机会。我在高德家经历的场景并不罕见。如果新访客来见上师，他会在这些人身上下几天功夫，如果到时候什么都没发生，他就送走他们，再也不见了。我真的很有福气，或者说是我命中注定，得以让上师一直捶打我顽固的头脑，一周又一周，一月又一月。有些人根本就见不到他。第二次去哈德瓦时，一群法国人从法国赶过来见他。他们住进了哈德瓦的游客旅店，然后发信息给他，说想要参加他的萨特桑。这群人在游客旅店走来走去的时候，上师偷偷地观察了他们，不过他一定是对自己观察到的情形不太高兴。

"去告诉他们我已经离开去德里了，"他对我说，"我不想见他们。"

这些人一路从法国赶来见上师，但甚至连踏进大门的机会都没有。这类事情让我意识到自己有多么幸运，可以整日待在上师身边。

人们愿意穿过半个地球来到他身边，这毫不奇怪。他的萨特桑中有一种强烈的能量，足以让人产生转变。在他身边，每个人都能感受到他的平静，或出现某种不同寻常的体验。有一次我问上师为什么会这样。

"我在几位伟大圣人周围感到过这种能量。我和你在一起时也有同样的感觉。这是什么呢？为什么人们在你身边时会感到平静和快乐？你是怎么做到的？"

"当恒河涨潮时，"他回答，"水很满，就会淹没河岸。圣者的神圣能量也是同样的道理。它淹没了周围的人。但不要依赖这种能量，跳入你自己的恒河吧。"

最后这句话如此有力，好像真的击中了我。它让我的头脑停止了，让我重新回到了寂静中。

几天后，我们回到了德里，住在普尔·辛家。

我和上师共同度过了几个月，但我知道自己能陪在他身边的时间已经所剩不多。他已经接受了去委内瑞拉的邀请，而我知道自己没办法同行。澳大利亚的回程机票即将到期，我也没有足够的钱到别的地方去。我对自己不断地错过上师所说的体验而灰心丧气，知道自己可能不会再有什么机会了。我已经认识他足够久，久到他可能下一秒就把我送走，让我再也见不到他。

有一天我们一起在古普塔医生家午饭后，我开始缠着上师问问题。这是他平时午睡的时间，但我太绝望了，我冒着惹毛他的危险，一直不让他睡觉。他忍耐了一会儿，但几分钟后还是发了火。我完全不知道他说了些什么，因为在他开始生气的一刹那，我内心的一切都停止了，没有念头，没有感受，没有情绪，没有世界，但同时我仍然全然地觉知着。我当时肯定表现得像是陷入了昏迷，因为之后有人告诉我，别人怎么问我，我都没有回应，但我其实没有失去觉知。事实上，剩下的只有觉知。

拉曼对之后的事没有记忆，所以我请帕帕吉告诉我，在拉曼看似瘫倒后发生了什么。以下是他的回答：

他闭上了眼睛，静静地坐着一动不动。当大家很确定他没法再问出任何问题后，古普塔医生走到他跟前，说他可以在旁边的房间里休息到下午五点，到时候会有定期的萨特桑。但拉曼看来完全没把这些话听进去。我仔细打量了一下他，发现他已经进入了无分别三摩地。我跟医生说明了这一点，告诉他在拉曼恢复常态之前都不要去打扰他。

"好的,但我们至少可以把他放到隔壁房间去吧。"古普塔医生建议说,"如果我们把他留在这里,别的人不明白情况,经过时就会试图叫醒他的。"

我同意了这个建议,医生就去抬拉曼。他很快发现拉曼已经完全停止了呼吸。在无分别三摩地中偶尔会这样。这并不是什么问题,因为在这种状态中,不用呼吸身体也能自行维持,但古普塔医生不知道这一点。

"我可不能让一个外国人死在我家,"他说,"这段时间警察很爱管闲事。如果他死在我家里,我们都会有麻烦的,甚至会被抓到牢里。找辆出租车把他送回高德先生家吧。他如果死在那里,就是他们本国事务,不关我们的事了。"

我试着让他放心:"他没有生病,也不是要死了。他只是在一种非常深层次的修行体验中。过一段时间,他会自己出来的。"

我走到拉曼身边,开始按摩他的胸口和脖子。几分钟后,他暂停的身体机能又重启了。过了好一阵子他才重新回到了日常的状态。在众人帮忙下,我让他在屋内走来走去,这样他就不会再回到那种三摩地状态中了。我还拿着一瓶水,每过几分钟就强迫他喝下一点。过了几个小时,他恢复了正常。当他可以连贯地讲话之后,他眼中满是迷惑地向我提问。

"我之前从没经历过这种情况,"他说,"发生什么了?"

我解释说,他的头脑因为抛出的疑问得到了满意的回答,而突然变得非常平静。拉曼非常强烈地想知道那些问题的答案,这些问题让他的头脑变得非常忙碌。在这些渴望得到了满足后,短短一段时间内他的头脑就停止了,没有任何要忙碌的新东西了,紧接着就出现了三摩地。

尽管拉曼完全恢复了,并且帕帕吉也已经向房主解释拉曼是进入了一种深层的修行体验,而不是什么医科急病,房主依然不愿意让拉曼留在屋里。拉曼继续说道:

在紧急状态令刚颁布的那段时间,在印度的外国人受到了很多猜疑。政府不停地宣扬说全国各地遍布着外国间谍。古普塔医生表明如果政府发现在他屋内有个死去的外国人,他就可能会被指控藏匿了间谍。为了安抚医生和他的家人,上师把我推上了一辆出租车,让我去哈德瓦住上几天之后再回来。我怎么去那里的,住了多久,又是怎么回来的,我都不记得了,但我却记得几天后,我又坐在了上师的脚边。

他看着我,说道:"这就是佛陀见到的。"

这是我和上师一起在印度那段日子的最后记忆。几天后,我去了加尔各答,然后飞回了澳大利亚。

几年后,上师告诉了我,对他来说见证到这样的重大开悟事件意味着什么。

"当这一刻来临时,当实相显露自身时,光晕会彻底为之一变。我很高兴能看到这种变化,我很高兴能看到在这一刻发生时,光晕中流溢出来的光芒。对于刚刚经历了这种体验的人,我和他说话时,是对着他的精微身在说话,是对从中流出的光在说话。我根本没有在和那个人说话。"

离开之前,拉曼邀请帕帕吉来澳大利亚。帕帕吉答应了,并承诺在南美之行结束后就去。

虽然我不知道确切的时间,但拉曼和帕帕吉共处的日子应该是在1975年9月到12月。在12月底,帕帕吉开始了一场重大的海外访问,在欧洲和南美待了将近一年。直到1977年初,他才去了澳大利亚见拉曼。

帕帕吉旅行时,一直和拉曼通信保持联系。这是帕帕吉给拉曼第一封来信的回复:

> 加拉加斯
> 1976年1月8日

……你12月20日的信今早到了。你走了之后,我一直在等你的信,因为我想看看你如何保持你的本来状态。我想看看,对于那个一直以来围绕着你、超越了一切时间的那个没法表述的事实,你能怎么描述。我很高兴读到你的信,因为信中没有提到任何诸如成就、证得或开悟之类的字眼。

"开悟"意味着某种发生,而一切发生都只能在时间范畴内。发生就不可能是证悟,因为证悟超越了时间。所以什么都没发生过。

那时,你坐在我面前,处于一种伟大的、深层的寂静之中:双眼圆睁,心脏不再跳动,像是一幅绘在自身基底上的画像。我看到坐在我眼前的那座色身像之中,蕴含着如此的美丽、平静和爱!我的爱,自然而然地,就将你内在的真我拥抱住了……

下一封帕帕吉给拉曼的信是几个月后在法国写的:

1976年8月3日

……你在7月20日的信里写道:"请确保我不会落脚在任何地方。"

没有脚。没有地。

要落到哪里的是什么?

你问我今年住在哪里。我说我不住在任何地方,你不会相信的。

你还记得在德里坐公交车、搭便车,每天在办事处和郊区之间来回奔波吗?我不能让我亲爱的人休息。我仍然不允许他休息,尽管他已经超越了彼岸,超越了那些动荡者所无法跨越的彼岸……

帕帕吉在1975—1976年的海外之旅将在下一章记述。而现在我会把时钟略往前拨,让拉曼讲述他之后几次印度之行的故事。在他开始前,我要讲明出版之前,我给他看过这本书的几个章节,因为我觉得他也许能增加一些细节。他第一个评论是关于《帕帕吉传》下卷"上师与弟子"一章中帕帕吉的一则回复。

我读到了大卫书稿中上师的一则回复,真的击中了我。上师说:"上师能传递巨大的力量和加持,足以杀死身体,但还杀不死心识中的潜在业习。"我想自己就是这种情况。上师在德里带给我的那次体验几乎杀死了我。古普塔医生后来告诉我,他以为我死了,因为我的心跳和呼吸都停止了。甚至几年后连上师也告诉我,他认为我也许会死。

"你一定有着非常强壮的神经才能从这种体验中活下来。"他说。

我的头脑消失了一阵子,但最后上师所说的"潜在的业习"再度出现了。我知道自己的工作还没有完成。

有一次，上师引用了一句他母亲说过的谚语："你不能把老虎的奶倒入猪皮中。"我知道要得到最终的证悟，我还不够成熟，或者不够纯净。

我在澳大利亚时遇见一个叫嘉思敏（Jasmine）的女子，并把她介绍给了上师。她在上师身边有了一次深层的体验，让她好几天都泪流满面。我们成了好朋友，后来结了婚。

嘉思敏的体验消散后，我们都知道是一起去印度与上师共处的时候了。在1977年上师澳大利亚之行结束后的几个月，我们就去了印度，和他一起住了近十二个月。之后的几年里，也就是20世纪70年代末至80年代初，我们几乎每年都去见他。我们会事先写信征求他的同意，然后等候回音。我们都知道必须要得到他的批准。否则，追随他的踪迹是桩绝望的任务。即使我们收到了正式的邀请，有时候仍然很难见到他。有一次我们在约定的地方等了几个月，他才出现。

那段时间，上师似乎一直在路上。有时候他会让我们去勒克瑙，有时去隆达，有时去哈德瓦。哈德瓦绝对是他最爱的地方，但他不喜欢成群结队的人到那里去见他。如果在隆达或孟买有人要见他，他通常会去这些人的家，而不是邀请他们来哈德瓦。

我们和他一起在哈德瓦时，他住在七仙人道场或芭提雅旅店里。我们到访的时候，他都会在附近道场给我们订好房间。上师在七仙人道场有一间不错的小棚屋，他自己在那里住了很长一段时间。早晨他会打扫棚子，洗衣服，然后在恒河边上连续坐上几个小时。

我们住在哈德瓦时，会和上师一起吃饭，几乎每天都会和他一起长时间地散步。早上七八点时，如果他想来陪我们，就会和我们一起喝茶。之后他就去道场图书馆读报纸，或者我们一起沿着恒河散步。那时，恒河边还有许多浓密的森林。有时候我们会离开河岸，到森林里走走。有时候上师会找到一个好地方，在河边坐上几个小时。上师对大自然深感兴趣。他向我们指出不同种类的鸟，并描述它们各自的习性。

有一次他说："古仙人定下的规则要求印度教徒必须经常走远路去朝圣。这个国家大部分人不喜欢在自然环境中漫无目的地游荡。他们喜欢待在屋子里。古仙人定下了这些规则，因为这是让人们出门远足的唯一方法。"

我依然对佛教很感兴趣，会在散步时带上一些短篇经典。如果上师看起来有心情聊天，我就会给他看一段《心经》《六祖坛经》或黄檗禅师的语录，问他怎么看。他会极为赞叹，大声朗读出来，然后做出评点。

他喜爱大乘经典以及古代禅宗祖师的教法，但他对某些藏传佛教的教法不是很有热情。有一次我和他说起菩萨乘中的一项传统，祖师会延迟自己最终的证悟，一再转世以帮助后世的弟子。

他唯一的评论是："如果他们真的明白了，他们是不会回来的。你一旦直接体悟到没有可再度转世之体，你就无法再回来了。这是不可能的。如果你再度转世，你就不是真正的上师。而如果你不是真正的上师，你就没有办法给那些渴望解脱的人以真正的帮助。"

有好几次，他对我说："教人，是自我最后的陷阱。如果老师没有证悟，他的教法只是在传播困惑。"

我试图在哈德瓦的各个道场图书馆里找到一本《金刚经》，但怎么都找不到。我和上师说找不到时，他大笑着回答："如果谁有这样一本经的话，就不会需要道场了。他会像佛陀一样走到路上，手中托着乞食的钵。"

有天我们坐在一起时,他朗读出了我给他的一本佛陀传记。其中有段话是佛陀向他的一名僧众描述涅槃:"无来去,不住不动。"

这句话对我影响巨大。这些字句在我心中萦绕了好几个小时。每次我想起来,就感到自己跌入或跃入了寂静中。第二天散步时我告诉了上师这种体验。他似乎认为我没有理解句子的核心含义。

"涅槃无来去,不住不动。"他重复道。然后说:"也没有跌入或跃入。"

他的话给我造成了巨大的影响,我想我几乎失去了意识。我模糊地记得之后上师和嘉思敏帮助我回到了罗摩·昆朱道场的房间,但我已经不怎么记得那天下午和晚上的其他事情了。上师回到了七仙人道场,大约晚上九点又过来查看我的情况。

他研究了几秒钟,对嘉思敏说:"我想应该过来看看,看他是不是发疯了。这样的体验常常会让人发疯。"

接下来的信记录了拉曼和帕帕吉讨论的一些有趣的哲学话题。帕帕吉先去勒克瑙住了几天,把拉曼留在了哈德瓦。帕帕吉在信中大量引用的著作是一篇已出版的博士论文,由南印度的一位哲学教授所著,帕帕吉在马德拉斯和谛鲁瓦那玛莱都见过他。书中讨论的是哲学家及圣者乔荼波陀①的思想,他是不二论的最早阐述者之一,他持

---

① 乔荼波陀(Gaudapada,公元7世纪末至8世纪初),不二论的奠基者之一,是商羯罗的师公,主要著作为《圣教论》(Karika)。其生活的年代是大乘佛法在印度兴旺发达的时期,当时佛教四大派别——说一切有部、经量部、中观派和唯识派都得到了确立,而且龙树的中观派和世亲的唯识派还很有势力。

"究竟无生"的见地，即一切都没有被创造出来过。帕帕吉也认为这是最高的教授和最高的真理，但他更喜欢表达为"一切从未发生。一切从未存在"。

勒克瑙

1982年3月25日

亲爱的拉曼，

我刚收到了你3月22日的信。我最近发现了一本书：T.M.P 摩诃提梵（T.M.P Mahadevan）写的《乔荼波陀：早期不二论研究》(*Gaudapada, a Study in Early Advaita*)。将不二论与佛教做比较研究非常有趣，尤其是比较乔荼波陀与佛陀。我从书中摘抄了些段落寄给你，因为我们经常讨论这个话题，我们曾讨论过好几次两者的不同。你还记得在七湖岛的布玛南达道场我问你，"梵和空的区别在哪里"吗？

下面是书中写到的一些论点。（以下文字绝大多数是从书中逐字摘录下来的，不过帕帕吉偶尔会跳掉一些句子和段落。）

不二论一直被指控是伪佛教，而不二论的各位领袖也被这些批评者说成是打着正统印度教的幌子在宣扬佛教观点。即使是伟大的商羯罗也被指控为冒着"摩耶派"的假名，在弘扬佛法教理。

商羯罗被后人称为"隐藏着的佛陀"的重要原因之一，是他的老师乔荼波陀与佛教渊源极深。路易斯·德·拉瓦勒·普辛（Louis De La Vallee Poussin）写道："在阅读乔荼波陀的《圣教论》时，无法不震惊于其主要观点中的佛教特色以及遣词用语本身。"……赫曼·乔克比（Hermann Jacobi）认为乔荼波陀在证明我们感官所对的外境非实有时，使用的论据与佛教徒一样。而佛教空宗和乔荼波陀的摩耶说两者的认识论极为相近，可以说几乎一致。苏仁德拉纳特·古普塔（Surendranath Gupta）相信《圣教论》中有足够的证据表明乔荼波陀极有可能就是佛教徒，并认为《奥义书》的教义与佛陀法教相吻合。他写道："乔荼波陀吸收了全部的佛教空宗及唯识派的教义，并认为这些亦适用于《奥义书》所宣扬的究竟真理。"

至今为止，大部分对于乔荼波陀是否受惠于佛教这一疑问的研究和细致探讨都来自巴特阿阇黎（V.Bhattacharya）教授对《圣教论》第四章的导读。他的观点是：乔荼波陀接受并赞成佛教义理，并通过《圣教论》来宣扬。为了证明乔荼波陀借鉴了佛教论师，他举出的首要证据是，对公元200年至400年间有广泛影响的著名佛教祖师的作品，乔荼波陀要么几乎全篇引用，要么部分或者精要性地引用。龙树（Nagarjuna）、圣天（Aryadeva）、弥勒（Maitreyanatha）、无着（Asanga），还有可能包括称友（Yasomitra），似乎不仅向乔荼波陀提供了可以采用的教理思想，他们的偈颂范式也在他写作《圣教论》时得到了延续。唯识与中观，这两个佛教中的唯心教派必然非常吸引他，两派的主要观点与他自己的极为相似……

乔荼波陀在《圣教论》中主要教授了世界非实有及其究竟无生。前者由唯识派提倡，后者由中观派证明。乔荼波陀完全采用了这些教派思想，并表达出他彻底赞同其观点。

（巴特阿阇黎认为）乔荼波陀和唯识家都同意"外显无实"的教理。两者都认为，世界只是妄想的产物。醒时的世界与梦中的世界没有不同，两者都是隐藏的，都封闭在身体以内。正如同梦中所想象的事物在身体之内得见，醒时世界的一切也都在身体之内，因为两者都是妄想的产物。在我们之外的显现只不过是一种幻觉。

外部世界是心的震动。乔荼波陀所宣扬的无生教理本质上是中观派的观点。

龙树的《中论》以"不生亦不灭"开始。乔荼波陀接受这一说法，并向弟子推荐。

佛教徒所说的"涅槃"在吠檀多中名为"梵"。这是佛教徒和吠檀多派认为的究竟。

乔荼波陀在作品中向佛陀顶礼致敬。他还同意中观派的结论，认为无生是最高的真理。所有这一切都是说得通的，因为吠檀多和佛教之间的差别非常细微。佛教本身极受《奥义书》影响。这是巴特阿阇黎教授的观点。

我来哈德瓦时会带上这本书。

拉曼继续讲述他和嘉思敏在哈德瓦和帕帕吉一起的日常生活。

我们的散步一般会持续几个小时，通常我们会按时回哈德瓦做午饭。无论在何地，上师总是会安排好菜谱。他教我们烧简单的旁遮普菜，但我们通常只简单地煮个蔬菜或谷物。有时饭菜实在太简单，甚至盐和调味品都不放。食物准备好后，我们就坐在恒河边，在河岸上野餐。上师大概每周一次会带我们去古吉拉特旅店，这是哈德瓦的一家餐厅，请我们吃上一餐。有时他会从路边排成一列的小推车上买点小吃。油炸小食和胡萝卜拉尔瓦甜点似乎是他的最爱。

第一次在哈德瓦拜见上师，见到他如何生活时，我曾以为他是个天生的苦行者。然而和他共同旅行过几次后，我发现他只是利用在哈德瓦的日子来减肥。无论什么时候他去孟买或隆达见弟子时，他都会被弟子们喂养海量的食物。回到哈德瓦时,他大约会重上十公斤。他会挑选快速减肥的饮食,而在他身边的人也不得不这么吃。有一次我们吃了整整一周不加盐的水煮土豆。

每次把土豆放在上师碗里,他都会发出一些赞美,比如:"非常好!很简单,干净的食物。这才是正确的生活之道。"因为要鼓励我们吃这种纯净、有益健康的食物,他绝口不提之前三个月他在全印度吃着重油重口的菜。

我初次在德里见到他时,他正处于周期性的节食期内。我当时以为这是他喜欢的生活方式,因为我从没见过他别的样子。后来我才发现他也很热爱美食。我邀请上师去澳大利亚时,我还特别为上师准备了非常简单、几乎没什么味道的食物。他一定觉得我是非常糟糕的主人,因为我从不给他提供美味佳肴。

上师想放弃节食时,从不会直接承认。他绝不会说:"我觉得今天应该吃点好的东西,我们去吃顿好的吧。"相反,他会找一些借口。

我最早去哈德瓦时,他有一次看着我说:"你很瘦,看起来有点病恹恹的。你需要吃得好一些。跟我走,我带你去吃点有营养的东西。"

他带我去了城里,找了一家路边摊让我坐下来吃,那家路边摊卖水牛奶,上面还加奶油。水牛奶要比一般的牛奶更浓稠,更富含油脂。摊主炖着牛奶,撇去了浮沫,倒入饮料中出售。上师给我点了一升奶,然后想了想,他给自己也点了一升。他又没生病,而且肯定不是营养不良。

第二天上师问我:"你睡得好吗?感觉好一点了吗?"

我回答:"是的,睡得很好。"

刚开始我被他的关心感动了，但很快我就意识到他这么做另有原因。

他大笑着说："我完全没睡着。牛奶喝太多了，一整晚都在消化。"

哈德瓦的下午经常就是早晨的翻版。午饭后是长长的午觉，上师起床之后会邀请我们再次沿着河散步。回来后吃过晚饭，然后在他的棚屋里和他一起坐上一个小时。

有时候他会带我们进城，让我们见识见识某些道场里的情况。无论是遇见哪位主事的斯瓦米，他都会非常恭敬地鞠躬。然后，如果他想恶作剧的话，就会提一些无人能答的修行问题。他这么做的时候，脸上总是挂着甜美天真的表情，让斯瓦米相信他就是个来寻求建议的修行新手。上师在这些地方从不说自己是位老师。他似乎认识哈德瓦所有的道场和所有的斯瓦米，但这些地方很少有人真的知道他是谁。

上师从不维持一个让人能联想到是修行老师的形象。在房间里坐着的时候，他会经常穿着裹裙，但如果我们要外出走访的话，他就穿上T恤和裤子，我想那都是他在矿场工作时期留下的。他常常装扮成游客、商人或在家的朝圣者。

然而，即使上师在别的老师或斯瓦米面前都表现得彬彬有礼，恭敬有加，但私下，他依然会尖刻地批评他们的所作所为。和他在一起的几年里，我听到他对几乎全印度所有有名的老师都给出了差评。

"我有我的原则，"他说道，"我在马哈希身边生活过。没有人能与他相比。"

20世纪80年代早期在勒克瑙，我在上师身边住了很久，他那时最爱批评的是奥修。一些早报或周刊上陆陆续续报道了奥修的教法、生活方式，以及他弟子们的放荡习性，上师读了这些文章，读完后往往会发出严厉而愤怒的批评，他所针对的是奥修对他的追随者所造成的心灵伤害。

几年没见到他，20世纪90年代初我再去见他时，发现他被奥修的桑雅士们团团围绕着。

我有点打趣地问他："你十年前这么说奥修和他的弟子，现在你对这些来见你的人有什么感觉？"

他怒目而视，回答道："奥修从地狱里给我发来了传真！"

上师之前和大批奥修弟子有过接触，还是在隆达。那里的火车站是旅客们去浦那换车的枢纽。下午的时候，如果没有别的事情可做，上师常常去车站，就坐在月台上看着在浦那的桑雅士们换车。他觉得这些人的行为、着装和滑稽的举止很好笑。我在他身边的那段时间里，他常常被这些人的外表举止逗乐。有时候，还会有更多的互动。比如他会说："我看不出这人是男是女，去弄弄清楚。"我就只能代表上师去接触这些人，满足他的好奇心。当他说出贬低性的评论时，完全不想压低嗓门，所以那些桑雅士肯定听到了他的话。上师十分享受这种接触，但有时我确实觉得有些尴尬。

20世纪80年代早期，帕帕吉常常彻夜不眠，研究各种引发他兴趣的灵性现象。他尤其对形相是如何从无相中显现的过程深感兴趣。他会很深地沉入到真我中，好在自己身上见证万象显现的整个过程。帕帕吉一直随身携带这一本日记，他在上面记录了几次这样的夜间探索。在《帕帕吉传》下卷"日记"一章中有许多这样的记录。

这段时间，正好拉曼在哈德瓦和帕帕吉住在一起，他讲述道：

在夜间，上师会数个小时都处于一种似乎是很深的禅定之中。第二天早晨，他来和我们一起喝茶的时候，会详细地向我们一一讲述在昨夜他所经历过的各种状态和疆土。有些早晨，他就像个兴奋的孩子一样，迫不及待地要告诉别人刚刚经历的大冒险。

一天早晨，他来喝茶，手中拿着张纸条。

"我昨晚把这个贴在门上，"他说，"我不知道自己能不能活下来，所以留了纸条说如果我在夜里死了，应该怎么处理我的身体。我所进入的一些状态非常精微，是与身体彻底脱离开来的，进入这些状态后，我很可能没法出来。但有个东西在召唤我去继续这样的旅程。

"昨晚我把房门打开着，是不想给任何人添麻烦，要是我锁着门死在里面，到了早上别人就得破门而入了。"

之后我们一起住在芭提雅旅舍时也发生了同样的事情。他早上没过来喝茶。我去找他的时候，发现他的房门微微敞开着。门上贴着一张新纸条，写的是如果发现他在夜里过世的话，应该通知哪些人。

有一次我问他，经历这些内在之旅是什么感觉。

"真我的体悟永远是不变的，"他回答，"但是，人们深深地沉入其中去探索的话，能得到的发现是没有极限的。就像一条连绵不断的山脉，你登上了一座山顶，就会发现远处还有另一座山。等你登上了那座山的山顶，发现还有另一座山比它更高。若论极精微，一个人可以深入单个原子之中；若论宽广，人又可以去到宇宙之边界，或者进入超越了一切全息展现的那个超越之地。"

在 1981 年写给拉曼的一封信里，帕帕吉也隐约提到了这些探寻。

勒克瑙

1981年1月20日

……我很高兴自己到达了所能期待的边界，被困住了无法再往前。我到了那里，往前看，是一片未曾涉足的广袤天地。然后，我再次独自前进。不断前进是我所喜欢玩的游戏。也许我永远也达不到一个终点。即使我能做到，或许我也不会接受。欢迎你来加入我。我们一起看看这条路会怎么样。

在次年的一封信里，帕帕吉提到他决定从勒克瑙去往瑞诗凯诗，去继续这种高强度的内在之旅，他描述了所发生的事情。

勒克瑙

1982年5月3日

亲爱的拉曼和嘉思敏，

如你们所知，我有个很明确的计划，正打算去瑞诗凯诗实施。我想可能会需要我投入至少六个月之久。我想要把那个亘古至今的未解之谜解答出来。

突然之间，我明白了。我不能称它为成就、成果、证悟甚至开悟。遭遇这样一种情况，是相当罕见的。之前我从未知道、听说、读到或体验过类似这样的情况。甚至我的骨头都遭受了一种剧烈而非常奇特的震动。我不能称它为解脱或涅槃，没有任何东西能与它媲美。我没办法定义它，但我还是想描述一下。

20世纪80年代的某个时期,拉曼、嘉思敏与帕帕吉在隆达。

这是某种震动,我能称它是某种内在的气旋,紧紧地抓住了我的灵魂、头脑和理智,把我从时间的概念以及对醒位现实的确信中解脱了出来。我之前曾坚信所有的现象都是在一个不动的本体之前轮番变化,并且把这个不动的本体当作了觉性。

现在我要去喜马拉雅嬉戏,什么事也不做。

尽管帕帕吉提到他先前的确信或体会不知怎么在这次经历中都被推翻了,但他没有给出更多的细节来说明新的见地是什么。更多类似的自述和探寻,可以在《帕帕吉传》下卷"日记"一章中读到。

拉曼现在继续讲述:

尽管上师似乎每晚都沉浸在这些深层的内在境界中,可他并不鼓励别人进行任何正式的禅修。他喜欢人们在他身边举止自然、正常。第一次遇到他时,我还非常着迷于正式的禅修。上师有次叫我"禅修瘾君子",我知道这项指控是事实。然而,上师会让我在他面前禅修,他知道我乐在其中。有时候他会假装自己也在禅修,但对他来说那只是游戏。如果身边有小孩子,他就会和他们一起高兴地玩玩具;如果身边有禅修者,他就会和他们一起玩禅修,好让他们也高兴。有一次我和他在隆达的罗摩寺里一起坐了几个小时。至少我认为我们是在一起禅修。当我睁开眼睛,我看到他依然坐着,盘着腿,闭着眼睛,但他正举着一个调频收音机凑在耳朵边,正在收听板球比赛解说呢。

上师会让我尽情地享受禅修,只要禅修不会导致发生一些特别的效果。有时,我会进入某种狂喜或超觉状态。如果上师见我出现这种情况的时候,就会摇晃我的肩膀,让我起身,带着我出门散步。在哈德瓦时,这些令人清醒的散步相当美妙,但如果他带我在纳希、勒克瑙这些地方散步的话,我就不得不和他一起出门进入吵闹拥挤的市集中了。如果我之前正在某个特别安静或敏感的境界中,对我而言这种散步就会变成一种相当恼人的体验。

上师解释了他为什么要这么做,他说:"不要去追求什么体验,并去执着它们。你是在企图抓住那个没法被抓住的东西。放平常些,自然些。不要执着于喜乐的境界。那样的话,你只会创造出更多的欲望。"

唵·普拉喀什读了上面这番话后,作了以下评论:

那段时间帕帕吉一般不允许有人闭着眼睛坐在他面前。拉曼是个例外。他会频繁进入那些三摩地或者说瑜伽的超觉中,而帕帕吉也允许他一次入定几个小时。拉曼在定中会失去时间的概念,他觉得自己刚一入定帕帕吉就让他出定了。我记得他通常一定就是几个小时。如同拉曼所说的,帕帕吉最终会插手,把他带回日常中。他会在拉曼头顶的一个点按一下,几分钟之内,拉曼就回归日常了。

有一次,在把他带出定回归正常后,帕帕吉说:"今天这样就够了。你明天可以继续。"

我并不觉得帕帕吉反对拉曼进入那些状态,只是不希望他在里面停留得太久。

拉曼继续他的故事:

上师扫荡概念或体验时冷酷无情。尽管我对他的爱和慈悲记忆深刻,但当我想起和他共度的几年时,挥之不去的记忆是一个强硬、冷酷的摧毁者,随时都会粉碎掉弟子身上一切的二元习性。现在,人们称他为"帕帕吉",认为他是一位温和、慈爱的祖父。我从没有过这种印象。对我而言,他曾经是,也永远是"上师",包括这个词所指的关于敬畏、权威的所有含义。有一次一个法国弟子告诉我,20世纪70年代上师在法国的外号叫"屠夫",得名于他冷酷无情砍断一切自以为是、一切观念、一切关系的方式。

我们后来去印度时,有一次上师邀请我们和他一起住在勒克瑙。在习惯了哈德瓦的开阔空间后,纳希的环境让我们大吃一惊。上师的住处在一个热闹的集市中。小巷狭窄到连汽车都开不进来，总是挤满了沸腾喧闹的路人、人力车、大篷车、小贩和乞丐。

能得到允许住在他家，我们深感荣幸，因为那里的房间刚够住得下上师和他的家人。嘉思敏和我睡在楼下前厅，白天那里也是客厅。上师的太太一般睡在厨房的地板上。上师自己在楼上有私人房间，而苏仁德拉（帕帕吉的儿子）、儿媳妇乌莎（Usha）和他们的孩子住在其他房间。夏天我们都会出去，在屋顶打地铺，因为室内热得无法忍受。混凝土房子吸收白天酷热的阳光，夜间在室内释放。屋里有吊扇，但开不开差别并不大。

尽管我们经常在这栋房子里一住就是几个月，却几乎和上师的家人没什么交集。我们待在上师的房间里，坐在他身边，而他的家人则在别处忙各自的事。几年之后我们才开始和苏仁德拉、乌莎熟悉起来。上师在勒克瑙的一些弟子会在傍晚过来，但白天大部分时间我们都单独和他在一起，只是静静地坐在他的身边。他在室内的主要活动是阅读。每天早晨他会仔细浏览早报以及每一封写给他的信。如果他有心情，白天他可能会拿起一本灵修书给我们读上一段。如果我们足够幸运的话，他还会加上自己的开示。

尽管在这房子里，上师和他的太太、儿子、儿媳及孙辈已经共住很久了，但似乎和他们并没有太多的互动。苏仁德拉有时早上会过来和他说上几分钟话，但也就这些了。其余时间，上师会在自己房间里坐上几个小时，不说也不动。他的眼睛是睁着的，虽然他好像是在看着面前的墙，但我完全不觉得他在看任何的东西。

我们住在那里时，有一次他太太对他说："如果你整天都盯着墙，你会疯的。为什么你不出门去找份工作？你可以去阿育王大道的加油站上找份工作。你需要出门见见人，和他们说说话。整天坐着盯着墙看，什么也不说，这样对你不好。"

上师跟我们讲起这些事情时，我们难以置信。我们认为自己三生有幸才能坐在一位伟大的证悟的上师身边，但他的太太似乎认定他快进精神病院了。

"难道她不知道你到底是谁吗？"我难以置信地问他，"所有来这里见你的人，你和他们在做些什么，难道她什么都不明白吗？"

上师耸耸肩，回答说："我只是这房子里的一个家庭成员。这里的人看我就是一个亲戚。他们离得太近，见不到别的了。"

上师有一张特别通行证，可以在附近的动物园正式开门前进去散步。每天早晨我们几乎都去那里散步。与其说那是个动物园，不如说是个公园，因为有许多空置的草地和树丛。有时候，我们也会去邮局边的一个小公园。夏天我们都乐于散步，因为这是唯一能够远离热得令人窒息的纳希街住宅的机会。

有段时间上师患有高血压。某次我们住在纳希时，他拿自己做试验，去测试不同类型的食物会如何影响血压。他说自己不会接受常规的医疗意见，除非能先证实用在他身上是有效的。上师决定测试那些医疗建议的准确性，他吃一些理论上对他有害的食物，之后自己再检查试验结果。

他会先吃一顿重油的大餐，加上餐后甜点，然后让人把血压仪拿过来。一天内，他会让我们每半小时检查一次他的血压，看看那些食物对他身体的影响。每天都做这样的试验，食物中的油、盐和糖的成分会略有不同。我不知道他是否真的是出于科学兴趣而去做这些测试，或只是以实验为借口，以便大啖一番美食。

最后，他不得不承认医学是对的：他吃了忌口的食物就会生病，而他不吃或只吃很少量时，就能保持健康。

上师喜欢旅游，也喜欢大啖美食，但他不得不平衡这两者的关系。因为如果吃错了东西，吃错了量，他就病得不能旅行了。有时候他会进行节食，然后出行；有时他则待在家中，尽情大吃。

20世纪80年代早期，拉曼和嘉思敏常常去印度，间或在澳大利亚长住一段时间。他们在澳大利亚时，也和帕帕吉保持着通信。下文摘录几封帕帕吉在这段时间的回信：

勒克瑙
1982年3月16日

我非常高兴读到你这样的高呼："现在，任何一个字或一只鸟，似乎都能把我抛到头脑之外。这真是个美妙的现象。我真的很乐于和此现象同在，直到永远。"

这些"乐于，同在，现象，永远"是什么？

这并不同于

"字—鸟—抛到—超越

美妙—现象"

再见面时，我们再来研究研究这句话吧。这里一切都好。嘉思敏好吗？她很安静，做得很好。让她放轻松。

它会自行展开自己

在我们没有任何概念时。

然后我们见到它，并且就是它。

致以爱与关怀

　　　　　　　　　　　　　　勒克瑙
　　　　　　　　　　　　　　1983年2月23日

亲爱的拉曼和嘉思敏，

　　我很高兴能读到你们对于无法描述、不可思议的那个的描述，甚至细小如皮肤上的毛孔都能见到、感受和知道它。它正是那风姿卓绝的女王，那不可触的觉性。

　　我对你们这趟印度六十天之行并不满意，但我们三个一起完成了大量的工作。我回想了一下，可以说是工作量巨大。现在我确定，当我们再见，我们不会像陌生的个体那样见面。我们会三人于一，一人于三。这是独一无二的算术。

　　好好照顾你们的身体。美好的愿望会点燃照亮美好的心灵。告诉拉曼，嘴上冒出什么话，就要立刻写下，否则就会听不到自己的话。读这些话，就会像在穿衣镜中打量自己、欣赏自己的真我一样。无论你们在哪里，在家中还是在哈德瓦，我都和你们同在。

　　你们与我如此亲密，我如此地爱你们，我找不到一句话来描述我们的关系。我们之间的依恋是多么强烈、理解是多么独一无二！我觉得世界上没人能有这样的关系。

　　至于我，我的身体绝对健康。即使我吃了大量重口、高盐、辛辣、高脂的食物，血压还是130/80。从2月4日到22日我重了四公斤。体重过重或不重，睡眠不好，都不值得操心。什么时候醒着，我都不知道。

　　我不再在乎电视、收音机、卡带、小贩叫卖和人声的喧哗了。困扰我二十五年的噪声问题已经不存在了。我不见身体是我，也不见它不是我。没有他者，只有一种奇妙的爱，这爱中没有独立的个体。

有时我非常思念你们，想和你们说说话。其他的时候我们是无有差别的。写信跟我说说你耳朵的问题吧。现在你们肯定已经咨询过一些专家了。现在我明白了为什么佛陀一直和人说话说了半个世纪。

请允许我把嘉思敏的信转发给夏诗卡拉（Shashikala），她是位中年的孟买妇女，在孟买和我一起时有过类似的体验，并且现在还有。她像老虎般哮吼道："靠了上师尊的恩典，我开悟了。"

她的话很美妙。

夏诗卡拉的经历会出现在下一章中。

勒克瑙

1983年7月7日

……（在你们的信中）我生平第一次读到从没在任何别的地方读过或听到过的东西：不是人，也不是神，不在现在也不在过去。这是我在哈德瓦寄出的一封信中提到的秘密，完全不知它已被展阅并已寄到阿曼了（拉曼的信是经由阿曼国转寄的）。

对今天我所读到的你的来信，我无法作出什么评价，甚至也不想再读一遍去品味你初次所掌握的新语言，因为这其实就是我自己的样子。这就是我所体验、感受、理解和知道的，不是说是什么合一或多元，就如此本来如此而已。

现在正是去生活的时候，现在正是去死亡的时候。

无死、无生、无得、无失、无明、无暗、无解脱、无束缚、无念头、无太阳。我很高兴你已经圆满了生命的目的。一切都结束了，亲爱的拉曼。

我代表一切过去、现在和未来的觉悟者向你祝贺。我完全明白我刚才所用的词句是有缺憾的，我只是在用一种普通的方式来表达。

一般我会在回信前把来信销毁，但我会留着这封信。信里讲得很好，因为讲述者不是一个个体……

哈德瓦

1983年12月24日

你留在这里的带邮资的航空信纸很方便。我刚才就从里面拿出了一张，想立刻把我刚刚做的奇妙梦境写下来寄给你。我得马上写下来告诉你，要不然就记不起来了。我拒绝涅槃，我拒绝轮回，要保持在这两者之间，在瞬间就说出"你已经到了"，这很难做到，因为在那个地方，没有言语可说。

我能远离轮回，无论何时，只要我想，就都能回归涅槃。

这像是什么呢？如果我说"璀璨明光"，那就错了，因为我们在头脑中已经有了关于太阳光的概念。如果我说"了知"，我们又暗指有个沉睡的概念。沉睡或了知，都是过去的，不是在当下的。而那个，是极其新鲜的鲜活，永远是活泼泼的。是一，不是二。

我对你很眷恋。我（想帮助你）的意愿让我带上了某种菩萨或者什么角色的烙印。佛陀也好，有情众生也好，我其实都不在乎，但却有个彭嘉-拉曼的角色要去扮演，如同佛陀在佛陀-阿难中的角色一样。

我写信时总是漏掉很多事情。直到你坐上回程飞机的那一刻，我们两人都说了话,但记忆中什么都没有留下。我本想用文字向你表达点什么,但却做不到,但你却也什么都没错过。

你是唯一一个让我想留在身体中,好继续彼此互动和讨论的人。我想说,而你想听。没关系。一切都结束了。

勒克瑙

1984 年 2 月 24 日

……对你和亲爱的嘉思敏写来的那些信,我要怎么回复呢?我的手距离那些航空信纸只有咫尺之遥,等待着来自头脑的命令,去把我在你们的来信中体会和尝到的感受写下来。但是,头脑并不称职。相反,它只是写着我现在所写下的东西,它只写得出这些。你是唯一以这种方式给我写信的人。我现在充满了喜悦。甚至我的双眼都满怀感激,感谢某个它们见不到、看不到的景象。通常,眼睛见到美丽的事物时才会有回应,但这次,它们没有看到什么外部或内在的对境,但依然光彩四射、眼带喜悦。我感到,当一个人摆脱了念头和外壳的束缚时,周围的整个世界都美妙无比。

这样一个自由的人正独自走在树林中。他坐在一棵树下。树上无视季节地开满了花,缤纷落英撒在他身上。天人前来向他礼敬,因为他们在天国从未有过这样的萨特桑。

勒克瑙

1984 年 2 月 29 日

……我充满了信心,你是四十亿人中跨越了彼岸的唯一。我有太多的话想告诉你。去听我的未说之言吧,说的是那不可抓、不可知、不可说的"无体"。我写下这些话的时候，眼中充满着泪水。我亲如本来一体的双胞之人。在超越时间之轮的地方，让我们俩再多聊聊吧。爱你，爱嘉思敏……

关于帕帕吉信中的第一句，我在他给其他弟子的信中也看到了基本相同的话。这种表述不应该从字面上来理解。当帕帕吉对某个弟子的体验感到兴奋时，他在狂热中似乎会莫名地忘记别的弟子也曾有过类似的体验。也可以说他写信的风格十分夸张，尤其有人向他汇报了不同寻常的体验时。

帕帕吉有时会承认，当他开口时，说的话并不会留在记忆中。因为他这种思维的运作机制，导致听到弟子们的境界和体验之后，也不会像普通人那样储存记忆下来。帕帕吉可以详细描述数十年前遇到的事，但当他读到某个人对刚体验到的无念状态的汇报时，这样的记忆力似乎就从没出现过。

以下依然是帕帕吉的信件：

勒克瑙

1984年4月2日

……我想告诉你的话，我没法写下来。这在日常醒位的觉知中毫无可能。我会经常进入那种并非醒、梦或睡的特别时刻，也许是超越位或更高吧。多么美的现象！我亲爱的拉曼，径直进入它吧。就在当下，我就是那。看着它。爱拉曼，爱嘉思敏。

隆达

1984 年 8 月 3 日

亲爱的拉曼，

你的信从勒克瑙转寄过来，读完后我只能凝视着彼岸，拉曼从那里凝视着我。我只能去亲吻空无，来表达我的狂喜。要写出回信，某一人依然能用普通的人类文字书写，那些文字本身正是我之本然，无有差别。

就这么发生了，没人能做到这么优美。这是从超越无名之体的那边自然产生的。

你的信是对见道者的本性最恰当的表述，比之前大多数人表达过的更好。佛陀举起了手指，指向超越于空的那个。然而，究竟实相依然没有被言说，没有被触及。它是不可企及的，不可被了知的。

停。我没法再写下去了。在"了"字上，我看到了一滴印记，这不是我留下的[①]。是谁留下的呢？这表示了什么？我是知道的，但我没办法命名它。知道的时候，我就失去了书写的能力。

从醒位的觉知中，我被抛出，进入了一种彻底无有感官的状态。现在，它征服了我。沉浸在寂静之中的我的心，依然在写着。我又一次集中精神，决心写完这封信。我要写的，太多了，但现在我已经词穷……

[①] 原文为"I saw a mark on the 'w' of 'unknown' that was not mine"。unknown 是前段中的结束词，即"不可被了知的"。中译者猜测帕帕吉所说的 mark，是指有一滴泪水落在了前文的 w 上。

勒克瑙

1984 年 9 月 21 日

亲爱的拉曼，

　　昨晚我回到了这里。一到家就在邮箱里看到了你的信，我立刻读完了。我完全想不到，除了拉曼之外还有什么人能用文字这种传统的媒介来传达出这个。它来自彼岸。你抛下了头脑和理智，甚至连纸笔都抛下了。就好像在踏上这次行程之前，把这些东西都装在包里留下了一样。它是彻底的空，而我们还在互相说着话，就像一个无体对另一个无体。头脑的各种缘取执着都扫荡一空，我们依然是我们，这难道不奇妙吗？

　　现在，我们真正的工作开始了。我一直以来都是这样的。投入其中，不带目的。那里没有探寻，没有空。你能称之为什么呢？

　　拉曼，读了你的信之后，我只能亲吻它。我舔舐它，如同亲吻最挚爱的无我之体。

　　可能的话让我们再度见面吧。如果你计划要来的话，请提前通知我。

　　爱你，爱亲爱的嘉思敏。

勒克瑙

1984 年 3 月 12 日

亲爱的嘉思敏，

　　你 3 月 4 日的信在 3 月 12 日到达了。对于 2 月 21 日的事情我记得非常清楚。当时发生的一切，在超越时间的一瞬都发生了。到了那个点，不少人就折回了；有一两个人，会不知所措地站在那里，然后开始享受空无、爱与极乐的美妙；然而，还是有那个罕见之人，一劫之中或许只有这么一个，能够跃入那不可知的国土的无死之海中。在此关头，我留你独自一人在罗摩·昆朱道场，去走完剩下的路。如果你做不到，那也没有关系。在那个地方，是没有回头路的。没有地图能指引你跃入彼岸。任何指导或建议都帮不上忙。所以我放手了，让你独自面对。

我很快会见到你的，谢谢你。

爱你，爱亲爱的拉曼。

嘉思敏给我寄了以下来信，讲述了这段时间她在上师身边的体验：

上师在我们身上孜孜不倦地下功夫。每天中的每分钟，他都是无量的恩典。我一定是前世积累了许多功德，如今才能和上师住在一起。我想解脱。这是我的渴望，也是唯一的渴望。我知道自己对其他一切都没有所求。别的什么都没有，只有对解脱的渴望。能亲近到上师，这份恩典让我一直心怀感激。我依然感叹自己竟能拥有这样的财富。第一次见到上师时，我狭隘地认为开悟就是拥有一颗平静的心。与上师在一起，让我知道了什么是无有局限、深不可测。我们有限的头脑真的无法涵容或描述这种宇宙的无垠体性。对我而言这就是生命之乐。它无法被描述，或被了知。本然的难以捉摸的极致之美，从没被碰触过。你可以随意描述，但真的有人能描述出来吗？

至此为止拉曼给出的大部分信息都来自：几年前他写给我的一

封长信，帕帕吉给他的回信，他20世纪70年代的日记，在勒克瑙的谈话，以及最近他给弥拉（Mira）①的访谈录音。弥拉是帕帕吉的弟子，住在澳大利亚，拉曼附近。

这次访谈的最后一个问题是："上师对你的生活产生了怎样的影响？"

这是拉曼的回答：

可以说对我产生了彻底的影响。上师在我身上下了那么大的功夫，给了我那么多。第一次见他时，我完全沉迷在禅修和概念中。20世纪80年代之前，他把我从对这些东西的执着中解放了出来，如此地彻底，以至于我说不清楚上师是谁、我又是谁。他摧毁了那种我相信自己有别于他、有异于他的概念。但不知怎么回事，只有当我和他在一起时才会这样。在他身边，我能够完全体验到与真正的他的交融之感，可回到澳大利亚后，种种差别的概念又重新出现了。

20世纪80年代，有一次我去拜访他的时候，他说："幼苗在大树的树荫下无法成长。你必须离开我，自己过上一段日子。"

我觉得像一只雏鸟被扔出了鸟巢，但同时也明白他有必要这样做。我明白必须学会自己飞翔，之后好几年我都没有再去见他。

不在他身边，我能做些什么呢？我无法禅坐，因为他已经让我确信努力用功是徒劳的。我没办法进行任何修行，因为我能非常清楚地看到一切修行都在寻求结果和渴求种种觉受体验。要回到自己的本源，我必须放弃追寻，保持安静。当我最终放弃了试图达到目

---

① 经由中译本校译者智喜与帕帕吉的伴侣恒河蜜拉（Ganga Mira）确认，这个澳大利亚的弟子Mira另有其人，故此处译为弥拉，以示区别。

的的努力时，我发现无论在什么地方，都能找到并享受那种在上师身边的平静与交融。我明白了当放弃追寻结果的时候，恩典无处不在。

1989年我和嘉思敏回去见他。那一次是在哈德瓦，另外还有两三个人，那是一段安静的时光。而在之后1992年我们再去时，一切都变了，每天都有超过一百人来参加他的萨特桑。在德里时，上师的女儿席万妮已经向我们发出了预警，告诉了我们这个新情况。她给我们看了一本杂志，封面故事报道的就是上师。他突然之间出了名。

在印谛拉纳噶尔他的家中，我们走进客厅问候他，他大笑着说："你们从没想过会见到我这样吧？"说这话时，他指着地板上成排坐满的人，以及在门外的大批人群。

然后他站起身，一手环抱我的肩膀，另一手抱着嘉思敏肩膀，和我们一起走到了门边，说："我们一起沿着恒河散步吧。"

嘉思敏和我被他搂着，和他一起走上了街。我想我们三个人都假装回到了哈德瓦，走在恒河边上。

那次我几乎没有怎么见他，因为不再有一直待在他身边的渴望了。我参加了他所有公开的萨特桑，但只去他家见了他几次。我想，他扔出鸟巢的小鸟已学会了飞翔，可以独立生活了。我还有一种感觉，现在轮到别人在他的色身陪伴下得到他们所能得到的帮助了。我单独在他身边实实在在地过了好几年，现在有那么多新人祈求见他一面，我觉得自己再在他拥挤的屋子里占上一席之地的话，就太过自私而贪婪了。

一天早上，我思索着他几年前对我说的一句话："和上师之间，是不存在什么关系的。"

这个念头出现时，我正坐在床上，此时另一个念头冒出来："我和上师之间是什么关系呢？"

正思考着这个问题的时候，一股巨大的力量把我面朝下向前抛了出去，扔在了床上。房间里没有其他人，但这股力量如此强大，我感到自己似乎真的从背后被打倒了。我躺在那里，最贴切的说法是我见到了神圣的宇宙净相。我见到无数个宇宙升起，又消逝归于"那个"，而上师就是"那个"；直接了知上师，即真我，就是一切的源头和支持；同时也清楚，上师就是真我，与任何人、任何事物都没有关系。我尽力地解释了一番，但我知道无论说什么都表达不了这种直截了当、令人敬畏的体验。这跟念头或头脑是无关的。它超越了一切能知能觉，它是无相的真我，直接让我明白了它与一切显现毫无关系。我被直接明示，真我就是一切显现的本性，却不是导致其显现的原因。

这个体验让我再也没有任何疑问或念头了。我知道上师与我之间从来没有任何距离，也没有任何关系。我知道二元和割裂、构成一切关系的根本元素都从来没有存在过。

我没有其他可说的了，除了"诃利 唵 塔 萨！"（Hari Om Tat Sat！）

拉曼的结束语是无法翻译的，只能说每个字都代表了究竟。在此处，它是对一种认同的宣示：唯有真我在，而我就是"那个"！

中译者后记

《帕帕吉传》是一部近现代印度及西方灵修文化的百科全书，其中收录了历史、政治、文化、宗教等包罗万象的第一手资料，撰写编辑此书的大卫·高德曼厥功至伟。这部传记的中译工作最初开始于2014年初，初稿由智原和顾象合作于2015年底完成，在小范围内与朋友们分享，得到了极为热烈的反响。因为卷帙浩繁，加之帕帕吉其人还不为中文读者所熟悉，数年之中寻求出版无门。因缘最终成熟于2024年，出版了诸多印度圣者传记的梵澄译丛主编闻中先生及广西师范大学出版社递出了橄榄枝，使得这一部巨著终于得以推出，中国读者能够直接借此领略一代圣者的风采。

中译本的修改、校对得到了许多朋友的参与。感谢智喜细心对比全书英文原本，修改中译加以润色，并且检查确保了名词术语的前后一致。感谢昱、智焱、撄宁、智烨参与校对。

一切从未分离：帕帕吉传（中）
YIQIE CONGWEI FENLI: PAPAJI ZHUAN ZHONG

著作权合同登记号桂图登字：20-2024-174

图书在版编目（CIP）数据

一切从未分离：帕帕吉传. 中 /（英）大卫·高德曼著；顾象，智原译. -- 桂林：广西师范大学出版社，2025.1. --（梵澄译丛 / 闻中主编）. -- ISBN 978-7-5598-7666-9

Ⅰ. B949.935.1

中国国家版本馆 CIP 数据核字第 2024F2B866 号

广西师范大学出版社出版发行
  广西桂林市五里店路 9 号　　邮政编码：541004
  网址：http://www.bbtpress.com
出版人：黄轩庄
全国新华书店经销
北京博海升彩色印刷有限公司印刷
  北京市通州区金桥科技产业基地环宇路 6 号
  邮政编码：100076
开本：710 mm × 960 mm　1/16
印张：25.5　　字数：280 千
2025 年 1 月第 1 版　　2025 年 1 月第 1 次印刷
印数：0 001~5 000 册　　定价：86.00 元

如发现印装质量问题，影响阅读，请与出版社发行部门联系调换。